◎ 西南政法大学诉讼法与司法改革研究中心

刑事司法论丛.第2卷

孙长永／主编

CRIMINAL JUSTICE REVIEW (VO.2)

中国检察出版社

《刑事司法论丛》编辑委员会

目　　录

专题研究

前沿聚焦

司法实践

调研报告

Contents

专题研究

编者按： 2014 年 5 月 24 日晚，中国政法大学终身教授、中国刑事诉讼法研究会名誉会长陈光中先生和中国政法大学诉讼法学研究院院长、中国刑事诉讼法研究会会长卞建林教授联袂在西南政法大学"金开名家讲坛"做了题为"司法改革的热点问题"的学术讲座，受到广大师生的热烈欢迎。本次讲座由西南政法大学副校长、诉讼法与司法改革研究中心主任孙长永教授主持，法学院常怡教授、唐力教授、李昌林教授等教师、研究生、本科生以及重庆市人民检察院第一分院于天敏检察长等检察官、法官、律师共 200 余人参加了本次讲座。现将讲座录音整理稿摘要予以刊发，以飨读者。

司法改革的热点问题

陈光中[*]　卞建林^{**}

陈光中：我想结合最近一段时间我写的文章和课题研究情况，讲两个问题。第一个问题是大家都很关心的司法独立问题，这个问题比较大一些，我只讲其中的某些问题。第二个问题，如果还有时间，我将适当地讲讲对于非法证据排除规则的实施情况中的若干问题的看法。

首先，关于司法独立的问题。

司法独立在不同的国度可能有不同的理解。在西方实行三权分立的国家，一般来说就是指审判独立，也就是法官独立审判。典型的如美国以及大陆法系的绝大多数国家。但是中国语境下的司法独立指的是审判权和检察权依法独立行使，仅限于审判权和检察权。西方的检察权按照三权分立的理论属于行政权，是有司法特点的行政权，并非严格属于司法权的范围，而且有的国家也并没有规定独立行使的检察权力。我国不同，将司法独立理解为公

　＊　中国政法大学终身教授，诉讼法学研究院名誉院长。
　＊＊　中国政法大学教授，博士生导师，诉讼法学研究院院长。

安机关行使侦查权，那也不行。在我国，实际上司法机关就是法院、检察院，这个基本的范畴需要先澄清。那么，我们为什么要司法独立？是不是我们的司法就是想争自己的独立性？过去经常有人扣帽子，一讲司法独立似乎就是在争权，甚至要脱离党的领导，等等。实际上司法独立是司法规律的一个要求，是法治国家的必然要求。为什么这么说呢？一个法治现代化的国家，有两个原则是必须要坚持的：一是要求法律至上，法律具有至高的权威性，其权威性的维护有多种渠道，其中很重要的就是通过司法机关办理案件来维护。法律的权威性决定了适用法律的司法机关也必须具有权威性，如果司法机关办案不能够有效地维护法律的统一实施、维护法律的权威性，这个司法机关就不成为司法机关。那么司法机关怎么能够维护法律的统一性、权威性呢？那就需要独立，也就是马克思说的："法官的顶头上司只有一个，那就是法律。"二是司法需要公正。大家都知道，公平正义是社会价值的首要内容，不仅罗尔斯这样讲，我们现在也这样讲。而且我们现在还一再强调：公正是司法的生命线，社会的公平正义要通过司法对公正的追求来进一步体现和保障。公正包括程序公正和实体公正，不管实体公正还是程序公正，都有一条，就是追求公正，不能有偏颇，不能考虑其他方面的压力。而且我们的司法公正对于司法机关特别是法院来说还有一个中立的问题，对于控辩双方来说，法院中立才能体现公正。要求公正，就必须要求独立。没有独立，就很难能真正地顶住压力去追求公正。所以说，公正的要求使我们必须要独立。当然还有其他的情况，但主要是这两条——法律的权威、公正的要求，使得我们必须要有独立性。

当前的形势还是比较好的，尽管司法独立这个词现在不怎么用，多用的是"依法独立公正行使审判权、检察权"，但是确实是在提倡、主张并采取措施保障司法独立。如何保障司法独立，一是关于外部的问题，大家都关心的是，党如何领导司法机关。过去司法独立不起来，与党的领导、如何领导、是不是要干涉具体的案件有关。现在这个问题逐渐得以明确了。我个人认为，从理论上、从应然的角度来讲，司法机关必须坚持党的领导，同时党又必须真正改善领导，按照司法规律来领导司法机关。具体来说，还是限于方针、政策、组织上的领导，而不是具体的案件。这个问题现在尽管还有一点小分歧，但我认为实际上意见是比较一致了。我过去比较早的时候主张党的领导"原则上"不要具体干预案件，更不要拍板定案。因为有的个别案件很难讲党委都不具体过问，所以我讲是原则上不干预，这是从实务来看的。现在，如果从理论上、从应然的角度来讲，我同意一些人的主张：党就是不要具体干预案件。现在有些人说下级党委，或者说基层的、地市一级的党委不要干预，省级、中央还是可以干预的；也有的说事实问题不要管，法律上的适用问题可以管，看法不一。但是从宏观来说，从应然的角度来说，从未来的趋势来说，我还是同意党在具体案件上一概不要干预，不分哪一级，也不分哪些案件。

至于行政机关，那更不用说了。宪法历来没有规定行政机关可以干预司法，行政机关的干预本来就不合法，这是宪法明文规定的。现在的宪法规定，人民法院依法独立行使审判权，不受"其他行政机关、社会团体和个人的干涉"。

对于内部的问题，我认为法院、检察院应当分开来说，因为法院、检察院有相当大的区别。就法院而言，上下级法院之间只是监督关系，不是领导关系，上级法院对下级法院的审判工作不能直接干预。尽管实践中有些潜规则，但那另当别论。按照现在的法律来说，法院内部的审判组织是法官个人、合议庭、审判委员会，并没有赋予庭长、院长个人定案、批案的权力，这个权力从法院组织法到三大诉讼法都没有规定。如果有，则是我们法院自己内部行政化的结果。行政化的表现就是一个案件，庭长要签字、分管的副院长要签字；有的重要问题，院长要签字；或者是院长主持审判委员会的时候有偏向，等等。这些都是行政化的东西。现在，首先要去掉院长、副院长、庭长的审批制度，然后进一步，我觉得最终还是要实现法官的独立，也就是以合议庭为基础的独立。审判委员会作为一个过渡的审判组织，还可以有一定的生命力，但是从长远来说，从应然的角度来说，从司法规律来说，审判委员会并不是必须长期保留的。因为审判有一个特点，就是亲历性，法官要在法庭上亲自听当事人的陈述、证人的证言、双方的交叉询问、质证，由此形成心证，然后对案件事实作出最终的判断。审判委员会是间接的，当然现在也有的搞汇报、看审判时的某一段录影等，这些都不是完善的。审判委员会严格来说体现了民主集中制，体现了办案中的集思广益，有它的优势，但随着我们法官素质的提高、业务能力的提高以及我们对各方面条件的创造，审判委员会今后的任务不应该是作为审判组织、决定重大疑难案件的组织，而是侧重于研究解决法院的管理问题或者司法解释问题，它的案件审理的任务应该逐渐走向消亡。如果是重大的案件，庭长、副院长亲自来办，合议庭3个（法官）不够，可以发展成5个，5个不够可以有7个（法官）。也就是说，可以通过合议庭提高素质、增加审判人员数量来解决问题，而不是非要通过审判委员会来解决问题。当然，审判委员会还有别的问题，比如审判委员会开会时检察长可以列席参加。疑难案件检察长列席，能保证一点控方的痕迹都没有吗？单纯的法律监督者能做到吗？辩方又不能参加，疑难案件的处理能够平衡得了吗？最终这些问题需要"一揽子"解决。现在审判委员会的改革已经列入中央的改革方案了，关键是步子走得快一点还是慢一点。当前第一步是把审判委员会改革得合理一点，但长远来说，审判委员会未必要作为我国的一个特色长期保留。总体上，合议庭独立是我们改革的方向。

检察院现在也在做主办检察官负责制等的试点，但是检察院的司法改革的路径，我觉得同法院还有明显的区别。我国的检察院很大程度上参考的是苏联模式。当前，检察院还有两个方面的特点是非常明显的：第一，检察院按照宪法和检察院组织法，上下级之间是垂直领导的关系，下级要服从上级，不像法院上下级是监督关系；第二，检察院内部是检察长负责制，检察委员会也并不是像法院一样少数服从多数，检察委员会没有那么大的权力。总体来说，检察院的领导体制是一体化的。我认为这是合理的，因为要监督法律的统一实施，防止地方各行一套，就需要上下级垂直领导，保证中央规定的法律通行无阻。再者，如果从现在检察院的职能来说，有一个反腐败的重要任务。反腐败需要权力适当的集中，上下级需要垂直领导。比如，中纪委为了反腐败，它就加强了上下级的垂直领导，因为腐败越严重、越要加强反腐败的力度，就越要集中统一加强垂直领导。据我所知，职务犯罪案件纪委系统查办的并不是大部分，大部分还是检察院自己直接发现、直接立案，在一定程度上适当地加强垂直领导也是完成反腐败任务的需要。所以，我个人的总体态度是检察院要注意加强垂直领导。检察官有一定的独立性是可以的，但是检察官不能像法官一样完全独立，因为如果检察官权力加大了，检察长的权力就虚了，检察长就负不了责了。检察院和法院的领导体制是不一样的，讲司法独立具体到检察院就应该是检察院系统对外的独立，而不是对内检察官个人权力越大越好。这是我个人的理解，也许有偏差，与检察院的口径也不一定一致，但作为学者，我认为检察院的改革不能和法院的改革平行前进。

下面，就非法证据排除，我再讲讲其中的热点问题。

非法证据排除，是我们国家经过了一番曲折，将西方国家体现程序制裁价值、用程序价值来保证实体价值的一个非常好的证据规则基于中国具体的实际引入的，从 2010 年"两个证据规定"开始，到 2012 年刑事诉讼法的规定，逐步完善。2012 年刑事诉讼法在"证据"一章一共增加了 8 个条文，其中 5 个条文就是规定了非法证据排除，应该说是一个很大的进步。这一规则实施 3 年多来，应该说有很大的影响，但也遇到了不少的问题。据说法、检、公三机关正在共同起草文件以贯彻三中全会决定中的"严格实行非法证据排除规则"的精神。根据近期我就这个问题的调研，我觉得有的问题还需要探讨和明确。首先就是非法证据排除的范围问题。需要明确的一点是，非法证据排除限于公权力机关主要是侦查机关用非法的方法所取得的证据，不涉及其他方面不合法的证据，我们是从狭义上来讲这个规则的。关于实物证据，我历来认为在我国现在的情况下，实物证据的排除是十分困难的，根据现在的规定也是很难排除的，我并不认为实物证据的排除能取得多大的效果，西方的"毒树之果"理论不符合我国的实际。我们现在着重讲的是言词证据，特别是被告人口供的排除究竟存在什么问题。首先，法律规定要排除"以刑讯逼供等非法方法取得的犯罪嫌疑人、被告人供述"，这个"等"字司法解释规定为肉体上和精神上两方面的剧烈疼痛或痛苦。这个解释应该说还是开放式的解释，解释得比较好。有的问题认识已经一致了，刑讯逼供、变相的刑讯逼供，包括冻、饿、晒、烤都是，同时司法解释也明确提出了疲劳讯问。但是有一个问题没解决，就是关于疲劳讯问应该怎么界定？是 24 小时、36 小时、48 小时，还是 72 小时？从原则上来讲，疲劳讯问违反了自己的意志，但"违反意志"毕竟很抽象。具体化一点怎么看，要有个界限，你不能说这个案件36（小时），那个案件48（小时），另外一个案件是72（小时）。浙江有个案件超过了72小时，基层法院把它排除了，二审又把基层法院的判决给撤销了，所以这个没有标准。我个人认为，疲劳讯问，如果从严格实施法律这个角度看，24小时是比较合适的，超过24小时就是疲劳讯问；而且24小时里头，还应该让他有相当的时间吃饭、休息，并不是24小时都连续审讯。但是中间吃饭、休息多长时间，可以再考虑。从外国的规定来看，如英国，除休息时间以外，如果审讯16小时以上就不行了。美国有不同的规定。但是总的来说，现在按24小时应该说是比较适中的。我们笼统地说疲劳讯问可能不解决问题，就得规定一个"死"的时间，但是这个"死"的时间24小时是最高限，对老年人，对那些残疾人、有心脏病的人，不能用24小时，这是我个人的看法，现在实务部门可能对24小时都接受不了。

"威胁"算不算"非法方法"？如果从精神上的痛苦来说，威胁是最典型的精神上的压力和痛苦，应该算。但是最高人民法院关于防止冤假错案的意见中，有疲劳讯问，但对威胁没提及。而且起草立法的专家说，威胁的问题不太好办。但是，如果按照精神上的痛苦来理解，威胁是首要的。"你不招，我把你老婆就抓过来，把你孩子也给你带过来！"这个威胁很大。他觉得，只要不让老婆孩子受累，我什么都认了，只要你别把我老婆孩子弄进来就行。他有心脏病。"你不招，我就不再供应你治心脏病的药！"他考虑到生命危险，那就瞎招了。"威胁"这个问题，我觉得是不能不包括到"非法方法"中的，必须要作为一种典型的精神上的痛苦来加以规定，加以排除。还有欺骗、引诱，这就更复杂一点。欺骗、引诱是我们惯用的手法。三个共犯，对这个说，"他都招了你还不招"。实际上三个人都没有招。拿这个骗那个，拿那个骗这个，有时候也能够达到我们的目的。这就是欺骗。引诱——"招了以后我可以给你取保候审"，实际上是兑现不了的。这些东西比较复杂一点，但是当时有没有形成精神痛苦？未必。我个人的看法是，结合中国的国情，威胁，除非常轻的之外，一般说来，应当排除；但是引诱、欺骗，除非常严重的情况之外，可以考虑不排除。

接下来，我再讲一下证明标准的问题。

刑事诉讼法关于非法证据排除的举证责任是明确的。如果说开始启动非法证据问题的调查，举证责任在法院审理阶段由检察院承担。但检察院要调查排除非法证据，则由侦查机关举证。这个举证责任，我认为规定得是很明确的。证明标准也不是没有规定，但是我认为在立法技术上有点毛病。各位，我不知道你们注意到没有，立法的规定是这样的：经过举证、质证以后，法院"确认"属于非法取得的情形或者"不能排除"非法取得的情形，应当排除。它这里用了两个证明标准。法院要"确认"，法院自己去调查确认吗？一般不是的。法院要确认，要经过检察院举证，举证证明自己合法，不是举证自己非法。检察院举证自己"合法"，除非辩护人去举证说他是"非法"，除非辩护人手头里有确实、充分的证据使法院确认是非法，否则这很容易把举证责任倒置给辩护人。而且这个"确认"条件也非常高。而"不能排除"非法的情形，这对检察院的举证来说要求就非常高，检察院举证要近乎达到证据确实、充分的地步。这对于辩护人来说应该说很有利，辩护人只要有一定的材料来证明该证据是非法取得的，检察院如果难以排除，法院就可认定"不能排除"非法取证情形。你看，这个证明标准和那个证明是个两极的证明标准。简单说来，在证明标准的立法技术上，只能有一个标准，不能是搞两个标准，否则实际执行起来就很复杂。一元化的证明标准有利于被告人，那就是"不能排除"非法取证的情形的，就要排除非法证据，但是这个标准非常高。美国的证明标准开始是要求证明到排除合理怀疑，后来它改成优势证据。优势证据是说若检察官举证合法，举证到你优势的地位我就不排除，起码有一些州是这么做的。我国如果检察官举证到明显优势，法院就不应当把它排除，这应该说它比较符合实际。司法实践是什么情况呢？司法实践中检察官如果举证到相当的程度，一般法院不排除证据，而且是注意使这个证据不被排除，实际上根本没有到"确认"的地步。

其他问题，比如程序上集中搞庭前会议，庭前会议搞多了，重心转移，变成依靠庭前准备会议来解决问题。法律上没有这个规定，而且这也会造成庭审非法证据排除的虚化，这都不利于严格施行法律。限于时间，我就讲到这里，谢谢大家！

孙长永： 陈先生不仅讲述思路很清晰，而且时间控制得也很好。下面我们有请卞建林教授给大家做讲座。

卞建林： 尊敬的陈光中先生，各位老师、各位朋友，非常高兴再有机会来到西政和大家见面。说实话，来到西政做讲座，本身就是个挑战。下面坐着名师，学生又很优秀。既是挑战，又感觉压力，尤其是和老师同台献艺。今天我们交流的题目是"司法改革的热点问题"，大家知道十八大报告提出了进一步深化司法改革，确保人民法院、人民检察院独立行使审判权和检察权，十八届三中全会特别对这个改革作了决定，两个专题里面分别提到了司法的问题，一个是宪法法律权威的实施，另一个是司法改革问题。中国的司法改革如何落实本身就是一个学术问题。20 世纪 80 年代的民事审判方式和刑事审判方式改革促进了刑事诉讼法的修改，刑事诉讼法修改了以后贯彻实施，需要借鉴或者引进当代的诉讼制度。自上而下的司法改革已经进行了两轮。第二轮结束后，中国政府首次发出了司法改革的白皮书，应当说成就很大，但是要进一步深化司法改革，当然要找问题。大家一看呢，发现问题很多，甚至许多问题一改再改。这些问题无非就是司法不公正、司法不严谨、司法不公开、司法不权威，大体上就是这些表现。是什么原因造成这些问题的呢？就是因为司法不独立、司法地方化、司法行政化，等等。所以我们看到，2013 年以来，首先是在提高司法公信力方面出台了一系列的举措，习近平总书记也有一系列的批示，尤其是 2013 年披露和纠正了一系列的刑事冤假错案。习近平总书记批示，要让人民群众在每一起案件中都要感受到公平正义。提高司法公信力，2013 年围绕着司法公开，特别是法院系统的司法公开下了非常大的工夫，因为总书记有批示，要贯彻司法公开，以公开促公正。司法公开，下了决心还是做得到的。最高人民法院下了决心，公开了三大信息平台，包括裁判文书上网。法院在公开方面做得不错，效果也出来了，特别是像薄熙来案件的审判，除了程序公正、保障辩护权利以外，就审判公开而言，应当是近期重大敏感案件中公开审判最好的，进行了微博直播。

现在就是围绕地方化、行政化进行改革，即司法去地方化、去行政化。新一轮司法改革的具体方案还没有出来，我理解主要是三大块：第一是围绕司法机关本身，核心就是刚才陈光中先生说的执法机关、司法机关独立行使职权。但是在中国，总是讲究全面，讲究权衡，在强调司法机关独立行使职权的同时，它也不忘了加强对司法机关行使监督的职能，不是说法院独立办案，它就管不着了，不是的。大家可能注意到，无论是"五四"宪法还是我们现在的刑事诉讼法，对司法独立有两种表述。一种表述是作为我们刑事诉讼法基本原则（当然是从"八二"宪法抄过来的，1996年刑事诉讼法也有）的"人民法院依法独立行使审判权、人民检察院依法独立行使检察权，不受行政机关、人民团体和个人的干涉"。有人觉得这个规定还不到位，比较理想的范本是"五四"宪法，它规定"人民法院独立审判案件，只服从宪法和法律"。现在中央的司法文件包括十八大报告和三中全会决定，有三组词：确保司法机关（包括人民法院和人民检察院）"依法、独立、公正"行使审判权、检察权。除了"独立"以外，前面加了"依法"，后面加了"公正"。我个人觉得，这里面是有一些考虑的。"独立"就是讲这个职权由你这个司法官员来专职行使，排除其他的干扰。但是，加上前面对它的限制"依法"，这个独立就有了一个大前提，就是"依法独立"。为什么要把"依法"这两个字加上去，它本身就是对"独立"的一个限制，外在的部门可以拿这个东西来评价你。后面一个更重要的是"公正"，因为公正本身是司法的核心价值追求，是司法的最理想状态。为了实现司法公正，我们要实现司法独立。司法独立是个手段，司法公正才是目的。司法机关"独立"前面要"依法"，后面要"公正"，就是说要评价你的最终还是公不公正。也就是说一组词，两个字变成了六个字，"依法、独立、公正"地行使审判权、检察权，含义大不一样。这是一个总的要求，也是司法改革的关键，下面就是具体怎么适用的问题。

除了陈先生刚刚提到的，要正确理顺司法机关独立行使职权与党的领导的关系、正确理顺司法机关独立行使职权与人大监督的关系之外，作为具体的司法改革方案主要有两块：一是探索省级以下司法机关人财物的统一管理，这显然是去司法地方化的一个重要举措；二是探索建立与行政区划不一致的司法管辖，这个涉及以知识产权法院为试点的改革。

为什么要省级统一管呢？中央政法委首先提出来，"司法权是中央事权"。后来总书记在中央政法工作会议上也讲了，"司法权是中央事权"。既然司法权是中央事权，那么全部司法机关的人财物都应当由中央统一管理。但这是指应然层面，实际上条件还不具备。那怎么办？那就先从省级以下开始，中央的事权放在省一级来做。但是这样一来，司法权和司法行政管理权就要区别开来。"司法权是中央事权"，实际上应当是指对司法行政事务的管理权。这是一个理论问题，大家还可以再展开讨论。省级统管，谁来管？重庆市的法院是不是由重庆市的高级人民法院来管？如果由它来管，能不能"去地方化"？不知道，但可能会"强化行政化"。如果另外设置机构管，设什么机构？是设在党内还是设在人大？谁管钱、谁管人、谁管物，谁就是老大。这个新成立的机构如果要来干涉司法，怎么办？谁来纠正它？所以这一改革很不好做。如何做？这个真的很不明确。另外，我自己觉得，呼吁了多少年，首先对"有奶便是娘"、"端谁的碗就受谁管"这样一个命题本身是不是成立就需要论证。

第二就是探索建立与行政区划不一致的司法管辖。这个要真的实施，可能涉及五部法律的修改，包括宪法、法院组织法、检察院组织法、地方人大组织法等，所以不是容易的事情。

还有一个方面就是司法人员这一块。建立符合职业特点的司法人员管理制度，这是三中全会改革决定规定的，这个主要是管人的，前面一个方面主要是管机关的。管人呢，里面也有几个具体的措施：一个就是公、检、法的人员统一招录、有序交流、逐级遴选，这个方向很明确，路径很清晰。这里面有几个意思：其一是把好准入关，提高门槛，当然门槛太高了他不爱进，特别是现在大家可以看到大量的精英人才流失，现在待遇低、任务重、压力大。其二就是要有序交流，当然很多国家和地区是这样，如法国、德国等，我国台湾地区也是这样，因为在这些国家和地区，法官、检察官都称司法官，受的教育一样，入职门槛一样，当然就可以交流了，今天做法官，明天调任检察官。但警察不一样，大家都知道警察不是司法官。所以笼统地讲有序交流，也有问题。其三是逐级遴选，就是说不要学生一出来就到最高人民法院，从书记员干到助审员，助审员熬到审判员（实际上才30多岁），而要从基层法院干起。必须熬到20年才能进省院，30年进最高人民法院。当然，这可能需要延长法官的任职年限。

第三个问题是司法权的运行，主要是指它的内部运行机制，整个的外部环境总体还是独立的。这里有个命题，就是怎样规范、保障司法权的运行，其核心是司法人员责任制。司法权运行机制既是体制又是机制，要通过健全体制完善机制。那机制是什么呢？是司法人员责任制。首先是法院，一是要改革审判委员会制度，不要什么重大敏感复杂案件都上审判委员会；二是要取消庭长、院长审批制，就是"让审理者裁判、由裁判者负责"，这就是司法人员责任制的浓缩。当然审判委员会的问题，在1996年刑事诉讼法修改时，特别是陈光中先生主导向中央、向全国人大立法部门提交的建议书中就提到了，要解决审判分离的问题，不能审者不判、判者不审。刑事诉讼法在1996年修改的时候就明确规定合议庭审判了以后应该作出判决，但是稍稍留了个尾巴，就是合议庭认为案情重大、疑难，需要审判委员会讨论决定的，可以提请院长提交审判委员会讨论决定。

下面是分类管理，包含检察院，就是要区分司法人员、司法行政人员、司法辅助人员。区分的目的，一方面是为了明确责任，只有司法人员才是审案子的，相应的待遇就是要高一点。不要把司法人员简单等同于公务员；也不是在法院、检察院的公务人员都是司法人员。

以上是我对十八大，特别是十八届三中全会决定以及现在呼之欲出的司改方案的一些理解，肯定有偏差有出入，这个我自己负责，谢谢大家！

孙长永：卞教授在陈先生讲的基础之上对于如何推进司法改革的三个方面问题，一个是从司法机关的角度，一个是从司法人员的角度，一个是从司法权力运行机制的角度，结合三中全会决定，做了精彩的讲解。其实陈先生讲的内容也是决定里面所涉及的问题。两位教授的精彩讲座，大家听了之后肯定很受启发。首先是陈先生，虽然已经高寿84，但是他的思想仍然非常的活跃，仍然能够做到与时俱进，特别是根据中央的精神对三中全会的决定如何进一步落实积极建言献策，提出来的一些见解，我觉得在目前的情况下既符合中央的精神也具有可操作性。比如，对于地方党委应不应干预具体案件，他的意思实际上是对中央政法委有关意见的具体理解，就是地方党委政法委不要干预具体案件，尤其是涉及事实和证据的问题。至于法院、检察院内部权力的运行机制问题，决定里面提到了很多内容，刚才卞教授重点讲了让审理者裁判、由审理者负责这个机制，除了这个之外还涉及上下级法院的关系。决定明确提出，要进一步规范上下级法院审级监督关系，这都是权力运行的机制问题。两位教授的讲座是从学理上、法理上对司法体制改革主要内容以及怎么样推动落实三中全会决定的精神所做的解读，也是今天晚上讲座的基本基调。

讲座所涉及的几个问题，我也想提一点我自己的想法。在三中全会决定中关于如何确保依法独立公正行使审判权、检察权问题，改革司法管理体制方面涉及两个问题：一个是省级以下地方法院、检察院人财物统一管理，另一个就是建立与行政区划适当分离的司法管辖制度，这两个问题都是体制性问题，这可能会涉及宪法的一些规定的进一步完善和落实问题。卞教授刚才提到，所谓司法权是中央事权是指的司法行政管理权，而不是说司法业务方面的权力，因为各级法院、检察院都应该有独立办案的权力。陈先生讲座里面引用了马克思一句经典的话"法官在权力行使过程中是没有上司的，法官的上司就是法律"。可以看出，两位教授的观点是一致的。与此相关的，"八二"宪法规定的是：人民法院、人民检察院依法独立行使审判权、检察权，不受其他行政机关、社会团体和个人的干涉。与"五四"宪法相比，"八二"宪法的精神是非常明确的，司法独立不能排斥党的领导。这也是当前中央一再强调的：在司法改革问题上，党的领导是要坚持的。问题在改革司法管理体制过程中怎么样完善党领导司法的方式问题。另外，人民代表大会制度是我国宪法确定的根本政治制度，这个制度是不能改变的，在司法改革过程中怎么样进一步完善人民代表大会对司法活动的监督制度，需要研究。至于地方各级人大是不是像现在这样一级监督一级，地方党委特别是政法委是不是一级领导一级司法机关，涉及利益分配问题，在改革过程中应当是可以讨论的。但是我想大的方向很明确，就是要确保地方的法院、检察院整体上来说依法独立公正行使权力，其中法院还要真正落实到独任庭、合议庭独立行使裁判权。像卞教授说的，这里面就涉及一个问题：就是在维护宪法权威的前提之下，怎么样使得地方法院、检察院在行使职权时，既能够独立，又能受到有效的约束，符合国家统一的立法和宪法的要求。我觉得这个可能是设计方案的人需要重点考虑的一个问题,这是其一。其二,涉及司法人员管理制度的问题,三中全会决定里面提了两条:一是统一招录、有序交流,逐级遴选;二是法官、检察官、警察职业保障制度。确实,现在不是学界的反对声音很大,而是我们司法机关内部就有不同的声音,比如说,某一法院的办公室主任,他可能在上一轮聘岗中是经济庭或者是民事审判庭的庭长,他现在到了办公室当主任是领导说他很能干、办公室的业务很重要,需要他来当办公室的主任,现在一改革他可能就成了司法辅助人员。这是我们各级法院、检察院都面临的共同问题。所以我们的研究生、我们的老师都有必要认真研究一下,究竟如何进行分类管理,既能把现在司法能力很强的一批法官、检察官的积极性调动起来,又能使可能被置于辅助岗位但是已经有法官、检察官职称且曾经实际在一线办案的那些人员的利益得到切实维护。因为改革虽然是利益调整,但绝对不是说只是让不到一半的一线法官、检察官有积极性,多数的法官、检察官没有积极性,否则这个改革显然是不太可能成功进行下去的。

关于非法证据排除,陈先生讲了两个问题:一个是关于适用范围的问题,他特别对刑讯逼供后面的"等"提出了一个意见,就是原则上应该排除通过威胁的方法收集到的供述,至于通过欺骗和引诱方法收集到的供述,除非例外情况,否则原则上不予排除。这个观点我个人是赞成的。另一个问题,关于疲劳审讯,他提到一个底线是不得超过24小时,特殊人群可能有所不同,而且即使在24小时之内,也要保证嫌疑人吃饭和休息的时间。我觉得这个观点可能保守了一点。如果我没有记错的话,英国1984年《警察与刑事证据法》在实施细则三中非常明确地规定:在任何24小时内,要保证犯罪嫌疑人连续的、不受打扰的8个小时的睡眠时间,而且原则上应当在夜间。实际上也就是说,夜间原则上不允许讯问,而且连续讯问时间不得超过16小时。在我们国家,新刑事诉讼法实施以后,典型的刑讯逼供行为基本上已经消失,但是疲劳审讯是一个比较突出的问题。我们在调研过程中发现,很多嫌疑人在夜间被抓捕,然后突击审讯,等到突破口供时才开始做同步录音录像,期间可能持续20多个小时,基本上不给其休息时间。如果按照陈先生的观点,这种方法收集到的供述可能就不需要排除。但是实际上讯问的持续时间横跨两个夜间，犯罪嫌疑人往往已经非常疲倦，而且这种疲倦状态恰恰是侦查人员有意造成的。越是重大的案件或者敏感案件、挂牌案件、上级领导关注的案件，突击审讯、连续审讯的现象越普遍。这样的问题如何解决？我觉得需要进一步总结经验，逐步限制，不能简单地划一个时间界限。

另外，陈先生还讲到，在非法证据排除规则适用的过程中，举证责任明确，但证明标准的规定跟举证责任的规定不够协调。我赞成陈先生的观点，但是我觉得这个问题并不需要通过立法修改来解决，完全可以通过司法解释、通过学理解释来解决。因为从立法者的原意来看，应该说是很明确的，那就是检察院履行举证责任，不能证明是合法取证的，它就是非法取证。如果根据辩方提出的证据线索、根据控方举证，法院能够确认是非法证据，就一定要排除；检察院虽然举证，但最终不能排除是非法取证的，法院也应当排除。我觉得这个解释在法理上不会有什么问题，只是在具体操作过程中可能有法律理解上的问题。至于陈先生刚才提到的，美国的排除非法证据证明标准先是采用了排除合理怀疑的标准，后来改为优势证据标准。我个人觉得这个可能还需要进一步调查研究。我的研究结果发现，凡是有证搜查，涉及物证、书证的，检察机关的举证一般来说，多数州采用优势证据排除；凡是无证搜查扣押的，就是在取得物证书证的搜查过程当中，是先搜查扣押，然后要经过司法机关审查的，在这种情况下，检察机关是必须举证证明这个证据的取得合法性达到排除合理怀疑的程度。并不是统一采用优势证据标准。从我们国家来看，我不太赞成陈先生刚才说的优势证据标准。为什么呢？因为我们这次刑事诉讼法的修改，就排除非法证据来说，重点是解决刑讯逼供的问题，重点是解决犯罪嫌疑人供述的取得是否合法的问题，而这个适用范围从比较法上来看，是非常窄的，法律规定是"刑讯逼供等"，现在又加上了冻、饿、晒、烤、疲劳审讯，不在规定的地点审讯，没有同步录音录像的审讯，就是那么几条。至于威胁、欺骗、引诱手段收集的证据，要不要排除；非法羁押获得的供述要不要排除；违法禁止律师会见期间获得的供述要不要排除等，法律都没有明确，需要在司法实践中积累经验以后再说。也就是说，现在立法规定的排除范围非常狭窄，非法收集的物证、书证基本上不排除，尤其是立法限制了三个条件：违反法定程序、可能严重妨碍司法公正、不能补正和合理解释的，才需要排除。在这种情况下，如果我们把证据标准的要求定的太低（优势证据），那就意味着在法院不能排除是违法收集到的供述的情况下，也不能排除这个供述；而且，只要检察院以优势证明供述是合法化取得的，那就可以作为定案的根据。这会导致什么后果呢？司法的公信力没法建立。这与 2012 年刑事诉讼法关于严格防治刑讯逼供等非法方法的立法精神是不一致的，跟三中全会决定关于严格实行非法证据排除规则的要求也可能有出入。

下面我们把时间留给同学们，看看大家有什么问题，提问要严格限定在今晚讲座所涉及的主题范围之内，从学术上探讨问题。

学生甲： 我已经毕业工作了。我的问题是，如果发现了错案，在新的司法改革中有没有明确如何追责？这是我们这些在一线办案的人员比较关心的。

陈光中： 关于冤假错案问题，我在《法学家》今年第一期有一篇文章，其中有一小部分讲的是追究责任问题。对这个问题，我想简单谈几点看法。冤案特指无罪搞成有罪。错案、冤案都应该追责。第一点，我们对办案人员的要求是尽量做到每个案件公正、正确，让人民群众在每个司法案件中感觉到公正，这是理想的追求。但是案件是复杂的，人的办案能力是有限的。在办理案件中无论是认定事实，还是适用法律，我们要求法官要尽心尽职，但是不可能要求一个错案没有。现在的问题是容许的限度是什么。我认为应该有一个少量概率的容许量，这是比较现实的。第二点，错案、冤案要分别情况。第一种是贪赃枉法，是绝对要追究责任的。第二种是办案责任心不强，马马虎虎办成错案、冤案，这在某种意义上就是渎职，属于办案没有尽责，这种情况也应该追责。第三种是认识问题，因为法官有一定的自由裁量权，法律适用中有的规定明确，有的并不是那么明确，特别是民事案件自由裁量度比较大，这种情况下既要求法官独立办案，又要求法官百分之百没有错误，是不可能的。既不是贪赃枉法，也不是马马虎虎，而是我努力了、尽心了，但是我就这么认识的，所造成的错误是水平问题。但是老有错也不行，应该有一定的容许率，否则法官难当，也不敢当。西方的法官，除了贪赃枉法那种，办案上的错误追责一般来说不存在，这属于自由裁量范围。所以在责任问题上，一是要负责，二是要区别对待，具体问题具体分析。

学生乙：有两个问题。第一个是关于非法证据排除的。据我了解发现非法证据就很困难，即使要求法庭上播放同步录音录像，也很难发现问题，因为录时不打、打时不录，以至于现在有些法官都说，他不相信同步录音录像。对这个问题，两位老师怎么看？第二个是关于司法改革的，现在河南省成立了两个分院分别管辖10个省直管县，这是不是将来司法管辖与行政区划相分离的发展方向？

卞建林：这两个问题很好。第一个问题关于非法证据排除，首先是发现难，认定难，然后排除难。非法取证的人不承认，对非法取证的人没有取得证据的能力，然后对权益受到侵害的人没有适当的救济手段。这是司法实践中出现的问题。一方面办案人员要严格按照法律、司法解释已确立的规则执行。三中全会的决定要求，要坚决贯彻落实非法证据排除规则，这彰显了中央的决心。另一方面就是在制度上进一步完善。应当说刑事诉讼法修改的时候做了很大努力，特别是在遏制以非法的手段收集言词证据方面。总体上而言应当说下了决心，对于比较顽固的非法取证，我觉得会慢慢得到遏制，甚至有明显改观。第二个问题是不是趋势不敢说，可以说是一种探索。这个问题因为时间关系我不展开讲了，建议大家看看陈光中教授在《中国法学》上发表的一篇文章。一种方案是行政区大可以设两个甚至三个司法区；第二种方案就是跨界设置司法区。

学生丙：通过刑讯逼供等方法获得口供发现的主要查明案件事实的证据在什么程度上进行排除？

陈光中：这个问题中对于是非法口供本身还是通过非法口供发现的证据要有区别。通过非法口供发现的证据是"毒树之果"。中国现在的法律没有规定"毒树之果"，口供本身要排除，根据口供的线索合法取得的实物证据，对定案非常重要，不排除。实际上西方国家，美国"毒树之果"排除得稍微厉害一点，但是也有例外；英国及大陆法系国家，普遍对"毒树之果"问题采取自由裁量，并不是一定要排除。口供本身对定案起了关键性作用，但是又是刑讯逼供得来的，如果排除口供就无法定罪；如果不排除就可以定罪，这就涉及刑讯逼供逼来的东西，直接的言词证据，是否因为它对定案重要就不排除、不重要就排除？这个回答是很明确的：不管言词证据本身多么重要，只要是刑讯逼供等方法就一概排除。这里的关键是要不要动真格，动了真格要付出代价，可能放纵犯罪，但是从总体上来说我们有效遏制了刑讯逼供，更好地防止了冤案的产生，更好地保证了整个案件的质量。

学生丁：司法公信力是司法改革的一个重点问题，但是我们司法改革更多关注司法机关和司法人员本身，民众对司法的感知度如何关注不够，而后者恰恰是提升司法公信力的关键。对于司法改革发展是否对这方面有所侧重，您怎么看？

卞建林：确实，司法改革是一个综合的工程，涉及方方面面，实际上除了从司法机关和司法人员自身做起之外，更多的应该是培养一种司法文化，营造一个司法氛围。特别是要树立一种对法治的敬仰、对司法的尊重、对司法人员的信任、对司法判决的服从和认可。这个很重要，但是需要时间，而且需要司法机关自身先作出成绩，不能等中央司法改革对你提要求。我们的司法机关、司法人员绝大多数都是好的，他们办的案件绝大多数是对的。大家可以看到总书记的重要提法："让人民群众在每一起案件中都感受到公平正义。"这个本来也是有针对性的。现在我们整个案件判决，也就是司法质量在上升，95%是好的，但是还有5%是有问题的。中国这么大的基数，5%肯定是很大的量。另一方面，冤案从某种程度上无法避免，不管什么法律制度下都没有办法。然而冤案一旦发生，尽管从概率讲可能是0.1%、0.01%，但是对冤案本身的当事人来说它的价值就是100%，所以就看不到司法的进步。有教授讲，"二战"以后确定了一个规则："恶法非法，恶法可以不遵守。"为什么有法不依呢？因为法不行，然后司法程序不公正。所以本身要树立对法治的信仰，要营造司法文化，要逐步提升司法的信誉，要选择采取司法的方法来定分止争。司法本身就是成本最高的方法、最后的方法。

陈光中：刚才由于时间限制，对非法证据排除的问题，我有很多没有展开讲，现在我趁这个机会再讲一下，也就是所谓重复自白问题：被告人口供是第一次讯问时刑讯逼供出来的，也未录音录像；第二次再问，被告人就按原来刑讯逼供的继续承认，第三次也是，而且后面的录音录像比较好。现在实践中有些律师提出来：第一次口供是刑讯逼供得来的，后来的口供或者是害怕再受刑讯逼供，或者也可能是真的，这种情况下第一次的口供要排除，以后的则不排除，那刑讯逼供照样遏制不住。这个重复自白问题是比较复杂的。国外，据我所知做法也不一致，有的承认重复自白的法律效力，有的不承认。我们国内分三派：第一派是一排到底，只要第一次口供是刑讯逼供，后面的口供一概作废，这就是最严格的非法证据排除；第二派就是一次性排除，即第一次排除，第二次是合法的就算，也就是只管一次；第三派是折中的主体轮换说，也就是纪委非法逼供得出口供，到了检察院讯问主体改了，到了检察院翻供或继续承认，到了法院那边又继续承认或者翻供，就是不同的主体有变化或者继续承认。现在我考虑主体轮换说稍微折中一点，如果说第一次排除，第二次只要承认就继续用，那么非法证据排除确实难以奏效。主体说的好处在于，在纪委或者公安机关承认了，到了检察院会告诉他，检察官的讯问是依法讯问，要如实回答，该怎么回答就怎么回答，甚至告诉他还有律师辩护权。在新的情况下，如果继续承认，就不排除。如果翻案，按照新的为准还是原来的为准？这个问题上国外的做法也不一致。从严格排除的角度来说，只管一次确实是很难遏制刑讯逼供的，我比较倾向于也就是主体更换说，既不是一排到底也不是只管一次。

学生戊：司法改革中为什么需要中央政法委这么一个机构协调公、检、法机关？它的必要性在哪里？

卞建林：第一，中央政法委不是为司法改革成立的，与司法改革相关联的最高层次是中央司法改革领导小组，它的办事机构是中央司法改革办公室。第二，中央政法委是我党主管政法工作的职能部门。第三，司法改革为什么需要政法委协调呢？公、检、法机关本身在我们的体制下不可能自己解决自身能力以外的事情，稍微扩大一点，政法委也解决不了，这是一个体制的问题。像我们今晚交流的内容，就不是由中央政法委来解决。十八届三中全会决定出来以后，中央政法委全体学习，孟建柱有一个专门讲话，首先是重要意义，其次是怎么做。其中我印象深刻的有两个，一是要谨慎推进，二是先从政法机关自身能做到的事情做起，刚才我们说到的这么多内容，不是说公、检、法自身就能做，也不是说政法委来做，它需要最高规格的中央司法改革领导小组，然后最终升级，由中央确定的司法改革方案来实现。确定了之后，还需要整个体制来配合、整个社会来关注、全民来支持，不是司法机关自身的事情。

孙长永：今晚讲座超过 3 个小时，两位教授就司法改革的热点问题，给我们介绍了最新的信息，带来了最新的研究成果，有的问题不是一场、两场讲座能解释清楚的。我相信每位来听讲座的同学和来宾，从他们的讲座中都能领会到法律人关于法治中国的梦想。我想提醒我们的同学，学理性探讨纯属学术见解，你有不同意见可以商榷，但不要随便炒作。希望我们西南政法大学的学术讲堂真正成为大师级学者思想交流的殿堂，是同学们扩大视野、增长见识、启迪思维的殿堂。让我们以热烈掌声对两位老师的到来表示感谢！也希望两位老师在方便的时候能再次来到我们"金开名家讲坛"做讲座！

我国侦讯法制的发展与完善

孙长永[*]

一、侦讯的重要地位

侦讯是一种重要的侦查行为，在我国刑事司法过程中占有非常重要的地位。原因有三：

第一，我国侦查机关[①]侦破刑事案件普遍以口供为中心，抓获犯罪嫌疑人之后的首要工作就是通过侦讯获取口供，再通过口供发现和收集其他相关证据，以便最终定案。因此，侦讯是侦查机关办理每一案件的必经程序，也是抓捕犯罪嫌疑人之后最重要的工作。我国刑事诉讼法第二编第二章"侦查"规定了八种侦查行为[②]，其中"讯问犯罪嫌疑人"被置于其他所有侦查行为的前面，这也在一定程度上反映了立法者对侦讯的看重。

第二，根据我国刑事政策，犯罪嫌疑人在侦讯过程中的认罪、悔罪态度，对案件的后续处理具有重要的影响。我国《刑法》第67条规定："犯罪以后自动投案，如实供述自己的罪行的，是自首。对于自首的犯罪分子，可以从轻或者减轻处罚。其中，犯罪较轻的，可以免除处罚。被采取强制措施的犯罪嫌疑人、被告人和正在服刑的罪犯，如实供述司法机关还未掌握的

---

[*] 西南政法大学副校长、教授，重庆市人文社科重点研究基地——西南政法大学诉讼法与司法改革研究中心主任，中国刑事诉讼法学研究会副会长。本文系根据提交第二届东亚刑事诉讼法制发展动向学术研讨会的同名论文修改而成。感谢会议期间台湾"高等法院"检察官张熙怀先生、"司法院"优遇大法官曾有田教授、东海大学法学院院长陈运财教授以及与会其他嘉宾的评论和建议。

① 主要的侦查机关是公安机关，国家公职人员职务犯罪案件则由检察机关负责侦查。
② 依次为讯问犯罪嫌疑人，询问证人，勘验、检查，搜查，查封、扣押物证、书证，鉴定，技术侦查，通缉。

本人其他罪行的，以自首论。犯罪嫌疑人虽不具有前两款规定的自首情节，但是如实供述自己罪行的，可以从轻处罚；因其如实供述自己罪行，避免特别严重后果发生的，可以减轻处罚。"①

相反，如果犯罪嫌疑人在侦讯过程中拒不认罪，或者时供时翻，一旦法院经依法审理后认定其有罪，将会在量刑时作为一种"酌定情节"作出不利于他的处理。换言之，犯罪嫌疑人在面对警察侦讯时对涉嫌的犯罪"说不说"、"如何说"以及"说什么"，都会影响到他的切身利益，而犯罪嫌疑人之说与不说以及如何说，往往取决于侦查人员如何侦讯。在警察讯问犯罪嫌疑人过程中，只有侦讯人员与犯罪嫌疑人在场，其中警察的侦讯始终是矛盾的主要方面。

第三，合法侦讯的结果以侦讯笔录或录音录像的形式转化为证据材料，这些材料可以畅通无阻地进入法庭审理过程，经控辩双方质证和法庭审查以后作为定案的证据。在绝大多数案件中，侦查机关制作的侦讯笔录既是检察机关决定起诉的主要证据，也是法院认定被告人有罪和判处刑罚的主要证据。即使被告人在法庭上否认指控犯罪事实，法庭仍然可以使用侦讯笔录等"庭前供述"作为定案的依据。根据最高人民法院的司法解释，被告人曾在侦讯过程中供述犯罪事实，在庭审中却翻供，但不能合理说明翻供原因或者其辩解与全案证据矛盾，而其庭前供述与其他证据相互印证的，可以采信其庭前供述。②

因此，对侦讯行为进行公正、合理的法律规制，对于准确及时地证实犯罪，同时保障犯罪嫌疑人的基本人权具有重要的现实意义。

二、对侦讯的法律规制及其发展

我国对侦讯行为的法律规制主要体现在刑事诉讼法中。这部法律最先于

---

① 本条第3款是2011年全国人大常委会通过的《刑法修正案（八）》新增的规定。
② 最高人民法院《关于适用〈中华人民共和国刑事诉讼法〉的解释》（以下简称《最高法解释》）第83条规定："审查被告人供述和辩解，应当结合控辩双方提供的所有证据以及被告人的全部供述和辩解进行。被告人庭审中翻供，但不能合理说明翻供原因或者其辩解与全案证据矛盾，而其庭前供述与其他证据相互印证的，可以采信其庭前供述。被告人庭前供述和辩解存在反复，但庭审中供认，且与其他证据相互印证的，可以采信其庭审供述；被告人庭前供述和辩解存在反复，庭审中不供认，且无其他证据与庭前供述印证的，不得采信其庭前供述。"

1979 年 7 月 1 日由五届全国人大第一次会议审议通过，经 1996 年 3 月 17 日八届全国人大四次会议和 2012 年 3 月 14 日十一届全国人大五次会议两次修正，条文总数已由最先的 164 条增加到 290 条，与侦讯相关的条文也由最初的 8 条增加到现在的 16 条，相关规定的内容也得到不断充实。[①] 2012 年刑事诉讼法对侦讯行为的规范主要包括以下八项内容：

（一）侦讯主体

我国《刑事诉讼法》[②] 第 116 条第 1 款规定："讯问犯罪嫌疑人必须由人民检察院或者公安机关的侦查人员负责进行。讯问的时候，侦查人员不得少于二人。"这是自 1979 年以来立法的一贯要求，主要目的在于保证侦查权力的垄断行使，同时通过侦查人员之间的互相监督，防止侦讯过程中出现违法、违规现象以及犯罪嫌疑人出现意外情况。此外，由至少二名侦查人员进行讯问，也便于侦讯笔录的制作。

（二）侦讯地点

根据《刑事诉讼法》第 117 条的规定，对犯罪嫌疑人的讯问地点分为两种情况，分别适用于不同的犯罪嫌疑人：

1. 尚未被羁押的犯罪嫌疑人

对不需要逮捕、拘留[③]的犯罪嫌疑人，可以传唤到犯罪嫌疑人所在市、县内的指定地点或者到他的住处进行讯问，但是应当出示人民检察院或者公安机关的证明文件。对在现场发现的犯罪嫌疑人，经出示工作证件，可以口头传唤，但应当在讯问笔录中注明。

[①] 参见 1979 年《刑事诉讼法》第 32 条、第 44 条、第 51 条、第 62 条至第 66 条，2012 年《刑事诉讼法》第 33 条、第 50 条、第 54 条至第 58 条、第 84 条、第 92 条、第 116 条至第 121 条和第 171 条。

[②] 如无特别说明，均指 2012 年修改后的刑事诉讼法。

[③] 我国的刑事拘留和逮捕，均包含"强制到案"和"羁押"两层含义，区别主要在于拘留由侦查机关自行决定，而且所附带的羁押期限较短；而逮捕通常需要经过人民检察院批准、决定或者人民法院决定。在我国，"羁押"不是一种独立的强制措施，而是拘留或逮捕的自然结果。换言之，拘留或逮捕之后需要继续羁押的，并不需要再履行特别的审批手续。就实际功能而言，拘留更类似于"捕"（强制到案），而逮捕更类似于"押"（强制候审）。

2. 在押犯罪嫌疑人

2012 年刑事诉讼法加强了对被拘留、逮捕的犯罪嫌疑人的权利保障。与侦讯密切相关的部分主要有以下两点：（1）侦查机关拘留犯罪嫌疑人之后，应当立即送看守所羁押，至迟不得超过 24 小时；经依法批准逮捕犯罪嫌疑人之后，侦查机关应当立即送看守所羁押。① （2）犯罪嫌疑人被送交看守所羁押以后，侦查人员对其进行讯问，应当在看守所内进行。② 这两个方面的要求意旨相同，主要是为了防止侦查人员在看守所以外关押犯罪嫌疑人以及违法讯问。

（三）侦讯时间

为了防止侦查机关拘捕无辜的犯罪嫌疑人，也为了便于在犯罪嫌疑人被送押之后、尚未做好应对侦讯的准备之前突破案件，《刑事诉讼法》第 84 条和第 92 条分别规定："公安机关对被拘留的人，应当在拘留后的二十四小时以内进行讯问。在发现不应当拘留的时候，必须立即释放，发给释放证明。""人民法院、人民检察院对于各自决定逮捕的人，公安机关对于经人民检察院批准逮捕的人，都必须在逮捕后的二十四小时以内进行讯问。在发现不应当逮捕的时候，必须立即释放，发给释放证明。"

至于侦查人员每次讯问犯罪嫌疑人可以持续多长时间，立法上没有明确的限制性规定。但关于传唤、拘传的合法期限，《刑事诉讼法》第 117 条规定："传唤、拘传持续的时间不得超过十二小时；案情特别重大、复杂，需要采取拘留、逮捕措施的，传唤、拘传持续的时间不得超过二十四小时。③ 不得以连续传唤、拘传的形式变相拘禁犯罪嫌疑人。传唤、拘传犯罪嫌疑人，应当保证犯罪嫌疑人的饮食和必要的休息时间。"根据最高人民检察院 2012 年 10 月 16 日发布的《人民检察院刑事诉讼规则（试行）》（以下简称《最高检规则》）第 81 条第 2 款和第 195 条规定，两次拘传或者两次传唤间隔

---

① 《刑事诉讼法》第 83 条、第 91 条。

② 《刑事诉讼法》第 116 条第 2 款。

③ 本句后段内容（拘传时间可以延长至 24 小时）是 2012 年刑事诉讼法修正案增补的规定，推动这一修改的主要力量是最高人民检察院，旨在通过延长合法侦讯的时间突破重大、复杂的贪腐案件。但修法的实际结果事实上一并扩充了公安机关的侦讯权力。

的时间"一般不得少于 12 小时"。根据上述规定的精神，每次讯问的持续时间一般不得超过 12 小时，重大、复杂案件中，在保证饮食和必要的休息时间的前提下，单次讯问时间不得超过 24 小时，否则就可能构成"疲劳审讯"。①

（四）侦讯步骤

《刑事诉讼法》第 118 条第 1 款规定："侦查人员在讯问犯罪嫌疑人的时候，应当首先讯问犯罪嫌疑人是否有犯罪行为，让他陈述有罪的情节或者无罪的辩解，然后向他提出问题。犯罪嫌疑人对侦查人员的提问，应当如实回答。但是对与本案无关的问题，有拒绝回答的权利。"这一规定自 1979 年以来始终未变。其中前段对侦讯步骤进行了规范，即侦查人员应当先"客观地"讯问犯罪嫌疑人有无犯罪行为，再让犯罪嫌疑人作出有罪或者无罪的"陈述"，最后才是"向他提问"。这种要求看似只是纯粹的"技术性规范"，但考虑到我国的侦讯传统以及现实，它仍然具有防止侦讯人员主观臆断、先入为主的作用。

同款的后段规定本质上将侦讯设计为一种强制侦查行为，因为犯罪嫌疑人对于"与本案有关"的问题有"如实回答"的义务。在辩护律师于侦讯时无权在场、侦讯过程缺乏客观"可视性"的情况下，犯罪嫌疑人的回答是否"如实"，侦查人员的提问是否"与本案无关"，判断权仍然在侦讯人员手中。基于"坦白从宽、抗拒从严"的政策要求，犯罪嫌疑人如果拒绝回答侦讯人员的提问，或者拒不认罪，一旦最终认定其构成犯罪，将会受到不利对待。因此，同款的后段规定实际上给了侦讯人员"强迫"犯罪嫌疑人认罪的合法武器。学界通常将第 118 条规定的"如实回答"义务称为"如实供述"义务，甚为恰当。

（五）侦讯方法

鉴于我国传统上有刑求取供的传统，侦查实务中侦查人员片面追求口供的现象仍然存在，刑事诉讼法历来要求，"审判人员、检察人员、侦查人员必须依照法定程序，收集能够证实犯罪嫌疑人、被告人有罪或者无罪、犯罪

---

① 需要注意的，公安部 2012 年 12 月 13 日发布的《公安机关办理刑事案件程序规定》（以下简称《公安部规定》）并未就两次传唤、两次换传之间的间隔时间提出明确要求。

情节轻重的各种证据。严禁刑讯逼供和以威胁、引诱、欺骗以及其他非法方法收集证据"①。2012 年刑事诉讼法基于"尊重和保障人权"的宪法原则，进一步规定"不得强迫任何人证实自己有罪"；同时，正式确立了非法证据排除制度，其中第 54 条规定："采用刑讯逼供等非法方法收集的犯罪嫌疑人、被告人供述和采用暴力、威胁等非法方法收集的证人证言、被害人陈述，应当予以排除。"

根据《最高法解释》第 95 条的规定，所谓"刑讯逼供等非法方法"是指"使用肉刑或者变相肉刑，或者采用其他使被告人在肉体上或者精神上遭受剧烈疼痛或者痛苦的方法，迫使被告人违背意愿供述的"。2013 年 11 月 9 日，最高人民法院在《关于建立健全防范刑事冤假错案工作机制的意见》（法发〔2013〕11 号）对于非法供述的排除范围作了扩大解释。该《意见》第 8 条规定："采用刑讯逼供或者冻、饿、晒、烤、疲劳审讯等非法方法收集的被告人供述，应当排除。除情况紧急必须现场讯问以外，在规定的办案场所外讯问取得的供述，未依法对讯问进行全程录音录像取得的供述，以及不能排除以非法方法取得的供述，应当排除。"根据上述规定和司法解释，"威胁、引诱、欺骗"虽然是法律禁止的侦讯方法，但侦查人员使用这些方法讯问犯罪嫌疑人所获得的供述并不在强制排除之列。在具体案件中是否排除这些供述，由司法机关裁量决定。

（六）权利告知

在我国，侦讯过程中的权利告知主要涉及三个方面：

1. 辩护人选任权

在 1979 年刑事诉讼法实施期间，犯罪嫌疑人在侦查阶段并无获得辩护人帮助的权利。1996 年修改刑事诉讼法时在辩护权方面作出重大改进，明确规定犯罪嫌疑人"在被侦查机关第一次讯问后或者采取强制措施之日起，可以聘请律师为其提供法律咨询、代理申诉、控告"。受委托的律师有权向侦查机关了解犯罪嫌疑人涉嫌的罪名，可以会见在押的犯罪嫌疑人，向犯罪

---

① 参见 1979 年《刑事诉讼法》第 32 条、1996 年《刑事诉讼法》第 43 条和 2012 年《刑事诉讼法》第 50 条。

嫌疑人了解有关案件情况，并为在押犯罪嫌疑人申请取保候审。但另一方面，1996 年修改刑事诉讼法时并未明确侦查阶段律师的"辩护人"身份，同时对侦查阶段的律师帮助权进行了限制：一是在涉及国家秘密的案件中，犯罪嫌疑人聘请律师以及律师会见在押犯罪嫌疑人都必须经过侦查机关批准；二是律师会见在押犯罪嫌疑人时，侦查机关根据案件情况和需要可以派员在场。[①]

2012 年修改刑事诉讼法时删除了上述限制性规定，明确规定犯罪嫌疑人"自被侦查机关第一次讯问或者采取强制措施之日起"，即有权委托律师担任"辩护人"，犯罪嫌疑人因经济困难或者其他原因没有委托辩护人的，本人及其近亲属可以向法律援助机构提出申请；同时确立了在押犯罪嫌疑人与辩护律师之间原则上自由的会见交流权。[②] 为了保证犯罪嫌疑人切实获得律师帮助，《刑事诉讼法》第 33 条第 2 款规定："侦查机关在第一次讯问犯罪嫌疑人或者对犯罪嫌疑人采取强制措施的时候，应当告知犯罪嫌疑人有权委托辩护人。……犯罪嫌疑人、被告人在押期间要求委托辩护人的，人民法院、人民检察院和公安机关应当及时转达其要求。"《公安部规定》第 41 条[③]和《最高检规则》第 36 条[④]进一步规定，对于符合法律规定的法律援助条件的犯罪嫌疑人，侦查人员应当告知其可以申请法律援助。

2. 拘捕和传唤原因

根据《刑事诉讼法》第 83 条和第 91 条，侦查机关在执行拘留、逮捕时，必须向被拘捕人出示拘留证、逮捕证，实务上要求拘捕证上必须注明拘留或者逮捕的罪名，侦查人员在第一次讯问时通常也会再次告知犯罪嫌疑人其涉嫌的罪名，犯罪嫌疑人聘任的辩护律师也可以依法向侦查机关了解其涉

---

① 参见 1996 年《刑事诉讼法》第 96 条。
② 参见 2012 年《刑事诉讼法》第 33 条和第 37 条。
③ 《公安部规定》第 41 条规定："公安机关在第一次讯问犯罪嫌疑人或者对犯罪嫌疑人采取强制措施的时候，应当告知犯罪嫌疑人有权委托律师作为辩护人，并告知其如果因经济困难或者其他原因没有委托辩护律师的，可以向法律援助机构申请法律援助。告知的情形应当记录在案。"
④ 《最高检规则》第 36 条规定："人民检察院侦查部门在第一次开始讯问犯罪嫌疑人或者对其采取强制措施的时候，应当告知犯罪嫌疑人有权委托辩护人，并告知其如果经济困难或者其他原因没有聘请辩护人的，可以申请法律援助。对于属于刑事诉讼法第三十四条规定情形的，应当告知犯罪嫌疑人有权获得法律援助。"

嫌的罪名。

对于现场传唤的犯罪嫌疑人，《公安部规定》第 194 条和《最高检规则》第 193 条均要求侦查人员在出示工作证件进行口头传唤时，"将传唤的原因和依据告知被传唤人"，并且"在讯问笔录中应当注明犯罪嫌疑人到案经过、到案时间和传唤结束时间"。

3. "如实供述从宽处理"的规定

为了配合《刑法修正案（八）》关于自首规定的修正，将"坦白从宽"的刑事政策法律化、实效化，2012 年修改刑事诉讼法时增加了第 118 条第 2 款，规定："侦查人员在讯问犯罪嫌疑人的时候，应当告知犯罪嫌疑人如实供述自己罪行可以从宽处理的法律规定。"

结合新法关于"不得强迫任何人证实自己有罪"以及排除非法证据的规定，不难发现，在 2011 年《刑法修正案（八）》和 2012 年刑事诉讼法实施以后，法律和政策关于侦讯犯罪嫌疑人的基本立场可以概括为："鼓励坦白，惩罚抗拒，认可沉默，禁止逼供。"

（七） 弱势犯罪嫌疑人的特别保护

弱势犯罪嫌疑人的权利保护在任何国家刑事司法中都是一个重要问题。我国除对经济困难的犯罪嫌疑人提供法律援助之外，在侦讯环节还对以下三种犯罪嫌疑人给予特别保护：

1. 未成年犯罪嫌疑人

1996 年《刑事诉讼法》第 14 条曾经规定，对于不满 18 岁的未成年人犯罪的案件，在讯问和审判时，"可以"通知犯罪嫌疑人、被告人的法定代理人到场。为了加强对未成年犯罪嫌疑人、被告人的权利保护，2012 年修改刑事诉讼法时删除了这一规定，改在新增的法典第五编中设置"未成年人刑事案件诉讼程序"一章，并在原有的法律援助制度的基础上增设了社会调查制度、讯问和审判时合适成年人到场制度、附条件不起诉制度和前科封存制度。① 与本文相关的是合适成年人到场制度。根据新法第 270 条的规定，侦查人员在讯问未成年犯罪嫌疑人时，"应当"通知其法定代理人到

---

① 参见 2012 年《刑事诉讼法》第 268 条、第 270 条、第 271 条和第 275 条。

场；无法通知、法定代理人不能到场或者法定代理人是共犯的，也可以通知未成年犯罪嫌疑人的其他成年亲属，所在学校、单位、居住地基层组织或者未成年人保护组织的代表到场，并将有关情况记录在案；到场的合适成年人可以对侦讯笔录进行核对，如果认为办案人员在讯问中侵犯未成年人合法权益的，可以提出意见。另外，如果未成年犯罪嫌疑人是女性，必须有"女工作人员在场"。

2. 聋、哑犯罪嫌疑人

《刑事诉讼法》第 119 条规定："讯问聋、哑的犯罪嫌疑人，应当有通晓聋、哑手势的人参加，并且将这种情况记明笔录。"这主要是为了便于侦查人员与聋、哑犯罪嫌疑人进行有效的沟通，同时保护聋、哑犯罪嫌疑人的合法权益。

3. 少数民族犯罪嫌疑人

我国民族众多，各民族在宪法地位上一律平等。为了落实宪法上的平等原则，刑事诉讼法历来规定：各民族公民都有用本民族语言文字进行诉讼的权利；人民法院、人民检察院和公安机关对于不通晓当地通用的语言文字的诉讼参与人，应当为他们翻译；在少数民族聚居或者多民族杂居的地区，应当用当地通用的语言进行审讯，用当地通用的文字发布判决书、布告和其他文件。①

（八）侦讯笔录和录音录像

关于侦讯的记录，传统上采取"讯问笔录"的形式，2012 年修改刑事诉讼法时增加了"录音录像"的形式。

侦查机关要求对每次侦查讯问过程进行文字记录，包括侦查人员的提问以及犯罪嫌疑人的回答，都要逐字逐句地记录。这一记录将与诉讼文书、对证人的询问笔录等材料一起装订成卷，随案移送，并在法庭审理中作为"被告人供述和辩解"这一法定证据形式加以使用。为了保证讯问笔录的准确性，避免日后出现不必要的争议，《刑事诉讼法》第 120 条明确规定：

---

① 参见 1979 年《刑事诉讼法》第 6 条、1996 年《刑事诉讼法》第 9 条和 2012 年《刑事诉讼法》第 9 条。

"讯问笔录应当交犯罪嫌疑人核对，对于没有阅读能力的，应当向他宣读。如果记载有遗漏或者差错，犯罪嫌疑人可以提出补充或者改正。犯罪嫌疑人承认笔录没有错误后，应当签名或者盖章。侦查人员也应当在笔录上签名。犯罪嫌疑人请求自行书写供述的，应当准许。必要的时候，侦查人员也可以要求犯罪嫌疑人亲笔书写供词。"

侦讯的同步录音录像在我国最早见于 1998 年公安部颁布的《公安机关办理刑事案件程序规定》。① 1999 年开始，浙江、四川、北京等地检察机关试点在公务员职务犯罪案件侦讯过程中实行同步录音录像，并在 2005 年得到最高人民检察院的认可。② 2007 年 3 月 9 日，最高人民法院、最高人民检察院、公安部、司法部联合发布《关于进一步严格依法办案　确保办理死刑案件质量的意见》，其中第 11 条规定，讯问可能判处死刑的犯罪嫌疑人，在文字记录的同时，可以根据需要同步录音录像。自 2007 年 10 月 1 日起，全国检察机关办理职务犯罪案件全部实行同步录音、录像。试行的经验表明，同步录音录像制度有利于保证侦讯活动依法进行，防止侦查人员滥用权力；有利于及时、准确地固定供述和辩解，防止犯罪嫌疑人在后续的法庭审理过程中翻供。正是基于这种经验，2012 年修改刑事诉讼法时，同步录音录像被立法正式确认下来。新法第 121 条规定："侦查人员在讯问犯罪嫌疑人的时候，可以对讯问过程进行录音或者录像；对于可能判处无期徒刑、死刑的案件或者其他重大犯罪案件，应当对讯问过程进行录音或者录像。录音或者录像应当全程进行，保持完整性。"这一规定提出两项硬性要求：一是对重大犯罪案件嫌疑人的讯问，必须进行录音或者录像，尤其是可能判处无期徒刑以上刑罚的案件；二是侦讯活动的录音或者录像必须"全程进行，保持完整性"。对此，《公安部规定》第 203 条作了进一步的解释："可能判处无期徒刑、死刑的案件"，是指应当适用的法定刑或者量刑档次包含无期

---

① 该《规定》第 184 条第 3 款规定："讯问犯罪嫌疑人在文字记录的同时可以根据需要录音录像。"
② 2005 年 11 月 1 日，最高人民检察院第十届检察委员会第四十三次会议通过了《人民检察院讯问职务犯罪嫌疑人实行全程同步录音录像的规定（试行）》，2006 年 12 月 4 日最高人民检察院又印发《人民检察院讯问职务犯罪嫌疑人实行全程同步录音录像技术工作流程（试行）》以及修订后的《人民检察院讯问职务犯罪嫌疑人实行全程同步录音录像系统建设规范（试行）》，将讯问职务犯罪嫌疑人的同步录音录像行为制度化、规范化。

徒刑、死刑的案件；"其他重大犯罪案件"，是指致人重伤、死亡的严重危害公共安全犯罪、严重侵犯公民人身权利犯罪，以及黑社会性质组织犯罪、严重毒品犯罪等重大故意犯罪案件。同条还规定："对讯问过程录音或者录像的，应当对每一次讯问全程不间断进行，保持完整性。不得选择性地录制，不得剪接、删改。"①

三、侦讯法制的实施情况及存在的问题

（一）实施情况

2013 年是修改后的刑事诉讼法实施的第一年。各级公安机关和检察机关为了贯彻落实法律的规定，采取了多种有效措施。根据笔者所在团队在重庆、广东、湖南、河南、陕西、福建、云南、贵州、青海等地的调研，新法所贯穿的"尊重和保障人权"的精神，在刑事司法实务中得到了较好的体现。从侦讯方面来说，侦查机关的执法理念有了较大的转变，人权意识、程序意识、证据意识有所强化；侦查人员的业务培训力度大大增强，侦查的技术力量也得以加强；各地看守所普遍改造了公安、检察机关专用的讯问室，配备讯问活动的录音录像设备和监控设备②，改建或扩建了律师对在押犯罪嫌疑人的会见室，并推出了方便律师会见的多种措施；侦查阶段律师参与率有所提升，律师与在押犯罪嫌疑人之间的会见权也得到了较好的保障，以前常见的刁难律师的现象大幅度减少；典型的刑求取供现象已经基本消失，侦

---

① 值得注意的是，立法规定的是"全程录音或者录像"，本旨似乎允许侦查机关在"录音"或者"录像"之间选择其一，但在侦查实务中无论是公安机关还是检察机关，均要求依法进行"全程录音并且录像"，法院在审查有关证据时也有类似要求，到目前为止尚未出现只录音不录像或者只录像不录音的实例。

② 根据国务委员、公安部部长郭声琨在 2013 年 6 月 26 日代表国务院向十二届全国人大常委会第三次会议所作的报告，公安机关自 2008 年 9 月以来开展执法规范化建设，提高执法主体素质、完善执法制度机制、强化执法监督管理，规范执法办案场所。目前，全国有 183.3 万名民警取得基本级执法资格，54.4 万名民警取得中级执法资格，全国 95% 的县级公安机关执法勤务机构、98% 的派出所配备了法制员。90% 以上的派出所完成了功能区改造，办案、接待、办公、生活区域实现隔离。办案区安装覆盖全区的电子监控设备，嫌疑人一律进入办案区，并对询问过程全程录音录像。全国刑讯逼供案件去年下降了 87%。参见"中国青年网"的报道：《公安部：全国刑讯逼供案件去年下降 87%》，载 http://news.youth.cn/gn/201306/t20130627_3430418.htm，最后访问日期：2014 年 4 月 27 日。

讯行为的规范化程度普遍提高。同时，由于非法证据排除制度的法律化，被告人及其辩护律师在法庭审理过程中针对非法侦讯提出排除非法证据的申请有了制度保障，也确有一些案件中非法供述经申请、调查之后被排除。

（二）存在的问题

然而，近年来纠正的一些冤假错案表明，公安机关、检察机关和法院长期存在的一些办案陋习已经触碰人类的良知，尤其是 2013 年初得到纠正的浙江张辉、张高平叔侄强奸案，暴露了办案机关尤其是公安机关侦办案件过程中存在严重违法、违规问题，引起民众和高层领导强烈关注。公安部于 2013 年 6 月 5 日发出《关于进一步加强和改进刑事执法办案工作 切实防止发生冤假错案的通知》（公通字〔2013〕19 号），要求进一步增强法治思维，切实打牢防止冤假错案的思想基础；进一步健全完善执法制度和办案标准，从源头上有效防止冤假错案发生；进一步强化案件审核把关，及时发现纠正刑事执法办案中存在的问题；进一步规范考评奖惩，推动形成正确的执法绩效观。中央政法委于当年 7 月发布《关于切实防止冤假错案的指导意见》，重申了法律规定的要求，并且增加规定：法官、检察官、警察在职责范围内对办案质量终身负责。其基本意图显然是希望通过强化一线办案人员的责任，防止发生冤假错案。① 最高人民检察院也于 2013 年 9 月发布防止和纠正冤假错案的意见，要求各级检察机关要严格规范职务犯罪案件办案程序，全面、客观地收集、调取犯罪嫌疑人有罪或者无罪、罪轻或者罪重的证据材料，严禁刑讯逼供和以威胁、引诱、欺骗以及其他非法方法收集证据；检察机关职务犯罪侦查部门在第一次开始讯问犯罪嫌疑人或者对其采取强制措施的时候，应当告知犯罪嫌疑人有权委托辩护人；对于特别重大贿赂犯罪案件，应当依法保障辩护律师的会见权，及时作出是否许可会见的决定；检察人员可以主动听取辩护律师的意见，辩护律师要求当面提出意见的，检察人员应当听取意见并制作笔录；在每次讯问犯罪嫌疑人时，对讯问过程实行全程同步录音、录像；不得随意扩大指定居所监视居住的适用范围，加强对指定居所监视居住的决定和执行活动是否合法的监督，等等。不难看出，这

---

① 参见《法制日报》2013 年 8 月 12 日的报道。

些文件虽然主旨在于防止冤假错案，但因冤案的源头在于非法侦讯，所有的要求都与规范侦讯活动有千丝万缕的联系。

就笔者所了解的情况而言，我国侦讯法制的实施存在以下问题：

1. 违法侦讯现象仍然存在

2012 年刑事诉讼法虽然明确"严禁刑讯逼供和以威胁、引诱、欺骗以及其他非法方法收集证据，不得强迫任何人证实自己有罪"，但并未禁止采用威胁、引诱、欺骗等方法获得的口供；同时立法也未要求侦查人员在讯问犯罪嫌疑人时告知其"不被强迫自证其罪"的权利，因而侦查人员曲解法律规定、利用传统刑事政策威胁、引诱犯罪嫌疑人作出供述的情形在一些案件中仍然存在。有的侦查人员先以"传唤"方式要求犯罪嫌疑人到案，然后进行"非正式讯问"，经过多种手段迫使犯罪嫌疑人"认罪"之后，再报请办理必要的法律手续，然后进行立法所称的"第一次讯问"，前后可能长达 20 小时以上，中间可能只让犯罪嫌疑人休息一两个小时。①

---

① 例如：胡某因涉嫌故意伤害他人致死，于 2013 年 3 月 25 日 22 时 19 分被传唤至甲市乙区公安分局刑警支队办案中心。胡某到案后，侦查人员先将其羁押在没有安装监控设备的候审室，然后对其进行讯问。从晚上 23 时到次日凌晨 5 时，侦查人员共对胡某进行了 2 次讯问。讯问过程中胡某曾提出要睡觉，遭到侦查人员的拒绝，理由是认了罪、把犯罪经过全部交代清楚才能睡觉。侦查人员审讯完毕后，让胡某休息了 1 个小时。早晨 6 点多，侦查人员又把胡某叫醒，准备进行第 3 次讯问。胡某犯困，抱怨侦查人员把他叫醒，负责讯问的一名警官就上前打了他耳光。另一名警官则拿来水往胡某头上浇。早晨 7 点左右，侦查人员进行第 3 次讯问。上午 10 时讯问结束，侦查人员让胡某吃了点东西，休息了 20 分钟。由于办案人员提前办理了呈请延长传唤手续，因此侦查人员决定对胡某继续进行讯问。上午 11 时 15 分，讯问人员让胡某看了第 3 次讯问的讯问笔录，并告知他待会要对讯问过程进行同步录音录像，要求其按照讯问笔录上面的内容叙述，否则就让法官多判他几年。11 时 35 分，侦查人员开启录音录像设备进行"第一次正式讯问"。下午 15 时 11 分，第一次讯问结束。胡某要求吃午饭，被侦查人员拒绝；侦查人员告知胡某还有一些问题没有交代清楚，等交代清楚了就可以吃。下午 15 时 40 分，侦查人员对胡某进行"第二次正式讯问"并对讯问过程进行了同步录音录像。下午 18 时 37 分，第二次正式讯问结束。晚上 19 时 20 分，侦查人员向犯罪嫌疑人宣读了拘留决定，并告知他再配合侦查人员在录音录像条件下做一次比较完整的供述。19 时 40 分至 21 时 15 分，侦查人员对胡某进行了"第三次正式讯问"并进行了录音录像。侦查人员的讯问笔录上所记载的第一次讯问的时间为 2013 年 3 月 26 日 11 时 35 分到 2013 年 3 月 26 日 15 时 11 分，第二次讯问的时间为 2013 年 3 月 26 日 15 时 40 分至 2013 年 3 月 26 日 18 时 37 分，第三次讯问的时间为 2013 年 3 月 26 日 19 时 40 分至 21 时 15 分。（这是笔者的硕士研究生在专业实习过程中收集到的真实案例，参见王忠良：《公安机关侦讯同步录音录像制度实施问题研究》，西南政法大学硕士学位论文，2014 年 4 月，第 24～25 页。）前后 23 小时的讯问，中间只让犯罪嫌疑人休息了 1 小时 20 分钟，而且不让犯罪嫌疑人吃饭，并殴打犯罪嫌疑人。

2. 同步录音录像制度难以得到公正实施

我国目前的同步录音录像制度在适用范围上受到严格限制，公安机关侦查的案件只有"重大犯罪"案件才需要进行全程录音录像。即使如此，公安机关仍然无法按照法律的要求实施这项制度。一是除了可能判处无期徒刑、死刑的案件以外，其他重大犯罪案件是否录音录像，基本上取决于办案机关的自由裁量，不受外部审查监督；二是即使对侦讯活动进行了录音录像的案件，普遍存在"先审后录"的问题，即先迫使犯罪嫌疑人"交代犯罪"，之后再以录音录像方式"固定口供"；三是录音录像难以做到"全程、全面"，多次讯问可能只有一次进行了录音录像，而且可能还不完整。检察机关虽然多年前就实行了"全程录音录像"制度，但事实上也几乎没有哪个案件是真正的"全程"录音录像。究其原因，一是立法对录音、录像制度适用的范围界定不够明确，留给了办案机关过大的裁量权；二是侦讯人员与录音录像人员缺乏必要的分隔，录音录像的实施缺乏中立性，侦讯人员可以自由取舍；三是在案多人少的压力之下，侦查人员对同步录音录像普遍存在抵触情绪，加之违法、违规成本较低，"全程、全面、同步"录音、录像自然不可能实现。

3. 辩护律师会见在押或者被指定居所监视居住的犯罪嫌疑人仍然存在不少困难①

主要原因在于：

一是大多数关押犯罪嫌疑人的看守所都存在律师会见室过少的问题，个别关押数百人的看守所甚至只有一间律师会见室，因而辩护律师会见在押犯罪嫌疑人需提前两三个小时去排队等候。在押人员多的看守所如深圳保安区看守所等，这个问题更加突出。

二是一些看守所基于"地方规则"随意增加律师会见在押犯罪嫌疑人的程序性要求，人为制造障碍。如必须有两名律师到场，必须提供律师身份证和犯罪嫌疑人的拘留通知书原件，必须提供委托人与犯罪嫌疑人之间关系

---

① 参见北京尚权律师事务所 2014 年 3 月发布的《新刑诉法实施状况调研报告（2013 年度）》，载 http://www.sqxb.com/content/details19_ 3038.html，最后访问日期：2014 年 4 月 27 日。

的证明文件，等等。

三是侦查机关随意扩大法律规定的限制会见的范围，禁止辩护律师会见在押犯罪嫌疑人或者延迟律师会见的时间。特别是检察机关将一些涉案金额远远未达到 50 万元的案件也作为"特别重大的贿赂犯罪案件"[①] 对待，禁止律师会见在押犯罪嫌疑人，引起律师界普遍不满。

此外，还存在看守所恣意阻止律师会见，以及办案单位不告知律师犯罪嫌疑人被关押的地点或者将犯罪嫌疑人被监视居住的"指定居所"安排在武警部队营区，导致律师无法会见犯罪嫌疑人等问题。

4. 排除非法供述比较困难

2012 年刑事诉讼法的最大亮点就是正式确立了非法证据排除制度，其中排除以刑讯逼供等非法方法收集的犯罪嫌疑人供述，又是这项制度的核心内容。新法实施以来的情况表明，这项制度的运行情况并不理想，排除非法证据困难重重。

2013 年，四川省法院系统受理申请排除非法证据 212 件，经法庭审理排除以非法方法收集的证据 79 件，占全年审结刑案 39618 件的 0.2%；[②] 北京市法院系统对 18 件刑事案件的非法证据予以排除，占全年审结刑案 21474 件的 0.08%。[③] 重庆市中级、基层两级法院 2013 年 1～8 月份共计审理刑事案件 17213 件，其中提出申请排除非法证据的案件为 124 件，法院决定启动证据合法性调查程序的案件为 54 件，最终排除非法证据的有 14 件，

[①] 根据《刑事诉讼法》第 37 条第 3 款，"特别重大贿赂犯罪案件"的辩护律师在侦查阶段会见在押或者被监视居住的犯罪嫌疑人，"应当经过侦查机关许可"。据此，《最高检规则》第 45 条规定："对于特别重大贿赂犯罪案件，犯罪嫌疑人被羁押或者监视居住的，人民检察院侦查部门应当在将犯罪嫌疑人送交看守所或者送交公安机关执行时书面通知看守所或者公安机关，在侦查期间辩护律师会见犯罪嫌疑人的，应当经过人民检察院许可。有下列情形之一的，属于特别重大贿赂犯罪：（一）涉嫌贿赂犯罪数额在五十万元以上，犯罪情节恶劣的；（二）有重大社会影响的；（三）涉及国家重大利益的。"

[②] 参见四川省高级人民法院院长王海萍 2014 年 1 月 19 日在四川省第十二届人民代表大会第二次会议上所作的工作报告，载 http：//www.chinacourt.org/article/detail/2014/01/id/1205166.shtml，最后访问日期：2014 年 4 月 27 日。

[③] 参见北京市高级人民法院院长慕平 2014 年 1 月 19 日在北京市第十四届人民代表大会第二次会议上所作的工作报告，载 http：//cpc.people.com.cn/n/2014/0210/c64102 - 24311878 - 2.html，最后访问日期：2014 年 4 月 27 日。

占全部审结案件的 0.08%。① 排除非法证据的案件如此之少，主要原因在于：

首先，提出排除申请难。绝大多数案件并无辩护人参与，而且侦查人员讯问犯罪嫌疑人、被告人通常并无中立的第三人在场，因而犯罪嫌疑人即使受到违法侦讯，很难提出有价值的线索和材料；即使在辩护人参与的案件，辩护人能够收集到足够的非法取供线索或材料，并且坚持提出排除申请的案件也不多。

其次，启动证据合法性的调查程序难。立法只要求申请排除非法证据的辩护律师及其当事人"提供相关线索或者材料"，但一些法院却要求申请人提供"证据"，甚至要求其证明力须达到一定的程度，才启动调查程序，致使辩护方排除非法证据的申请难度加大。如北京市第一中级人民法院审理的被告人陈某、杨某等五人共同受贿一案，于 2013 年 12 月作出一审判决。判决书中载明：法庭就被告人杨某及其辩护人提出的非法证据排除申请，召集了由公诉人、相关侦查人员和被告人及其辩护人参加的庭前会议，就上述问题听取了控辩双方的陈述和意见，进行了相应的调查。但法庭认为，"被告人杨某及其辩护人并没有就所提要排除的证据系非法取得向法庭提供充分的证据，故决定不启动非法证据排除程序"②。

最后，法院决定排除难。部分法院虽然启动了证据合法性的调查程序，但对关于排除非法证据的规定进行了极其严格的解释，一些本该排除的非法供述，特别是影响到定罪的非法供述，很难被依法排除。例如，犯罪嫌疑人通常有多次供述，如果被告人声称受到了刑讯逼供，经法庭调查之后不能排除非法取供嫌疑的，通常只会排除这一次供述，至于随后的"重复供述"（二次自白），法院一般不予排除；在贪污贿赂犯罪案件中，犯罪嫌疑人在纪委调查阶段如果受到非法审讯，其供述笔录或者自书供述也不会被法院排除。另外，有的法院在解释法律时将检察机关"证明控诉证据的收集合法的责任"理解为辩护方"证明控诉证据不合法的责任"，往往以辩护方提供

---

① 孙长永、王彪：《审判阶段非法证据排除问题实证考察》，载《现代法学》2014 年第 1 期。
② 参见北京尚权律师事务所 2014 年 3 月发布的《新刑诉法实施状况调研报告（2013 年度）》，载 http://www.sqxb.com/content/details19_3038.html，最后访问日期：2014 年 4 月 27 日。

的证据不足以证明供述是非法取得为由驳回辩护方的排除申请。可想而知，在这样的法院，非法供述如何能够得到排除？

四、侦讯法制的完善

我国侦讯法制在 2012 年修改刑事诉讼法之后得到了较大程度的完善。法律实施过程中由于司法观念、司法体制、客观条件等方面的原因，尚未达到预期的状态，但假以时日，总的趋势一定会逐步好转。为了更好地贯彻尊重和保障人权的宪法原则，同时落实我国已经签署的《公民权利和政治权利国际公约》的要求，我国侦讯法制尚有必要进一步加以完善。

首先，侦讯的性质宜由强制侦查变更为任意侦查，同时，侦讯的任务应当由获得口供为主转型为以听取辩解为主。基于此，现行法"如实回答"的义务应当坚决废止，"不得强迫任何人证实自己有罪"的规定在侦讯阶段应当明确转化为犯罪嫌疑人保持沉默的权利。

其次，侦讯中的权利告知程序应当更加明确、内容更加充实。无论到案的手段是传唤、拘传抑或拘留、逮捕，侦查人员均应明确告知强制其到案的原因或理由，以保障犯罪嫌疑人的知情权。

再次，侦讯前后的辩护律师帮助宜进一步充实。辩护人任选权应自被采取强制措施或者作为嫌疑人讯问"之时"起，哪怕是所谓"第一次讯问"之前，也应当允许犯罪嫌疑人与其辩护律师会见交流，获得法律帮助。在未成年人、盲聋哑人涉嫌犯罪的刑事案件中，应当通过试点，逐步允许辩护律师于侦讯时在场。

又次，侦讯行为本身应受到进一步约束。侦讯的持续时间不应当超过 12 小时，并应保证必要的饮食和休息时间；夜间原则上应当禁止讯问；侦讯必须在达到法定条件的专用讯问室内进行，已经被拘留、逮捕的犯罪嫌疑人除因指认现场或辨认人证确有需要并经严格审批以外，不得带出看守所进行讯问，否则其供述以及关联供述一律不得作为控方的证据使用。

最后，违法侦讯的防治机制宜进一步健全。如实行侦、押分离制度，将看守所的管理权从公安机关转交司法行政机关负责；对发生违法侦讯行为的侦查人员，由其直接主管领导承担连带责任；加强检察机关对违法侦讯的监督和调查，明确授权检察人员可以巡视侦讯现场，对犯罪嫌疑人和辩护律师提出的申诉、控告限期答复；逐步扩大应予排除的非法供述的范围，将违法限制辩护律师会见权、违法采取限制人身自由的强制措施、违反法定告知程序、不在规定场所进行讯问获得的供述等纳入排除范围，严禁使用纪检、监察部门调查期间的讯问笔录或自书供词；凡是与违法侦讯行为存在因果关系的供述，不论是否重复自白，一律不得用作不利于犯罪嫌疑人的证据。

当然，由于侦查技术条件、侦查人员素质有限，"口供依赖型"侦查模式难以短时间就得到改变，加以侦查破案与政治稳定往往挂钩，侦查受外界干扰较多，检察院、法院缺乏应有的独立性，侦讯程序要达到国际公认的标准，必然有一个漫长的过程。

最大限度的公开和多样化的公开：
司法公开的国际趋势

高一飞 *

  司法公开是指狭义的司法即"审判"的公开。从某种意义上说，审判公开与司法公开是同一个含义。在国际上，司法公开源于公正审判权与公民知情权，司法公开的范围也不限于庭审公开。广义的司法公开或者审判公开，应当是所有与审判有关的信息的公开。从性质上来说，司法公开意味着国家负有责任和公民享有权利。司法公开是国家的责任，它不依赖于任何利益方的请求。在公众需要的时候，国家应提供公开听审的可能性。这包括了提供开庭审理时间和地点等信息，以及提供恰当的设备，使有兴趣的公众成员可以旁听。从权利的角度来看，司法公开不仅是双方当事人的权利，同时也是公众的权利。几大国际准则均有关于司法公开的规定，这为司法公开提供了理论基础，阐述了主要内容，指明了发展方向。

引言：司法信息公开的意义

  司法公开属于广义"政府"信息公开的范畴，其范围不限于庭审公开，还涉及法院庭前预审公开、司法诉讼档案公开、裁判文书公开等，当然以上内容在西方国家也可以包括在广义的"审判公开"的范畴里。但在中国，长期以来立法和司法实践仅仅关注狭义的"审判公开"即庭审公开。随着社会主义政治文明的发展，仅有案件审理过程中的公开已经远远不能适应人民群众对司法的新要求、新期待。随着司法改革的深入，最高人民法院新的司法公开措施已经不再局限于具体案件的"庭审公开"，

---

  * 西南政法大学教授，博士生导师。

而是扩大到了人民法院的所有事务的公开，司法公开问题，是当前司法改革面临的新课题。

王胜俊院长在最高人民法院 2011 年工作报告中强调："以确保司法公正为目标，以实现司法公开和完善监督制约为重点，依法有序地推进司法改革。"司法公开是目前司法改革的主要内容，也是完善监督制约的前提。只有推进司法公开，才能实现司法民主、达到司法公正。

司法公开是实现公民知情权的方式。1946 年联合国大会第一次会议通过了第 59 号决议，该决议申明："信息自由是一项基本人权，而且是检测被联合国视为神圣的所有自由权利的试金石。"知情权是一种基本人权，公民的权利往往意味着政府的义务。要实现知情权，其前提是应当有信息公开。公民的知情权是政府信息公开的理论基础，政府信息公开是公民知情权的内在要求，只有掌握巨大信息量的国家机关主动或被动地公开这些信息，公众的知情权才有可能实现，司法信息公开是政府信息公开的一个重要组成部分，是我国建设民主法治和和谐社会的必然要求与结果。

司法公开是社会主义司法民主的体现。社会主义民主的本质是国家权力来自于人民的授予，人民对国家事务有知情权、参与权、表达权、监督权。20 世纪末以来，我国相继推出党务公开、政务公开、检务公开、警务公开等制度，作为代表人民行使司法权的人民法院，理所当然应当推进司法公开。各级人民法院应当努力创造条件使人民群众能够自由民主地、毫无顾虑地对法院工作提出批评，使媒体更加便捷地、自由地、负责任地报道法院的案件审判和其他各项工作。

司法公开是加强司法监督制约的前提。权力具有天然的扩张倾向，不受制约的权力必然被滥用，从而导致腐败。近年来出现的司法腐败个案，无不是权力不受制约而被"寻租"的结果。探究权力不受制约的深层次原因，既有司法职权配置过于集中、权力制约不够的原因，又有司法过程不公开、不透明，导致"暗箱操作"、监督不力的原因。"阳光是最好的防腐剂"，只有在司法信息公开之后，权力制约和权利监督才有针对性。只有通过司法公开，才能让社会公众了解司法的过程，人民群众才能有效地行使监督权。推进司法公开，实现阳光司法，是人民法院提高审判质量效率、接受社会监督的前提和基础。

司法公开有利于树立司法权威。在公开的司法程序中，司法机关以公众看得见的方式实现正义。公众对于亲眼所见的司法过程和司法结果接受起来更容易。这有助于增强公众对司法的信任感，提高司法公信力，从而维护司法权威。人民法院的各项工作只有向社会公开，只有了解法院的工作，才能理解和支持法院的工作，才能树立司法权威。

司法公开是世界各国司法发展的普遍趋势。《世界人权宣言》、《公民权利和政治权利国际公约》均将"公开的审判"规定为一项基本人权，公开审判制度在现代民主国家都已确立。而从 20 世纪末在世界范围内掀起的政府信息公开的浪潮，将法院公开的范围大大拓展，远远超出了审判公开的范畴。司法公开应当成为我国一项基本的司法原则。我国宪法确立了审判公开制度，并在三大诉讼法中得到了具体体现。由审判公开拓展至司法公开，则是 21 世纪以来司法改革的成果。

2004 年以前，我国的审判公开仅仅限于庭审公开，2004 年以后，《人民法院"二五"改革纲要（2004—2008）》规定：要"进一步落实依法公开审判原则，采取司法公开的新措施，确定案件运转过程中相关环节的公开范围和方式，为社会全面了解法院的职能、活动提供各种渠道，提高人民法院审判工作、执行工作和其他工作的透明度"。执行公开、裁判文书公开等其他司法公开形式逐渐得到推广。最高人民法院于 2009 年 12 月 8 日印发的《关于司法公开的六项规定》，将司法公开的外延界定为立案公开、庭审公开、执行公开、听证公开、文书公开和审务公开六个方面，明确了依法公开、及时公开、全面公开的原则，就各个方面提出了公开的具体要求，并通过完善考核评价机制、督促检查机制、物质保障机制、情况反馈机制和问责表彰机制，来保证司法公开的长期推进。2010 年，最高人民法院公布了《司法公开示范法院标准》，确定 100 所"司法公开示范法院"。各地法院积极探索，落实司法公开，灵活采用网络、微博、"公众开放日"、审判白皮书等多种公开形式。

近年来，司法公开取得了很大的成绩。2012 年 2 月 20 日，《中国法治发展报告（2012）》发布，这已经是中国社科院的第十本法治蓝皮书，其中包括《中国司法透明度年度报告》。报告披露，司法透明受到各级法院的重视，网站正在成为法院公开信息的重要平台。但总体上看，法院网站建设情况落后于政府网站。中国社科院法学所法治国情调研组于 2011 年启动中国司法透明度调研和测评活动，以法院网站的信息公开情况为视角，考察对象包括 26 个省、直辖市的高级人民法院和 43 个较大的市的中级人民法院，未包括民族自治区的高级法院和较大市的中级法院。被调研的 26 个高级人民法院 100% 建有网站；43 个较大市的中级人民法院，有 39 个中级人民法院建有网站，占 90.7%。有些法院还建立和完善在线办事功能，如提供网上预约立案、网上查询案件进度等服务。

利用新媒体对庭审过程进行直播，是近年来各地法院推动司法公开的一项新举措。有些法院非常重视庭审直播工作。如河南省高级人民法院和北京市高级人民法院均建有专门的视频直播网页；无锡视频直播与太湖明珠网合作，借助专业资源提升司法公开的水平。11.5% 的高级人民法院和 9.3% 的中级人民法院提供正在开庭审理的案件直播信息，34.6% 的高级人民法院和 30.2% 的中级人民法院提供已经开庭审理的案件的视频信息。在最高人民法院的大力推动下，裁判文书上网工作落实得较好。92.3% 的高级人民法院和 83.7% 的中级人民法院在网站上设立了有效的裁判文书栏目，84.6% 的高级人民法院和 79.1% 的中级人民法院的裁判文书栏目内的信息可以全部打开。

《关于司法公开的六项规定》是我国司法公开发展历程中的标志性文件，它标志着我国司法公开已进入全面推进的阶段。但是要全面、扎实推进司法公开，落实依法、及时、全面公开的要求，还有很长的路要走。对于司法公开这一重大问题，理论研究远远落后于人民法院的改革实践，如"六项公开"中的执行公开、审务公开等在我国都是理论研究的空白；司法公开中如何协调司法公开与国家安全、个人隐私、公共秩序、未成年人利益的关系，如何具体落实司法公开的六项内容，如何在司法公开过程中加强司法监督、处理好司法监督与人民法院独立审判的关系，这都需要我们进一步研究，以制定出具有操作性的规则。

一、司法信息公开的国际准则

（一）司法公开是公正审判权的要求

公开审判是人们获得公正审判权的基本要求，当前，几大国际准则均提出了关于公正审判权的要求。

《世界人权宣言》第10条规定："人人完全平等地有权由一个独立而无偏倚的法庭进行公正的和公开的审讯，以确定他的权利和义务并判定对他提出的任何刑事指控。"严格地从字面逻辑上讲，公正应当是包括公开的，但《世界人权宣言》第10条将"公开"从"公正"中特别分离出来加以强调，足见公开对于公正的重要意义。《世界人权宣言》在第11条中对第10条进行了扩展和补充。第11条规定，任何受到刑事指控的人，在未经获得辩护所需的一切保证的公开审判而依法确认有罪以前，均有权被视为是无罪的。

《公民权利和政治权利国际公约》（以下简称《公约》）第14条第1款规定："在判定对任何人提出的任何刑事指控或确定他在一件诉讼案中的权利和义务时，人人有资格由一个依法设立的合格的、独立的和无偏倚的法庭进行公正的和公开的审讯。由于民主社会中的道德的、公共秩序的或国家安全的理由，或当诉讼当事人的私生活的利益有此需要时，或在特殊情况下法庭认为公开审判会损害司法利益因而严格需要的限度下，可不使记者和公众出席全部或部分审判；但对刑事案件或法律诉讼的任何判决应公开宣布，除非少年的利益另有要求或者诉讼系有关儿童监护权的婚姻争端。"该款规定了审判公开的权利及其例外。《公约》将"公正的"和"公开的"二者并列，特别强调了公开的意义。根据该款的规定，审判公开既包括动态公开，也包括静态公开。① 前者是指法庭审判的公开，后者是指判决的公开。根据第14（1）条的规定，公正的审判除了应当"公开的审讯"以外，判决"应公开宣布"。所以，公开审判包括公开审理和公开判决，这不仅是诉讼法的常识，也是人权公约的要求。

---

① 参见［奥］曼弗雷德·诺瓦克：《民权公约评注：联合国〈公民权利和政治权利国际公约〉》，毕小青、孙世彦主译，生活·读书·新知三联书店2003年版，第245页。

　　按照 1985 年联合国《关于司法独立的基本准则》第 6 条的规定，司法"要求司法程序被公平推进，双方当事人的权利得到尊重"，审判不仅要求是公正的而且一般来说，也要求是公开的。所以，上面所说公正的审判可能有很多的具体标准，但首先应当是公开的审判。

　　《欧洲人权公约》第 6 条第 1 款规定，一般情况下，法院听审应该公开进行。但同时也规定，"为了道德，公共秩序或国家安全，或者为了青少年的利益或需要对当事人的私生活进行保护，或者在严格适用范围内，于某些特殊的情况下，就法院看来相关公开行为可能会损害司法利益的时候"，可以将新闻界和公众排除在审判过程之外，此类听审就是秘密听审。

　　《美洲人权公约》第 8 条第 5 款规定："除非为了保护司法利益的需要，刑事诉讼应当公开进行。"

　　通过比较上述三个公约的条文，可以发现五点主要区别：第一，《公约》和《欧洲人权公约》都明确要求包括刑事案件在内的所有案件都需要公开审判，而《美洲人权公约》则将审判公开的权利限定于刑事诉讼。第二，《公约》和《欧洲人权公约》的规定都包括法庭审判的公开和判决的公开，而《美洲人权公约》只规定了法庭审判的公开。第三，关于判决的公开，《公约》英文作准文本中规定的是"judgment … be made public"，而《欧洲人权公约》英文作准文本中规定的则是"Judgment shall be pronounced publicly"。显然，从英文作准文本来看，《公约》中规定的公开判决的方式比《欧洲人权公约》中规定的更加灵活。第四，《公约》规定了公开判决的两个例外，《欧洲人权公约》却是以绝对的方式规定了判决的公开，不存在任何例外。第五，在法庭审判公开的例外上，三个公约的规定不尽相同。《公约》规定了法庭审判公开的三种例外：第一种例外是民主社会中的道德的、公共秩序的或国家安全的理由；第二种例外是诉讼当事人的私生活的利益有此需要；第三种例外是在特殊情况下法庭认为公开审判会损害司法利益。《欧洲人权公约》在此基础上增加规定了未成年人的利益作为不公开审判的一个理由。《美洲人权公约》规定得最为概括，只规定了公开审判的一个例外，即为了司法利益。[①]

公开审判一方面是被告人个人的权利，另一方面还体现了公众的权利。有时这两者是相互冲突的，如公众旁听刑事审判会导致被告人的名誉受到一定的影响。从这个角度来看，审判公开的权利并没有完全体现被告人的利益。即使当事人自己不需要该权利或愿意放弃该权利，审判仍然要公开进行。[②] 正因为如此，有学者认为，审判公开的权利是一种混合性权利，公共利益甚至几乎超出了被告人的利益。[③] 在这一点上，《美洲人权公约》第8条第5款的规定体现得最为明显，根据该款的规定，被告人之外的其他人也可以援引该款中规定的权利。

（二）司法公开是公民知情权的要求

在国际准则中，信息自由和信息权最早出现于1946年，1946年联合国大会第一次会议通过了第59号决议，该决议申明："信息自由是一项基本人权，而且是检测被联合国视为神圣的所有自由权利的试金石。"此后，1948年联合国大会通过的《世界人权宣言》第19条规定保障表达和获取信息的自由权利："人人有权享有主张和发表意见的自由，此项权利包括持有主张而不受干涉的自由，和通过任何媒介和不论国界寻求、接受和传递消息和思想的自由。"1966年联合国大会通过的《公约》第19条规定："人人有自由发表意见的权利；此项权利包括寻求、接受和传递各种消息和思想的自由。"

1993年联合国人权委员会设立了联合国思想与表达自由特别报告员的职务 [1993年3月5日第（1993/45）号决议，Doc. 4/1998/40]。特别报告员在1998年的年度报告中清楚地表明，表达自由权包括获取国家所持有信息的权利："寻求、获得、传递信息的权利不容争辩地赋予国家一个明确的责任，即保障对信息，特别是政府在各种存储和索取系统中所保有信息的获

---

① 参见张吉喜：《刑事诉讼法中公正审判权：以〈公民权利和政治权利国际公约〉为基础》，中国人民公安大学出版社2011年版，第49~50页。

② 参见［奥］曼弗雷德·诺瓦克：《民权公约评注：联合国〈公民权利和政治权利国际公约〉》，毕小青、孙世彦主译，生活·读书·新知三联书店2003年版，第249页。

③ Stefan Trechsel, Human Rights in Criminal Proceedings, Oxford University Press, 2005, p. 126.

取权"在地区性人权体系中——美洲国家组织、欧洲委员会、非洲联盟——都正式承认信息权。①

信息自由权的另一种表述——知情权的提出是美国人民的贡献。20世纪40年代起,在由新闻界推动的信息公开立法运动中,一位叫作肯特·库柏的新闻工作者在1945年的一次演讲中首次使用"知情权"一词。库柏在演讲中提到政府在"二战"中实施新闻控制而造成民众了解的信息失真和政府间的无端猜疑,主张用"知情权"这一新型民权取代宪法中的"新闻自由"规定。"知情权"一词于是逐渐从新闻界流传到法律界。美国学者把知情权和政府信息公开的作用分为六个方面:第一,要有意义地参与民主进程就要求参与者知情;第二,帮助政府保持诚实,不愧对选民的参与;第三,开放也有助于政府把政务处理得更好;第四,政府信息也是公有的,除非公开信息将造成特定的损害,否则信息必须公开;第五,获取政府信息可以帮助美国人在许多方面改善生活;第六,更多信息意味着更有效地分配资源。②

关于知情权的专门的国际性文件是《亚特兰大知情权宣言》③。该《宣言》认为:"知情权是人类尊严、平等和公正的和平之基础。""知情权是一项基本人权。"所以,知情权虽然最初产生于言论自由权,但在国际规则和各国的立法实践中,因为其有独立的意义,已经成为一种独立的权利。这种意义在《亚特兰大知情权宣言》中表述为:"是公民参与、良好治理、行政效率、问责制和打击腐败、新闻媒体和新闻调查、人类发展、社会包容及实现其他社会经济和公民政治权利的基础。"

知情权作为一种基本人权,公民的权利往往意味着政府的义务。要实现

---

① 托比·曼德尔:《信息自由:多国法律比较》(第二版修订本),龚文庠等译,社会科学文献出版社2011年版,第9页。

② Thomas M. Susman:《好的,坏的,丑的:电子政府与人民的知情权》,载《交流》电子杂志2002年第3期。

③ 来自全球40个国家的信息公开团体的125位成员,代表政府、公民社会组织、国际机构和金融机构、捐赠机构和基金会、私营公司、媒体和学者,于2008年2月27~29日聚于佐治亚州亚特兰大市,在卡特中心的主持下,采纳宣言与行动计划以推进知情权的通过、贯彻、执行和行使。参见卡特中心文件:《关于推进知情权的亚特兰大宣言与行动计划》,载 www. cartercenter. org/access-toinformation. htm,2008年7月1日。

知情权，其前提是应当有信息公开。公民的知情权是政府信息公开的理论基础，政府信息公开是公民知情权的内在要求，只有掌握巨大信息量的国家机关主动或被动地公开这些信息，公众的知情权才有可能实现，政府公开化程度决定了知情权的实现程度。因此，政府信息公开已经成为现代国家建设民主法治社会的必然要求与结果。

信息权是基本人权这一观点在许多国家都得到充分的认同。许多国家的宪法中对信息权都有具体表述，而另一些国家的法院则认为对表达自由的宏观保障中包括信息权。后者具有特别重要的意义，因为各国对宪法关于言论自由保障的阐释与它们对别国相关内容的理解有一定的关系，各国竞相制定国内法以保障信息权，这一全球大趋势也显示了信息权的重要性。[1] 另外，各国还通过制订专门的信息自由法（或者称为信息公开法）来规定公民的信息权利和政府的信息公开义务。

《亚特兰大知情权宣言》认为："信息公开应成为准则，保密应被视为例外"，"知情权适用于政府所有分支（包括执法、司法和立法部门，以及自治机构），所有层级（联邦、中央、区域和地方），以及上述国际组织的所有下属机构"，"公开信息的举证责任归于信息持有者"。所以，司法部门即法院是《亚特兰大知情权宣言》所要求的信息公开的主体。

另外，《媒体与司法独立关系的马德里准则》（以下简称《马德里准则》）[2] 指出，"表达自由是每一个民主社会最重要的基础。媒体有职责和权利收集情况，向公众传达信息，并在不违反无罪推定原则之前提下，对司法活动进行评价，包括对庭审前、庭审中和庭审后的案件"。考虑到侦查程序的特殊性，《马德里准则》第4条对侦查公开可能存在的例外及其适用条件作出了规定，"本基本原则不排除在犯罪调查期间甚至构成司法程序一部分的调查期间保密法的保留使用"但"不应限制上述人员（犯罪嫌疑人和被告人）与记者交流有关调查的情况或被调查的情况"。

---

[1] 托比·曼德尔：《信息自由：多国法律比较》（第二版修订本），龚文库等译，社会科学文献出版社2011年版，第31页。

[2] The Madrid Principle on the relationship between the media and judicial independent. CJJL yearbook. Vol. 4（1995）．

二、司法信息应当最大限度地公开

信息自由为政府的公开透明奠定基础，政府应以最低的收费、最大的限度向要求获得信息的任何人提供信息——尽管大多数法律对于提供涉及国防和外交关系的信息都有例外的规定——这是政府的应有义务。国际非政府组织"第19条组织"① 在《公众的知情权：信息自由立法的原则》（第 19 条原则）中提出一套原则，确立了信息权立法的最佳实践标准。② 这些原则的基础是国际及地区性法律和标准，也包括国内法律和标准（尤其是国内法和国内法院司法实践中体现的准则），以及被国际社会认可的普遍原则和法律。其中第 1 条原则就是"最大限度公开"原则。《亚特兰大知情权宣言》第 4 条原则指出："信息公开应成为准则，保密应被视为例外。"

《公约》第 14 条第 1 款规定了法庭审判公开的三种例外，在这三种情况下，法庭可以不使记者和公众出席全部或部分审判。《公约》用了极其广泛的词语来表述这三种例外，为了明确这三种例外的内涵，下面分别举例说明。道德的理由是指如性犯罪之类的情形；公共秩序主要是指法庭内的秩序；国家安全主要是指涉及重要的军事秘密。③ 第一种例外中的这三种情形都有一个共同的限制成分"民主社会"，即只有在民主社会的原则被遵守时，才能导致法庭审判的不公开进行。④ 当事人的私生活是指当事人的私领

---

① 这是一个致力于保护和提高表达自由水平的民间性国际组织，该组织因《世界人权宣言》第 19 条为表达自由条款而得名，其具体情况可以参见其网站的自我介绍：http：//www.article19.org/work/index.html。

② 参见 ARTICLE 19：The Public's Right to Know：Principles on Freedom of Information Legislation，ARTICLE 19，London，ISBN 1 902598 10 5，June 1999，载 http：//www.article19.org/pdfs/standards/righttoknow.pdf，1999 – 7 – 1。

③ 参见［奥］曼弗雷德·诺瓦克：《民权公约评注：联合国〈公民权利和政治权利国际公约〉》，毕小青、孙世彦主译，生活·读书·新知三联书店 2003 年版，第 247 页。

④ "民主社会"的限制是人权委员会于 1952 年根据法国的以《欧洲人权公约》第 6 条第 1 款为模式的倡议插入的。这一建议以 9 票赞成、7 票反对和 1 票弃权的微弱多数获得通过，参见 E/CN.4/L.154/Rev.2；E/CN.4/SR.323.，14。随后，法国代表提出，这些用词构成了对于基于公共秩序或国家安全原因而进行干预的权力的不可或缺的限制，参见 A/C.3/SR.964，§20；A/4299，§55。转引自［奥］曼弗雷德·诺瓦克：《民权公约评注：联合国〈公民权利和政治权利国际公约〉》，毕小青、孙世彦主译，生活·读书·新知三联书店 2003 年版，第 247 页。

域或家庭领域。① 最后，在特殊情况下，法庭认为公开审判会损害司法利益时也可以不公开进行，这方面的例子如旁听者情绪性的反应危及了审判的持续进行等。② 除了这些特殊情况之外，法庭审判必须向新闻媒体和一般公众公开，不得将法庭审判公开的对象限定于特定群体。③

中国的司法公开在宪法和诉讼法中规定得较为简要，主要通过司法解释进行规范。经过 20 多年的发展，司法公开的范围、方式已经逐渐完善，建立起了一套中国特色的司法公开规则，但是，还应当看到的是，这还只是一个基本的规则框架，还有很多规则并没有建立起来，在此我们可以举例说明。

司法公开存在例外。以我国刑事诉讼法为例，2012 年《刑事诉讼法》第 183 条规定："人民法院审判第一审案件应当公开进行。但是有关国家秘密或者个人隐私的案件，不公开审理；涉及商业秘密的案件，当事人申请不公开审理的，可以不公开审理。"第 274 条规定："审判的时候被告人不满十八周岁的案件，不公开审理。"那么，什么是刑事诉讼法中的国家秘密、个人隐私，还需要进一步明确。2012 年《刑事诉讼法》第 275 条还规定了未成年人犯罪记录封存制度，规定："犯罪的时候不满十八周岁，被判处五年有期徒刑以下刑罚的，应当对相关犯罪记录予以封存。犯罪记录被封存的，不得向任何单位和个人提供，但司法机关为办案需要或者有关单位根据国家规定进行查询的除外。依法进行查询的单位，应当对被封存的犯罪记录的情况予以保密。"最高人民法院、最高人民检察院、公安部、国家安全部、司法部于 2012 年 5 月 10 日颁布的《关于建立犯罪人员犯罪记录制度的意见》明确指出，为深入贯彻落实党和国家对违法犯罪未成年人的"教育、感化、挽救"方针和"教育为主、惩罚为辅"原则，切实帮助失足青少年回归社会，根据刑事诉讼法的有关规定，结合我国未成年人保护工作的实

① 参见［奥］曼弗雷德·诺瓦克：《民权公约评注：联合国〈公民权利和政治权利国际公约〉》，毕小青、孙世彦主译，生活·读书·新知三联书店 2003 年版，第 245 页。
② 参见［奥］曼弗雷德·诺瓦克：《民权公约评注：联合国〈公民权利和政治权利国际公约〉》，毕小青、孙世彦主译，生活·读书·新知三联书店 2003 年版，第 245 页。
③ 参见人权事务委员会第 32 号一般性评论第 29 段。

际，建立未成年人轻罪犯罪记录封存制度，对于犯罪时不满 18 周岁，被判处 5 年有期徒刑以下刑罚的未成年人的犯罪记录，应当予以封存。犯罪记录被封存后，不得向任何单位和个人提供，但司法机关为办案需要或者有关单位根据国家规定进行查询的除外。依法进行查询的单位，应当对被封存的犯罪记录的情况予以保密。执法机关对未成年人的犯罪记录可以作为工作记录予以保存。除了以上理由之外，可能妨害公共秩序的情况也应当规定在内，但是立法和司法解释都没有规定。

根据国际公约中的规则，结合中国国情，至少我们的立法还需要明确以下问题：一是合理解释"民主社会中的道德的、公共秩序的或国家安全的理由"以及"诉讼当事人的私生活的利益"，将现行法律中"国家秘密"、"个人隐私"等内容具体化，避免由于过大的自由裁量权而被滥用。二是对于"在特殊情况下法庭认为公开审判会损害司法利益"，也应当在立法中有所回应。

三、司法信息应当以电子形式公开

电子技术的发明是近几十年的事情，在较早的国际人权文件和其他国际准则中没有针对电子形式信息公开的专门表述，比如"寻求、接受和传递各种消息和思想的自由，而不论国界，也不论口头的、书写的、印刷的、采取艺术形式的、或通过他所选择的任何其他媒介"。（《公约》第 19 条之二）这里的"任何其他媒体"当然可以包括电子形式，但是，国际准则并不强调或者要求电子形式的信息公开。

近年的国际性文件注意到了这个问题的重要性，如《亚特兰大知情权宣言》在会议结论之"5"中指出："新技术为信息公开提供了极大的潜在便利，但在获取和管理数据上的诸多限制不利于许多人受益于新技术。"

2008 年，联合国经济和社会事务部所发布的电子政务调查报告——《联合国电子政务 2008 调查：从电子政务到互联治理》（United Nations e-

Government Survey 2008：From e-Government to Connected Governance）① 中特别强调了"连接性治理"（Connected Governance）的概念，并将其视作电子政府的一个重要的发展趋势。连接性治理强调通过政府内纵向与横向间协作、公私部门伙伴关系等网络关系实现地方性、国家性和跨国性协同与整合，被普遍视为电子政府最成熟的发展阶段。世界经济论坛（WEF）在《全球信息技术报告2008—2009：网络世界的灵活性》② 中也指出，要实现无所不在的服务提供，需增强系统连接性的宽度和深度，从流动性走向无处不在的连接。与此相呼应，其他多个国际评估报告中都体现出无缝隙连接、跨部门协同与整合、合作伙伴网络、整体性政府等理念。2009年6月，各国政府首脑和高级部长在联合国的讨论会上呼吁采取行动加快电子政府的进程。到2009年10月，50多个国家承诺用共计26000亿美元用于电子政府建设。③

中国的信息化建设起步于20世纪80年代初期，从国家大力推动电子信息技术应用开始，大致经历了四个阶段：（1）准备阶段（1993年以前）；（2）启动阶段（1993年3月至1997年4月）；（3）展开阶段（1997年4月至2000年10月）；（4）发展阶段（2000年10月至今）。2001年8月，国家信息化工作办公室成立。党中央、国务院在原有基础上成立了由朱镕基任组长，胡锦涛、李岚清、丁关根、吴邦国、曾培炎为成员的国家信息化领导小组，这样高规格的领导机构，充分反映出党中央、国务院加强中国信息化建设的决心和力度。④ 我国的电子政务建设是中国信息化建设发展的一个新阶段，它以我国前期信息化建设的成果为基础。在立法方面，我国近年来分别颁布了《国家信息化领导小组关于我国电子政务建设指导意见》（中办发

---

① See UNDESA. UNE-Government Survey 2008：From E-Government to Connected Governance ［R/OL］．［2010 – 07 – 05］．http：//unpan1. un. org/intradoc/groups/public/documents/UN/UNPAN028607. pdf.

② See Global Information Technology Report 2008 – 2009：Mobility in a Networked World，http：//www. weforum. org/en/initiatives/gcp/Global% 20Information% 20Technology% 20Report/index. htm，2010 – 07 – 05.

③ UN，United Nations E-Government Survey 2010，ST/ESA/PAD/SER. E/131，ISBN：978 – 92 – 1 – 123183 – 0，Sales No.：E. 10. II. H. 2，Printed by the UN Publishing Section，New York，ttp：//www. 2dix. com/pdf – 2010/united – nations – e – government – survey – 2010 – pdf. php，2011 – 7 – 5.

④ 参见余向东：《国内外电子政务发展浅析》，载《信息技术与标准化》2003年第3期。

〔2002〕17 号）和《国家电子政务总体框架》等一系列推动电子政务发展的政策规划，尽管这些政策规划明确了电子政务的发展思路和方向，却缺乏具体明确的实施细则。近年来我国电子政务立法有了较大进展，在电子商务、政府信息公开、个人信息保护、信息安全保护及互联网治理等领域有了极大发展。然而，我国当前还没有一部法律或者行政法规专门系统地规定电子政务，现行电子政务的规定大多属于部委规章或者地方立法，效力层级比较低。在信息共享、信息化、征信管理、办公自动化、个人信息保护与信息安全等领域还没有法律或者行政法规层级的法律规范。[①]

中国法院数字化建设在全国各地得到实行。以最高人民法院为例，2003年，中国法院网承接了最高人民法院库存档案数字化处理工作，经过 3 年半的努力，使新中国成立以来的每一份档案都可以通过信息网络轻松检索调阅。所处理的几十万卷数字化文档格式规范，内容准确，分类清晰，具备保密程度高等特点。[②] 最高人民法院的法官及工作人员，在没有得到任何培训的情况下，均可以轻松使用、查询。2007 年 1 月 1 日，全国法院执行案件信息管理系统在全国正式开始运行。仅仅一个月时间，系统就收集了全国各级法院新收执行案件 30 万件。

从全国各地的情况来看，到 2007 年，中国法院网不仅为全国近 200 家法院和相关单位建立起信息发布快捷、浏览方便的对外开放的窗口，而且在为法院建立数字化信息系统上做了大量的工作。[③] 然而，法院信息化建设水平还普遍不高，法院公开信息还过于依靠布告栏等传统手段，司法透明的水平、效果受到很大制约。通过对各省、自治区、直辖市的中级人民法院网站建设情况进行了统计和验证，截至目前，仅有 10 个省、自治区、直辖市的中级人民法院全部有网站且网站链接有效，有 11 个省、自治区、直辖市建

---

① 参见陈士俊、柏高原：《瑞典电子政府的发展对我国的启示》，载 http：//www. e - gov. org. cn/news/news004/2010 - 12 -29/114761. html，2010 年 12 月 29 日。

② 参见记者：《本网承接法院机关企事业单位档案数字化工作启事》，载 http：//www. chinacourt. org/public/detail. php？id =237695，2009 年 6 月 12 日。

③ 参见张宽明：《敞开法治之窗　维护司法权威——中国法院国际互联网开通五周年回眸》，载 http：//www. chinacourt. org/public/detail. php？id =260469，2007 年 8 月 16 日。

有有效网站的中级人民法院比例不足 60%。①

从数字化法院建设的具体内容来看，包括了审判运行管理、司法政务管理、公共信息服务三大系统的数字化。"数字化法庭、数字化审判委员会、网上公众服务，真正实现了案件从立案到结案全程数字化，庭审、材料全部电子档案化，也实现了网上收案、立案，极大地提高了法院工作效率。"② 重庆江津区法院已经建立了审判运行管理、司法政务管理、公共信息服务三大系统。其中，审判运行管理系统通过在立案、审判、执行等各个环节向系统录入案件信息、聘请专人扫描诉讼卷宗以及数字化法庭、数字审委会采集声像资料，实现所有审判、执行案件从立案到归档全程网上流转。而数字法庭功能除了规范庭审行为、采集庭审信息，还能实现"远程审判"，使身处异地的当事人也能"面对面"打官司。③

数字化法院的建设能使司法行为更加规范化、全面真实记录司法行为中发生的各种信息，提高司法效率。但是，我国法院在建设数字化法院过程中，忽略了的一个重要的意义是，数字化法院建设有利于实现公开审判和公众知情权。

美国的数字化法院建设，其初衷也是为了便于法院实现高效管理，美国法院的电子查询系统居然要收费，理由是为了系统的维护，但如果他们能够知道向公民提供法院信息的电子记录是法院的义务和公民的权利，就不可能有这样的决定。正如 2002 年颁布的电子政府法在起草中有人所说的："对法院的决定要给出合理的解释。"④ 但是，正如前面所述，这一做法正在受到公众知情权的挑战。在前述美国的法院记录公开的历史上，为了实现公众知情权，美国法院作出了数字记录应当向公众公开的宪法裁决，国会也通过了

---

① 韩丹东：《全国中级人民法院网站建有有效网站的情况》，载 http：//www. legaldaily. com. cn/in-dex/content/2012 - 02/20/content_ 3362200. htm？ node = 20908，2012 年 2 月 25 日。

② 钟丽君：《荣昌法院到江津区法院学信息化工作建一流法院》，载 http：//cqfy. chinacourt. org/public/detail. php？ id = 52899，2009 年 12 月 1 日。

③ 参见肖玉：《重庆将现数字化法院 可远程审判异地当事人》，载 http：//www. cqcb. com/cb-news/gusty/2010 - 03 - 02/18963. html，2010 年 3 月 2 日。

④ Free Written Opinions，http：//pacer. psc. uscourts. gov/announcements/general/dc_ ecf_ opinion. html，March 2, 2010.

法律要求法院公开电子记录。

而从我国目前的情况来看，除了少数法院的判决书上网和审判过程的网络直播以外，各级法院的所谓"数字化法院"建设的目的非常明确，就是实现审判管理的数字化。而便于最大限度地体现审判公开和实现公民的知情权，却不在数字化法院建设的目的之中。其主要表现就是，法院数字化后形成的网络材料大部分仅仅出现在法院的内网，对于法院所形成的司法记录，并不通过网络对外公开。当前，我国法院网站建设情况总体不理想，远远落后于政府网站建设。2012 年发布的《中国司法透明度年度报告》指出，法院网站普遍以大量的新闻报道充斥首页，真正对公众有用的司法信息被淹没在其中，且信息摆放杂乱无章、信息链接无效的问题突出，给公众查阅造成很大的不便。为此，法院在推进司法公开过程中，应当特别强调网站的建设，并注重加强网站版面设计，提高网站的简洁性和易用性，注重信息公开上的便民性，定期检查网站运行情况，维护信息链接的有效性。[①]

由于缺乏法律的规定，现在如果有法院将有关材料上网公开，并不是法院履行公开审判和信息公开义务的结果，即并不是承担公开审判的义务，而是法院体现司法为民、人民司法的高度责任感，主动而为的便民措施。所以，要使司法信息的电子记录公开正当化、合理化，唯一的办法是颁布信息公开法和电子政务法，并应当适用于任何国家或者地方政府资助的公共机构，当然包括法院。人民有权利了解法院这一国家机关是怎么运作的，人民有权利了解他们在干什么。在将来的信息公开法中，将法院纳入信息公开的主体，并规定对法院不依法上网公开相关信息的，公民可以向上级法院申诉。只有这样，才能从根本上解决法院电子记录公开的问题。

四、司法信息应当向媒体公开

根据《公约》的要求，在司法实践中要实现法庭审判的公开，缔约国

---

① 张维：《法院网站建设落后于政府网站》，载 http://www.legaldaily.com.cn/index/content/2012 - 02/20/content_ 3362202. htm? node = 20908，2012 年 2 月 25 日。

应当为新闻媒体和公众出席法庭审判提供必要的条件。① 在 Van Meurs v. the Netherlands 案中，人权事务委员会强调，公开审判是一项缔约国应当承担的义务，该义务不取决于当事方的任何请求。为了实现法庭审判的公开，缔约国的法律和司法实践必须以便于新闻媒体和公众出席庭审的方式来设计。对于缔约国来说，公开审判包括了如下义务：法庭必须使公众可以获得有关开庭的时间和地点的信息，并在合理的限度内，为感兴趣的公众出席法庭审判提供充分的便利。至于何为合理的限度，需要考虑若干因素，如公众对该案的潜在兴趣和审判的持续时间。② 在缔约国为确保审判公开而应当承担的义务方面，欧洲人权法院也有明确的表述：只有在公众能够获得有关审判日期和地点的信息和公众能够进入该地点的情况下，审判才符合公开性的要求。③

司法独立与表达自由二者虽然都是民主社会的重要价值，但对两者进行平衡时，新闻自由应当是放在第一位的。问题是新闻自由的重要性始终不能成为否认司法独立的理由。如何避免非此即彼，使新闻自由和司法独立能更好地和谐共处、相互协调呢？1994 年 8 月 18～20 日，在国际法学家协会的"司法与律师独立中心"的召集之下，40 名来自世界各地的杰出的法学家和媒体代表，在西班牙的马德里相聚，研讨 1985 年联合国《司法独立基本规则》所确立的媒体与司法独立之间的关系，最后形成了《马德里准则》。这是在对国际公约中关于司法独立、新闻自由的内容的总结分析的基础上提出的媒体与司法关系的具体实施措施。④《马德里准则》在《附录·实施的策略》中指出："法官应当接受有关处理媒体事务的规定。应当鼓励法官提供牵涉到公共事务的案件的判决书的简写本或者以其他形式向媒体提供信息。尽管对于法官回答媒体的问题可以通过立法作出合理的规定，但法官不应当被禁止回答公众提出的与司法有关的问题。上述规定可以就法官与媒体交流

---

① 参见张吉喜：《刑事诉讼法中公正审判权：以〈公民权利和政治权利国际公约〉为基础》，中国人民公安大学出版社 2011 年版，第 49～50 页。
② Communication No. 215/1986, Van Meurs v. The Netherlands, para. 6. 2.
③ Riepan v. Austria, no. 35115/97, ECHR 2000 - XII, §29.
④ The Madrid Principle on the relationship between the media and judicial independent. CJJL yearbook. Vol. 4 (1995).

的方式作出规定。"

现代媒体能够使司法公开达到事实上最大的限度，这个问题的本质是公开审判到底可以公开到什么程度。美国著名媒体与司法关系研究学者亨斯特勒一语道破说："直播的理由是公众有权看到审判而法庭却是容量有限的，而电视可以让公众在家中现场看到审判；而反对者则认为摄像机将改变证人和诉讼参与人的行为，影响公众审判。"①

媒体与司法关系的规则，本质上是参与诉讼的个人和单位与媒体的行为规范。通过法律或者职业伦理规则约束上述单位和人员的行为，目的是为了使两大矛盾的价值在为对方让步的时候所作出的牺牲都是最小的，即当一种价值有必要为另一价值作出牺牲时，把这种牺牲降低到最低的限度。而要解决这个问题，就需要通过媒体与司法关系规则来确定诉讼参与者和参与报道、评论的媒体在司法过程中的权利和义务。

中国确立媒体与司法关系规则的基本思路是：遵守国际公约、尊重国际习惯，并根据国际规则确定法院、法官、警察及检察机关、律师与媒体关系的规则，确立记者拒证权。但目前这些规则大部分还没有确立起来。最高人民法院《关于人民法院接受新闻媒体舆论监督的若干规定》（以下简称《若干规定》）确定了"妥善处理法院与媒体的关系"的规则，规定了法院对媒体采访报道的保障措施和人民法院对媒体的五条限制措施。这是中国建立媒体与司法关系规则的标志性成果。

《若干规定》一共9条，其内容整体可以分为两个方面：第1条至第8条的内容可以概括为司法信息向媒体公开、接受媒体监督的方式和机制。是人民法院在我国没有法律规定司法信息义务的前提下，基于对司法公正的追求，主动为自己设定向媒体公开司法信息的义务的重要举措，体现了人民法院保障公众的知情权、参与权、表达权和监督权，提高司法公信的高度责任感和紧迫感。第9条规定"人民法院发现新闻媒体在采访报道法院工作时有下列情形之一的，可以向新闻主管部门、新闻记者自律组织或者新闻单位

---

① The Media's Role in Changing the Face of U. S. Courts, By Gary A. Hengstler, http：//usinfo. state. gov/journals/itdhr/0503/ijde/hengstler. htm，2003 年 5 月。

等通报情况并提出建议。违反法律规定的，依法追究相应责任"。"通报情况并提出建议"就是针对媒体违反自律规范、行业伦理等职业道德的情形的，在媒体报道信息量越来越大的今天，当事法院指出来才有利于媒体发现问题；而哪些是"违反法律规定"、"依法追究相应责任"的情况，《若干规定》并没有明确指出来，因为相应法律责任包括违反行政法、民法、刑法等法律的责任，法律责任的追究都有相应的法律程序，即使是最终被起诉到有管辖权的法院，法院也应当遵守不告不理、中立裁判的原则，更不可能是涉及媒体报道评论中的法院直接处罚媒体。《若干规定》第 9 条，既非禁令，也不是对自己追究媒体的授权，它没有创设法律条款，五项内容中有些可以从民法、刑法直接找到法律依据，有些是世界各国通行的新闻职业道德规范。而法院向有关单位提出自律建议合情、合理、合法，而"违反法律规定的，依法追究相应责任"只是对法律条款的重申和媒体的善意的告诫。

《若干规定》是一个以规定司法机关接受媒体监督的义务为主并善意告诫媒体的司法文件，内容触及了司法与媒体关系的本质、符合国际准则和中国国情。将来，立法机关应当通过适当的形式将上述最高法院的司法解释上升为法律，司法机关应当认真履行向媒体公开司法信息、接受媒体监督的义务。

五、司法机关的会议应当公开

会议公开是信息公开一种形式，信息公开是表达自由一部分，因而在国际社会，要求公共机构会议公开被认为是一种基本人权。"第 19 条"组织在《公众的知情权：信息自由立法的原则》（第 19 条原则）中提出了"公众的知情权"的 9 项基本原则。其中"第 7 条原则"为"公开会议"，认为"公共组织的会议应当向公众公开"。《公约》第 19 条的原则中也包括会议公开。作为一个原则，信息权的基本原理不仅适用于记录下来的信息，而且适用于公共机构的会议。换句话说，被申请索取的信息是通过永久记录的方式传送还是在会议中以口头方式传达，基本没什么区别。

从西方国家会议公开的历程来看，会议公开最初是源于议会的会议公开，后来推广到各种会议的公开。立法机关议事公开的较早、较全面的宪法规定，见诸于法国 1791 年宪法。该宪法第 3 章第 2 节第 1 条规定："立法会议的讨论应当是公开的，会议记录应予付印。"在这之前，美国宪法对该制度的规定还有所保留，仅允许"各议院分别保存其议事录，并随时刊布之。"据 20 多年前对亚洲和欧洲 61 个有宪法的国家统计，有日本、保加利亚、波兰、德国、法国、匈牙利、意大利等 34 个国家的立法机关设有议事公开制度。①虽然没有新的统计材料，但是现在这个数量估计已经有倍数的增长。

美国的《信息公开法》虽然很大程度上满足了民众了解政府信息的要求，却无法满足公众了解政府决策过程的需要。为了满足公众的这项要求，美国国会于 1976 年制定了《阳光下的政府法》（Government in the Sunshine Act，编入法典时的名称是《会议公开法》）。该法确立了合议制行政机关的会议公开制度，联邦咨询委员会的会议公开也适用此法的规定。该法 1977 年 3 月得到通过，它要求 50 个联邦政府的机构、委员会和顾问公开他们协商、作出决策的会议（参见 U.S.C.552b）。任何会议，无论是正式的、常规的或没有达到法定人数的，只要讨论有关机构职责或行动，就被推定为应该公开。公众代表有权出席，但无权参与讨论。当然，有 10 种例外的免除公开的情况，大都与信息公开的免除情况相同，如果公开这些会议，将造成泄密或对他人的隐私构成伤害。②而一些州的公开会议法采纳了联邦宪法第一和第十四修正案的观点。③

在会议公开立法方面，除美国以外，著名信息公开法学者托比·曼德尔认为特别"值得推荐"的是吉尔吉斯斯坦。吉尔吉斯斯坦在 1997 年首次通过了《信息获取权保障与自由法》。《吉尔吉斯斯坦共和国国家机构与地方自治政府机构所掌握信息的获取法》（信息权法）④于 2007 年初生效，它在过去的信息获取权法的基础上有了非常显著的改进。吉尔吉斯斯坦的信息权

---

① 李林：《外国立法机关会议公开制度述评》，载《法学》1991 年第 2 期。
② 王名扬：《美国行政法》（下），中国法制出版社 1995 年版，第 1039～1040 页。
③ 该法的全文可以参见：Open Public Meetings Act of 1971, http://www.mrsc.org/subjects/legal/op-ma/pg1pkj.aspx, 2011 - 01 - 10。
④ 可见 http://www.article19.org/pdfs/analysis/kyrgyzstan - foi - 06。该法律作为附件附在"第 19 条"的评议书之后；尽管从形式上看尚属草案，最后通过的法律却与被评议的草案完全一致。

法建立了一套公共会议列席制度，这是相对比较独特的。《信息权法》第 26 条规定了基本的原则，即公共机构的"分会（session）"对公众和当地法人实体的代表是开放的，当然全封闭的分会除外。第 27 条主要是关于通知的，它规定了媒体应该按月公布会议的计划、会议的议程、日期、时间以及地点，并且至少在开会之前一周通知开会地点。第 28 条主要是关于申请参会的具体细节，包括对普通机构而言至少留有 5 个公众座席，而代表机构（如被选举出来的机构）至少要有 10 个，同时也规定了在申请数量超过实际空间时应当应用的优先原则。最后，第 29 条规定了那些拒绝遵守规章的人可以被请走，同时参会者在不会干扰会议的前提下可以做记录并进行录音和录像。[①]

国家立法机关会议公开举行，已成为近代一般国家举行会议之普遍原则。我国也有学者早就注意到"信息却不一定要以文件、记录的形式存在，如口头语言表达的信息"，[②] 认为口头形式存在的信息也应当公开是会议公开的依据。

在我国，大家都可以看到的是每年"两会"绝大多数团组对外开放，结束讨论后将留出半个小时给中外媒体集体采访。全体会议、小组讨论会和界别组讨论会将向记者开放。开放的小组讨论结束后，还会留出时间让委员们接受各位记者的采访。这一做法是有法律依据的。

我国虽然未在宪法中对人民代表大会公开举行作出规定，但早在 1954 年我国第一部全国人民代表大会组织法中就作了规定。其第 15 条规定"全国人民代表大会会议公开举行；在必要的时候，可以由全国人民代表大会决议举行秘密会议"。1982 年重新制定的全国人民代表大会组织法初步提出了人大议事公开的原则，其中第 20 条规定，全国人民代表大会会议公开举行；在必要的时候，经主席团和各代表团团长会议决定，可以举行秘密会议。1989 年制定的《全国人民代表大会议事规则》第 18 条、第 19 条，不仅规定全国人民代表大会会议公开举行是原则，秘密是例外，而且还对如何公开

---

① 托比·曼德尔：《信息自由：多国法律比较》（第二版修订本），龚文库等译，社会科学文献出版社 2011 年版，第 104 页。

② 齐爱民、陈深：《论美国政府信息公开法上之会议公开制度》，载《法治论丛》2005 年第 1 期。

作了细化，明确规定代表发言整理成简报印发会议、大会全体会议设旁听席。2000 年施行的《立法法》第 4 条、第 34 条及相关条款，对人民参与立法、法律草案征求意见、立法座谈会、论证和听证、法律公布等作了明确规定。

在地方，较早进行会议公开试点的单位是宝鸡市政府，2005 年 6 月 5 日，《宝鸡市人民政府会议、行政公文公开办法》（试行）①颁布实施，规定市政府全体会议、市政府会议、市政府常务会议都应当公开进行。对于市政府全体会议、市政府会议，邀请《宝鸡日报》、宝鸡人民广播电台、宝鸡电视台记者参加会议，必要时可邀请省媒体驻宝鸡记者或其他媒体记者参加会议。对于市政府常务会议，则以下形式公开会议：邀请市人大、市政协领导列席会议；邀请专家、学者或有关行业相关层次人员列席会议；邀请新闻媒体记者参加、邀请公民旁听会议；由政府新闻发言人通报会议决定事项；在市政府网站和政府公报刊登会议决定事项或有关信息；编撰会议新闻通稿。这是我国地方进行会议公开、开放的大胆试验，值得肯定和推广。

中国"两会"的公开与开放体现了现代国家基本的政治文明。特别是向外国媒体开放，显示出了强大的中国自信、开放和包容的形象。但在一个现代国家，我们更应当意识到的是：会议公开主要不是为了国际形象，而是一个国家对其人民的义务；应当公开不公开，这样的会议在程序上是不正当的；作为信息公开的一种形式，人民有权要求某些没有公开的会议强制公开。在立法上，虽然我们已经规定了"全国人民代表大会"会议公开，但是 1987 年施行、2009 年修订的《全国人民代表大会常务委员会议事规则》并没有规定会议公开，所以"全国人民代表大会常务委员会"没有公开的依据，事实上也没有公开；地方人民代表大会以及其常务委员会没有规定会议公开；全国人民代表大会以外的其他公共机构如政府（行政系统）、各种党派组织、人民团体及其他公共机构，都是会议公开的主体，它们的会议是否公开，全靠自由裁量和它们对人民的责任感，而并不是作为人民权利和

---

① 宝鸡市人民政府：《关于印发〈宝鸡市人民政府会议、行政公文公开办法〉（试行）的通知》，载 http://www.baoji.gov.cn/0/1/4/39/9435.htm，2010 年 5 月 7 日。

它们的义务来对待的。会议公开，这同样是一个需要在中国进行普及的信息公开理念，更需要学者进行深入的研究，需要立法机关进行立法。

在现代社会，会议公开当然可以是举行会议的单位自己进行录音录像、进行直播或者转播，另外，会议公开的一个重要标志是邀请非正式代表列席、邀请公众代表旁听、允许媒体记者参加报道。归纳起来，机构开放的具体方式可以有以下几种：一是通过录像直播转播会议场所，实现向全社会的开放；二是提供座席，让媒体记者和民意代表直接到会场了解会议情况；三是可以在会议之后在会场选择特别的地点举行新闻发布会。

会议开放，也是机构开放当然内容，因为会议开放的本质并非事后对会议的文字记录进行公开，而是因为会议本身包含了"口头形式的信息"，因此，会议公开是对会议现场的公开，所以其本身包括了机构开放的内容。我国的会议开放将来必将从人代会、党代会的开放走向所有公共机构会议的开放，对其予以制度化、规范化也是将来信息公开法的重要内容。

在司法领域，会议公开的具体形式主要有两种：

一是庭审公开。建立健全有序开放、有效管理的旁听和报道庭审的规则，消除公众和媒体知情监督的障碍。依法公开审理的案件，旁听人员应当经过安全检查进入法庭旁听。因审判场所等客观因素所限，人民法院可以发放旁听证或者通过庭审视频、直播录播等方式满足公众和媒体了解庭审实况的需要。所有证据应当在法庭上公开，能够当庭认证的，应当当庭认证。除法律、司法解释规定可以不出庭的情形外，人民法院应当通知证人、鉴定人出庭作证。独任审判员、合议庭成员、审判委员会委员的基本情况应当公开，当事人依法有权申请回避。案件延长审限的情况应当告知当事人。人民法院对公开审理或者不公开审理的案件，一律在法庭内或者通过其他公开的方式公开宣告判决。

二是听证公开。人民法院对开庭审理程序之外的涉及当事人或者案外人重大权益的案件实行听证的，应当公开进行。人民法院对申请再审案件、涉法涉诉信访疑难案件、司法赔偿案件、执行异议案件以及对职务犯罪案件和有重大影响的被告人的减刑、假释案件等，按照有关规定实行公开听证的，应当向社会发布听证公告。听证公开的范围、方式、程序等参照庭审公开的有关规定。

法院庭审公开还存在问题，而听证公开则往往只是个例，这两方面都需要下大力气。

六、司法机关的场所应当开放

在当代，信息公开不仅仅是传统意义上的住处记录的公开，而是包括三种情况：（1）对公众开放公共档案与文件，这些档案与文件以某种有形的方式记载着"公众事务"；（2）对公众公开政府的议事机制，如辩论和决定公共事务的会议或论坛；（3）对公众开放政府从事非议事性日常事务的机构，如政府监狱、医院、学校等。① 所以，现代信息公开包括了三种形式的公开：文件公开、议事机制公开和机构开放。信息自由为政府的公开透明奠定基础，政府应以最低的收费、最大的限度向要求获得信息的任何人提供信息——尽管大多数法律对于提供涉及国防和外交关系的信息都有例外的规定，这是政府的应有义务。公共机构对公众开放是这些机构信息公开义务的当然内容。

在机构开放方面，国际准则通过两种方式规定，一是间接规定任何"物质形式的全部信息"都是信息公开的范围；二是直接规定某些机构的场所如监狱，应当向公众开放。

先来看第一种，根据国际准则中信息公开的"最大限度公开原则"，信息公开的方式显然不止于文字所记录的信息，相反，国际准则强调信息公开时不应当限制"信息的保存方式"，而场所本身的情况，显然是公共机构信息的重要载体，机构开放也是了解其他信息的前提。

联合国思想和表达自由特别报告员在 2000 年度报告中提出了信息权立法必须遵守的详细标准（以下简称《联合国准则》）。它指出："公共机构具有发布信息的义务，每一位公众都有相应的接收信息的权利；'信息'包括公共机构掌控的全部记录，且不限于任何保存方式。"联合国于 2001 年通过

---

① 罗德尼·A. 斯莫拉：《公众知情权：政府机构的透明度》，载《美国参考》，http://usinfo.org/zhcn/GB/PUBS/DPapers/dpaper.htm，2010 年 11 月 24 日。

的《奥胡斯公约》① 对信息所下的定义同样非常广泛，涵盖了"书面、视觉图像、声音、电子或任何其它物质形式的全部信息"。"任何保存方式"、"任何其它物质形式的全部信息"，显然是可以包括场所本身所包含的信息的，这为机构开放提供了依据。

国际准则规定机构开放的第二种方式，是对一些特殊的场所如监狱要求向社会进行适度开放，直接作出特别规定。联合国《保护所有遭受任何形式拘留或监禁的人的原则》（联合国大会 1988 年 12 月 9 日第 43/173 号决议通过）第 19 条规定："除需遵守法律或合法条例具体规定的合理条件和限制外，被拘留人和被监禁人应有权接受特别是其家属的探访，并与家属通信，同时应获得充分机会同外界联络。"② 联合国在《所有遭受任何形式拘留或监禁的人的人权问题》中指出："由于信息发挥的基本社会和政治作用，人人接受信息和各种观念的权利也必须得到适当的保护。这一权利不单单是信息传递的一方面，而其本身就即一种独立的自由。尊重公共团体、民族团体和社会团体以及个人获得信息和积极参与传播信息的权利。"③

可以说，在国际准则的规范中，信息公开当然包括了场所的公开，机构开放是公共机构信息公开的当然内容。

在机构开放的实践中，美国是走在前面的，很多去过美国的中国人可能记得他们在白宫总统座位（"9·11"后停止了这一做法）和联邦最高法院的审判庭里的留影。在美国，《信息自由法》规定公众可以通过三种方式了解政府文件。根据其他法律，公民还可以进入公共机构的场所，这包括两种情况：

第一种情况是公民有权进入公共会议和讲坛。对于会议公开，我们将在后面专门论述。其他公共讲坛，指的是公园、大型公共广场、街道、人行

---

① 正式名称为"在环境问题上获得信息、公众参与决策和诉诸法律的公约"。1998 年 6 月在丹麦的奥胡斯市召开的联合国欧洲经济委员会（UN/ECE）上获得通过。2001 年 10 月生效，截至 2009 年 11 月已有 40 个国家（包括欧盟）签署了该公约。
② 参见联合国人权问题公约规则议定书：《保护所有遭受任何形式拘留或监禁的人的原则》，http://www.un.org/chinese/hr/expression/convents_hr.htm. 2011 年 1 月 2 日。
③ 参见联合国人权委员会：《所有遭受任何形式拘留或监禁的人的人权问题 1997》、《所有遭受任何形式拘留或监禁的人的人权问题 1998》。

道、图书馆等其他公共设施。美国夏威夷联邦地区法院法官塞缪尔·P. 金（SAMUEL P. KING）认为：根据体现宪法《第一条修正案》原则的"公众讲坛法"，如公园、大型公共广场、街道、人行道，被视为"传统的公共讲坛"，是为人民代管的政府财产，只要没有扰乱公共秩序，任何人都有权利在那里宣讲或聆听。① 在 1980 年，新泽西的莫里斯镇一个叫克雷默（Kreimer）的人因长期在该镇的图书馆过夜，图书馆认为其身上的味道难闻而拒绝他进入图书馆，这时镇上的几位律师以侵犯宪法第一修正案规定的表达权为由起诉。第一审中，原告胜诉，但在上诉审中，法官认为图书馆是"有限制的聚会场所"，影响了其他人的权利而认定其不能居住在图书馆。但该案的一审法官认为图书馆应当中立、无歧视，"味道测试是财产测试"的说法却产生了很大的影响，表明人们进入公共图书馆等公共论坛是一项基本权利。②

第二种情况是公民有权进入政府的一些非议事性机构，如公立医院、学校或监狱。这些机构在传统上不被视为"公共讲坛"，不存在公民进入这些设施的传统权利，进入这些地方的人往往要与其公务有关。例如，学校可能只允许学生、教师、管理人员和家长进入；医院可能只允许患者、医务人员和探视人进入；监狱可能只允许囚犯、狱警和律师进入。一些公众或媒体中的成员可能想报道这些机构中传出的问题，如虐待、腐败、恶劣条件或是其他被认为不合理的情况。鉴于这些机构的经费来自民众，人们认为，公众有权知道其内部的情形。③

那么，自由社会的公民，包括媒体人员，究竟应该享有多大的法律权利进入像检察机关、监狱或学校这种政府管理的公共机构？以监狱这种看起来最不能让普通民众进入的机构为例可以说明问题。自 20 世纪 70 年代以来，美国的监狱有广泛的自由裁量权决定是否允许媒体访问。美国联邦最高法院

---

① ［美］约翰·D. 泽莱兹尼：《传播法判例：自由、限制与现代媒介（第四版）》，王秀丽译，北京大学出版社 2007 年版，第 131 页。
② kreimer v. Bureau of Police for Town of Morristown，765 F. Supp. 181（D. J. N. 1991），184.
③ 罗德尼·A. 斯莫拉：《公众知情权：政府机构的透明度》，载《美国参考》，http://usinfo. org/zhcn/GB/PUBS/DPapers/dpaper. htm，2010 年 11 月 24 日。

在两个具有里程碑意义的监狱访问案件即佩尔诉普诺柯尼尔案（Pell v. Procunier, 417 U. S. 817, 822［1974］）和萨克斯比诉华盛顿邮报公司案（Saxbe v. Washington Post Co., 417 U. S. 843, 850［1974］）中得出结论：第一修正案没有保证新闻收集信息的权利。法院还认为，记者们有权利与某些囚犯面谈，以保障执法利益和个人隐私。① 美国最高法院在1978年审理的"霍钦斯诉 KQED 电视台案"（Houchins v. KQED, Inc., 438 U. S. 1［1978］）中判决，此案根本不适用宪法第一修正案的权利，但是州法律或是监狱管理制度可能允许媒体采访被关押者。② 虽然媒体进入监管机构没有宪法上的传统权利，但是美国地方各州法律或是监狱管理制度可能允许媒体采访被关押者，只是这些政策受到较多限制。比如，限制被监管人员接受采访的次数；根据案件情况只允许特定种类的被监管人员接受采访；采访必须事先经监所批准；进入监管机构采访不得携带相机与摄像机进入。③

机构开放，是信息公开在现代社会与时俱进发展的结果，无论是国际准则、国外经验还是我国的地方试验和国家有关部门的改革成果都表明，机构开放是信息公开重要而有效的方式。机构开放的本质是将包含了重要信息的物质形式——公共机构向民众开放，让民众进入、观察并就所看到的有关问题报告给社会其他民众或者向有关机构和个人提出问题与建议，实现民主监督。同时，机构的开放也拉近了公共机构和民众之间的距离，让民主以看得见的方式实现。

机构开放，在中国是一个全新的概念，在学术领域，仅有1991年的一篇论述会议公开的文章④中有人顺便提到这一概念。在实践中，却早有人以行动实践着机构开放的理念，早在2005年，咸阳市政府拆掉政府围墙迎台商之后，又撤走门卫和传达室人员，让市民自由出入市政府办公大楼，甚至"欢迎市

① RCFP, More states move to limit access to prisoners, The News Media & the Law Fall 1999（Vol. 23, No. 4）, p. 37.
② ［美］泽莱兹尼：《传播法——自由、限制与现代媒体》（第四版），张金玺、赵刚译，清华大学出版社2007年版，第211~212页。
③ RCFP: More states move to limit access to prisoners, The News Media & the Law Fall 1999（Vol. 23, No. 4）, p. 37.
④ 李林：《外国立法机关会议公开制度述评》，载《法学》1991年第2期。

民到政府上厕所"。① 但是，以制度化、规范化文件实行机构开放的则是我国法院系统的改革。由于司法与人民群众的日常生活的联系密切，我国法院为了提高司法公信力，对法院的机构开放很早就引起了特别的重视，由于我国公共机构开放没有统一的改革规划，更无统一立法，全国机构开放的起源与发展需要另外的文章进行专门的考证，在此，我们选择有规范性文件的人民法院司法机构开放改革作为样本来考察我国机构开放改革发展的历程。

我国人民法院的办公机构分为三个部分：一是一般不对外开放的法院工作人员办公室；二是进行开庭审判的法庭，在公开审判的案件中，这是人民群众可以进入并参加旁听的开放性机构；三是专门用于人民群众办理具体司法性事务的立案信访窗口，现在很多地方的法院将案件管理和律师办理相关事务的机构也设在这里。对于第一个部分，有关人员要进入，需要与相关办公室人员联系并得到同意，才能进入，如律师需要与法官交流意见时就是如此。第二、三个部分即审判法庭开放和立案信访窗口开放的过程，可以反映人民法院司法机构公开的过程。

审判法庭开放来源于人民群众进入法庭旁听的权利。我国的旁听制度是个逐渐演变的过程，虽然我国宪法和三大诉讼法都规定了"公开审判"原则，但是旁听权一直是作为其"题中应有之义"而出现的，在1999年以前，立法和司法解释并没有直接对其进行规定。

首次规定旁听权的是1999年最高人民法院《关于严格执行公开审判制度的若干规定》，其第10条和第11条规定：依法公开审理案件，公民可以旁听；依法公开审理案件，经人民法院许可，新闻记者可以记录、录音、录像、摄影、转播庭审实况。2007年6月4日，最高人民法院发布了《关于加强人民法院审判公开工作的若干意见》，其规定："因审判场所、安全保卫等客观因素所限发放旁听证的，应当作出必要的说明和解释。"（第15条）

2010年10月15日，最高人民法院在《关于确定司法公开示范法院的决定》的通知中附录了《司法公开示范法院标准》，其中第4~5条内容将旁听保障作为司法公开的重要内容。在全部内容为100分的司法公开权重

---

① 王乐文：《咸阳：市政府拆围墙之后……》，载《人民日报》2005年10月26日，第5版。

中，旁听占了 12 分；并且在原有旁听规则的基础上增加了"审判法庭设立媒体席，并设立同步庭审视频室"的规定。

法院应当尽可能合理地安排庭审场所，保证公众的庭审旁听权。最高人民法院对法庭的总建筑面积和旁听座位都有明确具体的数量规定。1986 年 6 月 11 日，《关于各级人民法院审判法庭建设问题的意见》（法〔司〕发〔1986〕18 号）规定了各级人民法院审判法庭的总建筑面积，大、中、小法庭的数量和座位数。而最高人民法院《人民法院法庭建设标准》（2010 年 11 月 1 日起施行）第 6 条规定："人民法院法庭建设应充分体现法庭作为国家司法活动的公共机构和国家司法文明标志的特点，满足人民法院行使国家审判权和有关国家机关、公民、法人、其他组织进行诉讼活动，以及国家对公民进行法制教育的需要。"

最高人民法院《司法公开示范法院标准》第 4 条规定："公开开庭审理的案件允许当事人近亲属、媒体记者和公众旁听，不得对旁听庭审设置障碍。对影响重大、社会关注度较高的案件，应根据旁听人数尽量安排合适的审判场所。"第 5 条还要求"设立同步庭审视频室"。

虽然近年来各级法院审判场所的建设也有所改善，但受到设计和面积等方面的客观条件限制，审判场所的建设一直不尽如人意。有些法院尤其是基层法院很少有或根本没有可供旁听人员旁听的场所，使公众旁听的人数受到很大限制。为此，人民法院一直在努力为场所的日常开放提供条件，2003 年 4 月 17 日，最高人民法院颁布了《关于实施〈人民法院法庭建设标准〉若干问题的意见》（法〔2003〕38 号），并发布了《人民法院法庭建设标准》（法〔2002〕260 号，建设部建标〔2002〕229 号），指导人民法院的法庭建设工作，把法庭建设纳入标准化、规范化的轨道。

2009 年 12 月 15 日，最高人民法院在《关于进一步加强人民法院"立案信访窗口"建设的若干意见（试行）》中指出，人民法院的"立案信访窗口"是人民群众表达诉求、参与诉讼、解决纠纷的重要场所，也是人民法院了解社情民意、服务涉诉群众、联系社会各界的桥梁纽带。窗口有 8 项具体功能：（1）诉讼引导；（2）立案审查；（3）立案调解；（4）救助服务；（5）查询咨询；（6）材料收转；（7）判后答疑；（8）信访接待。并对立案信访窗口的基础设施、工作制度、岗位要求、行为规范、接待用语作了规定，甚至附录了"立案信访窗口文明用语"和"立案信访窗口禁用语"的具体内容。实际上，"立案信访窗口"也是法院办公机构向社会开放的适当形式，最高人民法院的规范性文件中，不仅对场所本身的建设标准进行了规定，而且对场所的使用制度出台了规范。2010 年，最高人民法院再次发布了新的《人民法院法庭建设标准》（2010 年 11 月 1 日起施行）加强和规范人民法院审判法庭和人民法庭建设。而各地在执行这一标准时更体现了指标的具体化和窗口作用的人性化。

从指标具体化来看，有的地方将立案信访窗口建设进行指数化评估。根据广东省高级人民法院文件《关于印发〈加强立案信访窗口建设考核验收标准〉的通知》（粤高法发〔2010〕30 号）规定了量化的 48 项具体指标，并采取 100 分制，各项指标均确定了具体分数；同时，经济条件较差、办公条件有限的基层人民法院，立案窗口和信访窗口可以设在同一场所，但两个"窗口"应分开，并具备所规定的各项功能。此外，还对便民利民措施、立案信访等工作制度、立案信访行为规范等都作了规定。

从人性化来看，有的地方对立案信访窗口规定了体现司法文明和人文关怀的具体要求。云南宁洱哈尼族彝族自治县人民法院围绕最高人民法院《关于进一步加强人民法院"立案信访窗口"建设的若干意见（试行）》规定，应当设置无障碍设施，体现司法文明和人文关怀。重视基础设施建设，完善"立案信访窗口"功能。在大楼二楼设置具有浓厚普洱茶文化氛围的温馨调解室，室内配套设施齐全、充满和谐气氛，设置调解室为诉前调解和立案调解提供了场所和便利条件。[①]

据了解，全国各级法院恢复、新建和调整人民法庭，保障人民群众司法需求，近 5 年新投入资金 19.6 亿元，新增立案信访窗口建设面积 36.6 万平方米，为当事人提供诉讼引导、诉前调解、立案受理、诉调对接、判后答疑

---

① 周德蕊：《立案信访窗口建设工作情况汇报材料》，载 http：//www.nefy.net.cn/Article/ShowArti-cle.asp？ArticleID＝64，2012 年 7 月 17 日。

等"一站式、全方位、多层次、低成本"司法服务。① 自 2009 年全国法院"立案信访窗口"建设经验交流会议在上海召开以来，全国法院积极推进"立案信访窗口"建设工作，在场所建设、设施条件、便民服务、窗口功能、制度规范、矛盾化解、队伍形象、文化建设八个方面取得了显著成绩。2013 年 2 月，全国法院司法便民利民措施更加完备，基层法院立案信访窗口覆盖率达 90.1%，14 个省份达到 100%。②

人民法院的审判法庭机构开放和立案窗口公开，是中国特色机构开放的典范，是司法公开的具体表现，是中国司法改革的重要成果。这样的成果，没有什么"民主"、"人权"的高调宣传，但实实在在为人民知情权的实现做了具体的事情，是司法信息公开问题上的重要制度创新，虽然人民法院在机构开放的过程中没有用"机构开放"的字眼，但是，与国际准则和国外机构开放的新趋势不谋而合，为中国的信息公开与人民知情权实现作出了突出的贡献，值得我国将来在机构开放的制度建设方面借鉴、推广。

开放日活动，是我国近年来机构开放的中国式创新，最早开始于最高人民检察院 2009 年 5 月的"检察开放日"，同年 12 月，最高人民法院推出"法院开放日活动"。此后，各地检察院和法院都广泛推行开放日活动，并在具体制度上有所创新。2010 年 7 月，外交部推行"外交部开放日"，2012 年，北京市各级政府、企事业单位设立面向中外游客开放的"旅游开放日"。

在我国检察系统，我国检察机关自 2009 年以来，根据最高人民检察院的统一部署，从最高人民检察院到各地人民检察院，每年有一天"开放日"活动。"检察开放日"活动，邀请了 60 名群众代表参观、座谈。③ 最高人民法院从 2009 年起，每年 12 月选择一天向网友举办"开放日"活动，至今

① 杨维汉：《基层法院立案信访窗口覆盖率超过 90%》，载 http：//news. xinhuanet. com/2013 - 02/10/c_ 114662770. htm，2013 年 2 月 10 日。
② 杨沼畔：《全国法院"立案信访窗口"建设经验交流会在大庆召开》，载 http：//politics. people. com. cn/h/2011/0729/c226651 - 218444201. html，2011 年 7 月 29 日。
③ 徐盈雁：《最高检举行"检察开放日"活动 60 名群众代表参观座谈》，载 http：//news. jcrb. com/jxsw/201105/t20110503_ 537250. html，2010 年 5 月 3 日。

已经进行了四次①，全国地方法院出现的"法院开放日"活动也普遍展开，是法院场地开放的重要表现。开放的对象也因开放日的主题不同而不同，有的向网友开放、有的向人大代表、政协委员开放，有的向干警家属开放，有的为当地驻军组织专门的"开放日"。

在看守所开放方面，公安部在《关于进一步加强和改进公安监管工作的意见》中提出："要积极、稳妥地推出一批监管场所向社会开放，争取人民群众和社会各界对公安监管工作的了解、理解和支持。"公安部监所管理局于 2009 年 6 月召开了全国看守所对社会开放工作会议，推出了北京市西城区看守所等 10 个看守所作为首批对社会开放的看守所。2010 年 2 月，公安部监所管理局发布《关于公安机关强制隔离戒毒所开展向社会开放活动的通知》，4 月发布《关于全面推开看守所对社会开放工作的通知》，5 月发布《关于全面深化拘留所收容教育所对社会开放工作的通知》，全面推进各类公安监管场所对社会开放。随着警务公开、狱务公开的不断深入，各地监所结合工作实际，推出了一些对社会开放的举措，向社会监督巡视员、新闻媒体、被监管人员亲属、普通民众开放，需要注意的是，对社会监督巡视员的开放是单独通过监督巡视制度的形式开展的，对新闻媒体、被监管人员亲属和普通民众则是统一通过"监狱开放日"、"监所开放日"的形式进行的。2003 年至今的 10 年中，河南、四川、北京、浙江等很多地方的监狱、看守所都曾经开展监狱开放日活动。②

在其他政府机构方面，2011 年 12 月 9 日，首都旅游产业发展联席会正式成立，提出将鼓励北京市各级政府、企事业单位在 2012 年设立旅游开放

---

① 朱晶：《最高人民法院举办公众开放日活动面向网友开放》，载 http：//news. jcrb. com/jxsw/201212/t20121204_ 1002593. html，2012 年 12 月 4 日。

② 参见张淑云、侯艳华：《罪犯家属走进监狱参与执法监督》，载《北方法制报》2007 年 9 月 11 日，第 6 版；吴冰、刘洪群、丘伟平、向华南：《广东监狱全国首次进行"监狱开放日"》，载 http：//society. people. com. cn/GB/42735/11856341. html，2011 年 1 月 5 日；周维强、曹斌：《浙江省 10 余家看守所首次集中向社会开放》，载 http：//news. cnnb. com. cn/system/2010/11/03/006730775. shtml，2011 年 1 月 5 日；马利民：《四川首办监狱开放日》，载《法制日报》2009 年 4 月 17 日，第 1 版；高志强、赵毅、苗时葵：《首次"监狱开放日"活动取得圆满成功》，载《监狱工作研究》2003 年第 6 期。

日，对公众开放。① 而开放的时间也由"开放日"走向"开放月"。如徐州法院就专门开展干警家属"开放月"活动。②

表面上看，大部分开放日能够参观、座谈的仅仅是被邀请的代表，而且每年只有一天，"开放日"并不是日常的，更不是针对所有人的，似乎有作秀之嫌。但我们应当看到，开放日的本质是：对属于机构开放的例外的、在日常工作中不能开放的公共机构场所，由该公共机构选择专门时间，邀请民意代表，将平时不能开放的那部分场所向社会特定人员开放，是最大限度实行机构开放的具体表现。其意义在于：

一是将日常工作中不能开放的场所向社会开放，弥补日常开放存在例外的缺憾。如前所述，机构开放当然会有例外，因为公共机构的场所是办公机构所在地，可以分为接待服务场所、对外的事务办理场所、内部工作场所。对于内部工作场所而言，因为其需要安静、独立的环境，甚至工作过程可能需要对外保密等原因，不可能整天在民众的注视下工作。而开放日可以使内部工作场所的工作人员暂时放慢手头的工作，让民众参观其工作的过程；或者放下手头的工作向民众介绍其工作的程序和情况。从最大限度开放的角度而言，这一开放过程是日常开放所不能代替的。

二是开放日可以将日常工作中并不面向公众的内容，有计划地进行集中开放。如"外交部开放日"中，外交部三位发言人马朝旭、秦刚、姜瑜三位发言人相继走上讲台，介绍外交部的工作情况，民众还观察了12位新任大使的就职宣誓仪式。③ 而这些活动，由于其需要庄严肃穆、安全有序的环境，从国际惯例上看，平时并不对外开放，通过开放日的有意展示，让公众对外交部的工作情况有了解。而在法院系统，广东雷州市人民法院举行的"法院开放日"活动中，广东省的湛江市、雷州市人大代表、雷州市政协委员、法院廉政监督员、人民陪审员及媒体记者等前来参与。与会人员在法院

---

① 记者：《政府内部是啥样群众可以进去看：北京市政府设开放日》，载《人民日报（海外版）》2011年12月14日，第1版。

② 徐州市中级人民法院：《弘扬法院红石榴文化倡导爱岗敬业活动的通知》，2012年6月26日所发文件。

③ 张力：《外交部公众开放日：一次生动的外交体验之旅》，载《中国青年报》2010年7月25日，第1版。

工作人员的带领下，参观了法院文化长廊及各个办公场所，切身了解到法院立案、信访工作的各项职能，知晓申请立案、执行的程序。[①] 在法院，除庭审属于日常开放外，立案、执行的过程工作量大，程序复杂，不可能将整个工作过程对外开放，开放日可以将有计划整理的长期以来立案、执行的工作情况、成绩和问题向民众展示，可以起到"一次展示、全面了解"的作用。

三是开放日参观之后的座谈会等方式，可以通过听取民意代表的意见并对意见进行当场或者事后反馈。信息公开是民主的产物，其重要目的是民众对政府和公共机构的监督，让为民众工作的公仆们的工作处于人民的监督之下，所以，在开放日，对于民众提出的问题和质疑，开放机构有义务进行回答。在前述外交部开放日中，有人提出了关于当前中国国际地位和"世博外交"的两个问题、外交官如何面对工作中的压力和困难、外交部在处理涉外公民犯罪案件中的作用、青少年为世界和平所能作出何种贡献、出国留学深造是否会造成我国人才的流失等涉及中外交流的各方各面的问题，三位外交部发言人都一一作出回答。而更多的机构是采用座谈会的方式，如前述最高人民法院的开放日中，通过座谈，法官"真诚地接受大家的监督，接受大家对我们工作的一些建议和指导"，回答公众对人民法院工作中的各种问题，不仅使民众对法院工作起到了监督作用，也使他们通过观察和沟通能够了解、理解司法工作，从而增强司法信任和司法权威。

开放日活动，是中国节日文化在机构开放中的体现，是中国特色机构开放的制度创新。与国外媒体和个人起诉公共机构要求进入某一场所不同的是，开放日体现了中国民族和谐、协商文化的特点，有关单位主动有组织、有计划地邀请代表参观其工作场所，并听取意见、接受监督，发挥了其他机构开放方式不可替代的作用。

七、司法公开应当有救济机制

司法公开是一项系统的工程，如果没有有效的救济机制和保障措施，那

---

① 戴李春：《法院开放日　提升法制意识》，载 http://www.xwie.com/News/NewsShow - 6299. html，2012 年 6 月 16 日。

么，司法公开仅仅是一纸空文，无法真正落实。虽然我国在刑事司法信息公开方面有些零散的规定，但是对刑事司法信息公开的救济却只能依据审判公开原则。我国《宪法》第 125 条规定："人民法院审理案件，除法律规定的特别情形外，一律公开进行。"2012 年《刑事诉讼法》第 11 条规定："人民法院审判案件，除本法另有规定的以外，一律公开进行。"第 227 条规定："第二审人民法院发现第一审人民法院的审理有下列违反法律规定的诉讼程序的情形之一的，应当裁定撤销原判，发回原审人民法院重新审判：（一）违反本法有关公开审判的规定的；（二）违反回避制度的；（三）剥夺或者限制了当事人的法定诉讼权利，可能影响公正审判的；（四）审判组织的组成不合法的；（五）其他违反法律规定的诉讼程序，可能影响公正审判的。"

根据上述规定，当人们公开审判的权利受到损害时，可以基于《刑事诉讼法》第 227 条的规定进行上诉。虽然我国刑事诉讼法未对上诉具体理由作出规定，只要上诉主体不服第一审判决、裁定，并在法定的期限内依法提出上诉，人民法院就应当受理，并引起第二审程序，但是在案件审理过程中确实存在违反审判公开原则时，第二审人民法院应当裁定撤销原判发回原审人民法院重新审判，通过补正程序上的错误实现对刑事司法信息的公开救济。

国际准则早就考虑到了信息公开会由于立法和解释立法等原因导致掌握信息的人有巨大的自由裁量权，所以，设想了通过程序救济实现信息的公开。《亚特兰大知情权宣言》要求国家"对法律的实施进行定期监测和报告"，"由立法和主要审查机构对执法和守法进行审查"。《马德里准则》第 11～12 条规定：辩方和媒体有权利在最大限度上知悉进行限制的理由（如果必要，对此理由有保密的义务），并有权对这些限制提出抗辩。对于司法机关作出决定不公开审理的案件，媒体有权要求采取对于"禁止报道"的补救措施。第 8 条规定："只要法官实施对规则规定的权利限制，媒体就有权利要求听证和进行上诉。"在欧洲，这种补救措施往往因地区不同而有所不同。在英国曾有一起毒品犯罪案件没有公开审理，但后来欧洲人权法院认为是这类案件并不涉及公众利益，公开审理不会影响公正审判。①

---

① The Sunday times case（27 October 1978）Series A，No. 30 Handbook at 175 – 77（Eur. Court H. R）.

西方国家司法信息公开救济机制的模式有：（1）各国都存在的上诉模式；（2）美国在上诉模式之外还增加了公民直接起诉模式；（3）中国的检察机关纠正违法模式。

但是，我们应当看到，上诉模式的缺陷在于，只有本案当事人才能够提起上诉，其他案外人，如媒体记者、普通公民，他们有权要求公开审判或者在审判之后要求公开案件材料，这时，就不能够通过在已经有一审判决的基础上提起上诉的方式得到权利救济。

2010 年 7 月 1 日起实施的《俄罗斯法院信息公开法》① 是在《俄罗斯信息公开法》实施 7 个月后、为进一步在法院领域推动政府信息公开而颁布实施的。从立法进程来看，该法于 2008 年 12 月 10 日经俄罗斯国家杜马采纳，2008 年 12 月 17 日由联邦委员会批准，2008 年 12 月 22 日联邦法案第 262－FZ 号法律正式颁布。经 2010 年 6 月 28 日联邦法律第 123－FZ 号、2011 年 7 月 7 日联邦法律第 200－FZ 号、2011 年 7 月 18 日联邦法律第 240－FZ 号修改。至今已经正式实施 4 年多，其重要特点之一是确立了公民司法知情权的救济方式与监督程序。《俄罗斯法院信息公开法》第 24 条规定，"按照俄罗斯联邦法律规定的程序，可以对侵犯获取法院活动信息权利的公职人员作出的决定或作为（不作为）行为提出上诉"。第 25 条规定，相关人员"应在其职权范围内对获取法院活动信息进行监督"，还要求各相关机构对"监督程序"作出规定。

立法不能仅仅通过上诉程序来对不公开司法信息进行救济，还要通过赋予普通公民与媒体的申请权和对不公开审判的起诉权来使普通公民获得权利救济。立法应当赋予公民和媒体记者一种权利：当他们申请一个案件公开审理的时候，如果法院不公开审理，他们有权针对这一决定提起诉讼。这样能从根本上解决司法信息公开的立法与实施问题，能更好地维护相对人的知情权，为司法信息公开救济机制提供法律保障。

---

① 《俄罗斯法院信息公开法》是本文作者根据这个法律的英文版（ON PROVISION OF ACCESS TO INFORMATION RELATED TO ACTIVITIES OF COURTS IN THE RUSSIAN FEDERATION ［FL No. 3262 of 22. 12. 2008］）翻译的，本文中引用的中文版的全部内容请参见高一飞译：《俄罗斯法院信息公开法》，载《人民法院报》2014 年 7 月 25 日，第 5～8 版。

由于司法体制的原因，目前我国不可能像美国一样让法院直接成为被告，但是，应当可以加强和完善现行法律赋予的两种机制，一是完善审判不公开发回重审的机制；二是加强检察机关对司法公开的监督机制。

根据我国《刑事诉讼法》第 227 条的规定，只要是"违反本法有关公开审判的规定的"，无论是否影响了正确审判，都应当发回重审。但是由于中国的司法实践具有"重实体，轻程序"的传统，二审法院对当事人上诉的案件大多采取书面审理，难以发现一审违反审判公开的程序事实；另外，由于二审法院有较大的裁量权，即使发现了一审中存在程序上违反公开审判的事实，如果不影响公正审判，一般不会撤销原判、发回重审。这严重地侵害了当事人以及其他利益相关人的司法信息公开权。因此，我们需要完善二审中违背审判公开原则发回重审的制度，以保障公开审判原则得到全面的落实。

另外，为了充分地保障当事人及利益相关人的司法信息救济权，应该将案件交由与一审法院同级的其他法院负责进行重新审判，而不是由原审法院组成新的合议庭进行审判。一个原因是原审法院重新组成的合议庭对被发回重审的案件进行审判时，要顾及本法院的原审法官以及当地有关机关或新闻媒体的一些意见；另一个原因是二审法院在作出发回重审的裁定时，有时会附具"内部指导函"，即指出程序违法问题、怎样适用法律甚至如何裁判等，让原审法院遵照执行。面临多重压力，负责重审的原审法院的新合议庭难以真正实现公正审判。

司法公开的权利还可以通过检察机关的诉讼监督权加以实现。检察机关的法律监督权是程序性的权力，而非实体处分权。其直接作用体现在两个方面：（1）启动程序。如对案件提起公诉是启动一审程序；提起抗诉则是启动二审程序或审判监督程序。（2）提出意见，即当发现审判活动违法时提出纠正意见。在这两个方面的"监督权"中，第一个方面属于程序启动权，可以启动二审，由二审法院对违背公开审判的情况作出发回重审的处理。从第二方面来看，根据《刑事诉讼法》第 203 条"人民检察院发现人民法院审理案件违反法律规定的诉讼程序，有权向人民法院提出纠正意见"的规定（民事诉讼法和行政诉讼法也有类似规定），检察机关可以直接向法院发出纠正违法通知书要求法院纠正违法，公开应当公开的司法信息。

前沿聚焦

"变通"视角下的指定居所监视居住

——以 S 省检察机关为例

吴杨泽

社会学的"变通"理论表明,制度政策在落实过程中,执行主体会在未获得允许的情况下,自行改变原制度中的某些决策,推行一套经过改变的制度安排。变通分为两个阶段,动力来自于主体的利益分析。S 省的样本案例表明,检察机关在适用指定居所监视居住过程中已经发生了"变通",包括选择性变通、调整性变通、自定义变通等,其背后的动机是检察机关和检察人员的利益权衡。我们应该正确认识变通的阶段特征,采取完善制度、发挥相关主体作用等措施,努力推动指定居所监视居住的落实由"形式绩效"向"实质绩效"转变。

一、制度①执行过程中的"变通"理论

(一) 何谓变通

公共政策理论研究表明,文本上或者政府话语体系中的公共政策要转化为现实形态的政策目标,其过程并不是一个简单的单向直线,往往要经历政策细化或者再规划的过程。从制定政策到最终执行,期间存在一定的层级距离,这一距离给政策目标在传递过程中出现信息扭曲和偏差提供了机会,导致政策在一系列层级上出现偏差。② 对于制度政策在落实过程中出现的偏差,特别是对于制度在实践中遇到的被选择性执行的问题,我国学者用

---

① 本文没有从词源、适用意义上对制度、政策作明确区分,而是为了行文方便,对二者混合使用,统指上级机关作出的约束性规定。

② 贺东航、孔繁斌:《公共政策执行的中国经验》,载《中国社会科学》2012 年第 5 期。

"变通" 这个概念进行了分析。由刘世定、孙立平等学者组成的 "制度与结构变迁研究课题组" 首先提出了 "变通" 的概念，认为 "变通" 是指 "在制度的运作中，执行者在未得到制度决定者的正式准许、未通过改变制度的正式程序下，自行作出改变原制度中的某些部分的决策，从而推行一套经过改变的制度安排这样一种行为或运作方式"。① 关于制度变通的形式，有的学者将其分为 "求神似、去形似" "求形似、去神似" "既不求神似，也不求形似" 三种类型，② 有的将其归纳为自定义性政策变通、调整性政策变通、选择性政策变通、歪曲性政策变通四种类型，③ 还有的将其划分为重新定义政策概念边界、调整制度安排的组合结构、利用制度约束的空白点、打政策的 "擦边球" 等。④

需要指出的是，刘世定、孙立平等学者提出的 "变通" 概念是一个中性词，甚至包含一定的褒义成分，强调的是一种 "自下而上" 的制度创新过程，是指一种新的非正式的制度安排，通过实践，因为实际绩效突出而获得合法性，最后变为新的正式制度。"变通" 的基本特征是在实施中自行改变某些制度安排，形成准正式制度，然后再通过 "正式化程度的提升" 和 "变通的扩散" 两个环节，最终实现正式制度的变迁。⑤

（二）变通与通变

有学者进一步区分了 "变" 与 "通" 的含义与关系，认为制度的实际变迁过程称为 "变"，制度合法性的获得称为 "通"，新制度的产生一般都是 "先变后通" 的过程，而新制度的落实一般都是 "先通后变" 的过程。⑥ 因为在新制度的探索阶段，需要不断的试错，最后形成一种新的制度安排，并通过实际绩效来获得合法性；而在新制度的落实阶段，由于制度变迁的方

① 制度与结构变迁研究课题组：《作为制度运作和制度变迁方式的变通》，载《中国社会科学季刊》（香港）1997 年冬季卷。
② 陈振明：《政策科学》，中国人民大学出版社 1998 年版。
③ 庄垂生：《政策变通的理论：概念、问题与分析框架》，载《理论探讨》2000 年第 6 期。
④ 贺东航、孔繁斌：《公共政策执行的中国经验》，载《中国社会科学》2012 年第 5 期。
⑤ 贺东航、孔繁斌：《公共政策执行的中国经验》，载《中国社会科学》2012 年第 5 期。
⑥ 刘玉照、田青：《新制度是如何落实的？——作为制度变迁新机制的 "通变"》，载《社会学研究》2009 年第 4 期。

向和目标已经确定，关键是如何适应不同地区的具体情况，把制度由"条文"变为"现实"。关于制度的落实过程，该学者认为可以分为"形式绩效"的达成与向"实质绩效"的转变两个阶段。在第一阶段，受到制度本身的合法性程度和完善程度、行政体制的运作特征，以及制度执行者主动性与自由余地的影响，制度执行表现出选择性学习、选择性阐释、选择性执行的特征。在第二个阶段，"形式绩效"的达成不再仅仅是一种"形式"，它可以改变当事人的认知结构，调整当事者的利益博弈格局，本身还可以对当事者形成一种合法化的压力，促使当事者进行相关结构和制度的调整，使得相关的制度安排能够更好地落实。需要注意的是，从"形式绩效"到"实质绩效"的转变，并不能一蹴而就，往往要经过一个"反复性实践"的过程。[①]

（三） 变通的动力

关于制度变迁的动力，有学者指出，利益分析对于制度执行问题的研究是一个基本范畴，因为政策既是一定利益的确认形式，也是利益的调整工具和分配方案，政策所体现的意志的背后乃是各种利益，人们从事政策执行活动的动力也是由利益推动的。[②] 利益可以分为公共利益和私人利益、眼前利益和长远利益、局部利益和整体利益等。由于利益的至上性，在政策的制定和执行之间便会出现一个利益的"过滤"机制，下级在执行上级的指示时往往以自己的利益损益值作为对策参数，得益越多越乐意执行，反之则会抵制。当上级政策在整体上无益亦无损于包括个人利益在内的本地区的局部利益时，作为政策执行主体的下级就会试图"消极怠工"，只传达不落实，导致政策执行的表面化；当上级政策虽对本地区能带来利益但仍无法满足区域利益的要求时，下级就会试图在政策的具体化、操作化过程中附加、增添超越上级要求的措施，出现政策执行扩大化；当上级政策使本地区部分受益、部分无益时，下级就会试图使政策局部具体化、操作化，局部"流产"，导

---

① 刘玉照、田青：《新制度是如何落实的？——作为制度变迁新机制的"通变"》，载《社会学研究》2009 年第 4 期。

② 丁煌：《利益分析：研究政策执行问题的基本方法论原则》，载《广东行政学院学报》2004 年第 3 期。

致政策执行局部化；当上级政策可能会损害该区域的局部利益时，尤其是执行主体的自身利益时，这些执行者就会制定一些与上级政策表面一致而实质相悖的对策，进而造成政策执行的异化；当政策与执行主体的自身利益发生冲突时，会导致政策执行活动的停滞不前。简言之，利益追求是政策执行主体行为的内在驱动力，正是利益推动着人们去执行政策或者违反政策。[①]

（四）本文运用"变通"理论的合理性

"变通"是一个社会学概念，本文之所以借用政策执行中的"变通"理论来分析法律的适用过程，主要基于以下考虑。

首先，从概念种属来说，我国的法律与政策属于同一层次，区别仅在于法律体现国家意志，政策体现党的意志，但二者归根结底都是党的意志的体现，本质上是相同的，因而可以相互贯通，其执行过程也可以相互参考借鉴。

其次，从行为性质来说，政策执行是典型的行政行为，而检察机关适用指定居所监视居住，虽然存在一定的同体监督，但主要表现为由侦查部门单方面决定实施的一种侦查措施，更多地体现出行政属性。

再次，从权力流向来说，政策执行是一个"从上到下"的层级落实过程，而法律的实施过程也是一个"从上到下"的过程，两者都表现出层层检查、层层督促落实的特点。

又次，从主体的行为动机来说，执行主体落实政策是出于利益考量的"理性选择"，同理，检察机关适用指定居所监视居住，也面临着整体利益、层级利益、部门利益、个人利益的影响与选择，二者的动力机制相同。

最后，从执行过程来说，不管是法律还是政策，都需要长时间的调整、完善、适应，只有经过反复实践，才能落到实处。

正是基于以上原因，本文认为可以借助社会学的理论视角，对检察机关适用指定居所监视居住作出有价值的分析和评价。

[①] 丁蝮：《利益分析：研究政策执行问题的基本方法论原则》，载《广东行政学院学报》2004年第3期。

二、检察机关适用指定居所监视居住过程中的"变通"

(一) 样本基本情况①

S省检察机关共有 12 个市分院,2013 年全省立案侦查职务犯罪案件 1349 件 1829 人,其中适用指定居所监视居住措施的共有 18 件 19 人,案件数和人数分别占 1.3% 和 1%。本文的样本案件来自 S 省检察机关 4 个市分院,而省检察院和其他 8 个市分院的办案数据为空白。从立案时间来看,全部来自于上半年,下半年为空白(见下表)。②

S 省人民检察院 2013 年指定居所监视居住案件基本情况表

立案案由	立案日期	监居开始	监居结束	时长(天)	执行地点	解除后强制措施类型
赵某贪污、受贿	2012.12.27	2012.12.27	2013.1.25	29	宾馆	逮捕
杨某受贿	2012.12.25	2013.1.30	2013.3.1	30	宾馆	刑拘
温某贪污、受贿	2013.1.10	2013.1.10	2013.1.19	9	宾馆	刑拘
袁某受贿	2013.1.14	2013.1.14	2013.1.18	4	宾馆	取保候审
赵某受贿	2013.1.16	2013.1.16	2013.1.18	2	宾馆	取保候审
宋某贪污	2013.2.3	2013.2.3	2013.5.22	77	党纪教育基地	刑拘
王某受贿	2013.2.26	2013.2.27	2013.3.13	14	宾馆	刑拘
赵某挪用公款、贪污、受贿	2013.3.7	2013.3.7	2013.3.8	1	宾馆	刑拘
梁某涉嫌挪用公款、贪污、受贿	2013.3.7	2013.3.7	2013.3.13	6	宾馆	取保候审
李某行贿	2013.3.11	2013.5.22	2013.5.31	9	招待所	刑拘
李某受贿	2013.3.16	2013.3.16	2013.4.28	43	宾馆	刑拘
赵某贪污、受贿	2013.4.4	2013.4.26	2013.5.4	8	宾馆	刑拘
王某受贿	2013.4.10	2013.4.10	2013.4.18	8	度假村	刑拘

---

① 样本主要通过省检察院业务系统、下级检察院报送材料、走访座谈等方式获得。

② 18 个样本中,能从省检察院业务系统中查询到的案件数只有 6 件,其他均为下级检察院报送的案件。第一次调研结束后,当省检察院要求下级院报送更为详细的案件情况时,部分市级检察院以涉密原因拒绝报送,因此,下半年是否还有其他案件无法掌握。

续表

立案案由	立案日期	监居开始	监居结束	时长（天）	执行地点	解除后强制措施类型
郝某单位行贿	2013.5.3	2013.5.3	2013.6.5	33	宾馆	取保候审
樊某受贿	2013.5.11	2013.5.11	2013.5.30	19	宾馆	刑拘
李某受贿	2013.5.22	2013.5.23	2013.7.2	40	宾馆	逮捕
王某受贿	2013.5.29	2013.5.30	2013.7.1	32	电厂专家公寓	刑拘
杨某受贿	2013.5.22	2013.5.23	2013.6.5	13	宾馆	取保候审
刘某行贿	2013.6.28	2013.6.30	2013.9.26	87	宾馆	取保候审

从这些案件的情况来看，S省检察系统适用指定居所监视居住的基本情况如下：

1. 适用条件

实践中，在检察机关指定居所监视居住审批表、指定居所监视居住决定书等相关法律文书中，对于适用条件没有明确的要求，相关法律文书仅列明执法依据，典型的表述是"根据《刑事诉讼法》第 73 条、《人民检察院刑事诉讼规则（试行）》第 110 条、第 111 条的规定，决定对犯罪嫌疑人×××采取指定居所监视居住措施"。而要分析个案的适用条件，则要根据具体案情来考察。在全部样本的 18 个案例中，适用的直接依据体现为《刑事诉讼法》第 73 条的规定。其中，属于特别重大贿赂犯罪、需要上级院批准的有 7 件，约占 39%；其他 11 件均属于在办案机关所在地没有固定住处，值得注意的是，异地管辖的案件有 5 件，约占全部 18 件的 28%。7 件特别重大贿赂犯罪案件，全部属于《人民检察院刑事诉讼规则（试行）》第 45 条规定的第一种情形，即"涉嫌贿赂犯罪数额在五十万元以上，犯罪情节恶劣的"，其他两种情况即"有重大社会影响的"和"涉及国家重大利益的"则没有出现一起。关于如何把握 50 万元这个标准，调查表明绝大多数案件通过初查已经达到了数额标准，仅有 1 案的初查数额是 40 余万元，但由于犯罪嫌疑人涉嫌向多人行贿，证据表明其犯罪数额很有可能超过 50 万元，由此可见，实践中关于 50 万元的犯罪数额，采用的是比较严格的"优势证据标准"。而对于"有碍侦查"的把握，虽然《人民检察院刑事诉讼规则（试行）》第110条规定了六种情况，但没有明确的证据要求，实践中主要由侦查部门自主决定，法律文书中也没有体现。

2. 适用程序

根据《人民检察院刑事诉讼规则（试行）》第111条的规定，指定居所监视居住分为两种情况：一是因为没有"固定住处"而被采取指定居所监视居住的，性质上属于普通的监视居住，"应当由办案人员提出意见，部门负责人审核，检察长决定"；二是特别重大贿赂犯罪的，"应当由办案人员提出意见，经部门负责人审核，报检察长审批后，连同案卷材料一并报上一级人民检察院侦查部门审查"。实践中，检察机关侦查部门都是按照三级审批制来运行的，特别是对于特别重大贿赂犯罪，上下两级检察院都要走完"三级审批"的程序。当然，"三级审批"是典型的内部行政审批程序，一般不会组织听证会，承办人在提出意见时，也很少会听取犯罪嫌疑人或律师的意见。

3. 适用期限

18件案件中，期限最短的为1天，最长的为87天，平均每人24.4天；15天以内的有9件，30天以内的有13件，30天以上60天以下的有3件，60天以上的有2件。

4. 适用场所

18件案件中，执行地点为宾馆（包括招待所）的有16件，占绝大多数，其他1件在党纪教育基地，1件在企业的公寓。在调查中得知，一些宾馆其实就是当地纪委部门的办案点，所以检察机关事实上在普通宾馆采取指定居所监视居住措施的非常罕见。

5. 执行程序

关于执行主体，18件案件中，公安机关执行的有11件，检察机关配合公安机关执行的有7件。在执行过程中，全部采用专人看护的方式，[①] 两人一组、三班倒不间断地守在犯罪嫌疑人的身边，其中在8件案件中还采取了电子监控等辅助手段。关于检察机关配合公安机关的执行方式，实践中主要

————————————
① 根据老侦查员的经验总结，看护1名犯罪嫌疑人至少要调配10名法警。

是公安机关出具委托书或者派代表在场的方式，实际执行主要由检察机关的法警来承担。

6. 经费来源

S省检察机关没有专门的办案基地，适用指定居所监视居住案件的成本在每案10万~20万元，全部是从检察机关的办案经费中列支。关于具体的经费承担主体，一般是谁办案谁承担，但如果是指定管辖的案件，一般由上级检察机关承担。

（二）指定居所监视居住执行中发生的"变通"

1. 变通已经发生

"变通"理论认为，只要没有获得有权机关的允许，单方面改变既有制度的某些决策，就是变通。体现在法律执行中，就表现为不考虑法律的精神、主旨，不严格执行法律的有关规定，致使法律的部分或者全部条款被调整、规避、异化。在指定居所监视居住的适用过程中，我们清楚地发现，一些法条被规避、虚置，一些法律规定被司法解释作了部分调整，指定居所监视居住的规定在不少地方没有落到实处，这些都表明，指定居所监视居住执行中的"变通"已经发生。

2. 变通的形式

一是选择性变通。选择性变通包括选择性执行、选择性解释等。适用指定居所监视居住要依据《刑事诉讼法》第72条、第73条的规定，也就是说，要先满足适用监视居住的条件，再满足适用指定居所监视居住的条件。但是在实际适用过程中，《刑事诉讼法》第72条的规定被规避了，第73条中"有碍侦查"的规定也被虚置了，检察机关侦查部门只是有选择地执行第73条中的部分规定，这就导致指定居所监视居住的适用条件被简化为是否满足"无固定住所"或者"特别重大贿赂犯罪"其中的一个条件。

二是调整性变通。《刑事诉讼法》第72条规定，监视居住由公安机关执行。而《人民检察院刑事诉讼规则（试行）》第115条规定，人民检察院应当制作监视居住执行通知书，将有关法律文书和案由、犯罪嫌疑人基本情况材料，送交监视居住地的公安机关执行，必要时人民检察院可以协助公安机关执行。可以看出，司法解释对执行主体作了部分调整。又如，《刑事诉讼法》第76条规定，执行机关对被监视居住的犯罪嫌疑人、被告人，可以采取电子监控、不定期检查等监视方法进行监督，实践中执行机关对法律规定中的"等"字进行了扩展解释，普遍采用专人、近身、连续看护的方式进行监督。

三是自定义变通。《刑事诉讼法》第73条规定的因为"无固定住处"而被采取指定居所监视居住的情况，应当视为监视居住的特殊情形，有学者称为"指定居所的监视居住",① 和特别重大贿赂犯罪所适用的指定居所监视居住情况有本质区别，前者是因为案件本身以外的因素导致的（因为没有固定住处），而后者是因为案件本身的性质。但是，由于适用的强制措施相同，都可以采用指定居所监视居住措施，所以实践中检察人员并没有对此作出明确区分。甚至，为了满足"无固定住处"这一条件，部分市级检察院运用侦查一体化机制，特意将案件指定给犯罪嫌疑人所在地之外的其他检察机关管辖，人为制造出犯罪嫌疑人"无固定住处"的"法律事实"，进而"合法"地适用指定居所监视居住措施，这无疑是利用了法律的漏洞，是一种"打擦边球"的行为。

3. 利益分析范畴下的变通发生机制

对执行主体的利益分析表明，在执行过程中，如果执行主体得益越多，则越乐意执行；受损越多，越不乐于执行，进而抵制、变换。公共选择理论的代表人物布坎南也认为，要设计出能够制约掌权者权力和行使权力行为的宪法和法律条款，就一定要把掌权者视为自身利益最大化的追求者。② 检察机关在适用指定居所监视居住过程中也一样，面临着多种利益的影响。检察机关既有长远利益（合格的法律监督者），也有眼前利益（惩罚犯罪、保障人权）；既有整体利益（全国的检察工作成效），也有局部利益（地方的工作成效）；既有检察机关的公共利益（公正文明执法），也有检察人员的个人利益（突破案件、立功受奖）。在各种利益面前，检察机关（检察人员）肯定会选择实现自己利益的最大化。多年来，查办职务犯罪案件数量一直是

---

① 左卫民：《指定监视居住的制度性思考》，载《法商研究》2012年第3期。
② ［美］布坎南：《自由、市场和国家》，北京经济学院出版社1988年版。

衡量检察工作成效的硬性条件，是检察机关向人大报告工作的显性成绩，而文明执法、保障人权则无法以具体的指标来衡量，是隐形工作、软指标，所以，绩效考核的导向已经给执法工作指明了方向。具体到指定居所监视居住的适用上，由于该措施具有时间、空间、信息的隔离功能，能满足职务犯罪案件的特殊侦查需要，①而对检察机关来说，只要案件侦破成功，检察工作就有了成效，检察人员就有了工作实绩。在这里，公共利益和个人利益实现了重合，所以尽早破案就成为检察长和办案人员的共同选择。为了实现这些利益，就需要最大限度地适用指定居所监视居住，进而选择性变通、调整性变通、自定义变通的出现就显得顺理成章。可能会有人有疑惑：为什么很多市级检察院没有一起指定居所监视居住案件呢？在考察中得知，是不少检察长对适用指定居所监视居住均有意加以控制，原因有四：一是指定居所监视居住是新制度，特别是该制度从出台之初引起的争议就很大，很多地方的检察机关对其非常谨慎，还在观望、探索经验；二是每个地区的检察机关都有一套行之有效的办案方法，并不一定要依赖适用率不高的指定居所监视居住，并且部分检察长担心出现安全事故，所以就严格限制使用指定居所监视居住措施；三是指定居所监视居住花费较高，如 T 市办理的一起案件，9 天花费约 20 万元，如此昂贵的办案费用对于贫困地区的检察机关来说，正常经费根本负担不起；四是存在一定的办案"黑数"，一些地方的检察机关担心惹出麻烦，虽然采用了指定居所监视居住措施，但既不录入案件系统，也不上报。但是，无论怎样，这都是利弊权衡的结果，背后都有各种利益因素的影响。

（三）指定居所监视居住执行中"变通"的利弊分析

不可否认，无论是政策、制度还是法律，在实施之初，都会出现一定的"变通"现象，区别只是数量多少、利弊多少的问题。同样，在检察机关适用指定居所监视居住的过程中，"变通"的发生也是有利有弊。

---

① 有观点认为，"职务犯罪侦查的特殊性表明，职务犯罪的侦查需要有一种能够有效控制职务犯罪嫌疑人一定时间，以防止其与外界进行信息交流，从而为突破案件创造必要条件的强制措施"。参见朱孝清：《职务犯罪侦查措施研究》，载《中国法学》2006 年第 1 期。

从消极的方面看，主要体现为"变通"在一定程度上消解了法律的权威性与严肃性。因为法律和政策有一定的区别，法律的适用要求明确、具体、严格，弹性空间小，而政策着眼于引导，鼓励下级部门在一定条件下开展有益探索，弹性空间较大。所以相比于政策执行，法律更强调执法必严、违法必究，如果执法者不严格执法，必然会严重损害国家法治事业的发展。检察机关在适用指定居所监视居住过程中，出于各种利益考量搞"变通"执法，必然会对相关当事人的权益造成影响，必然导致法律规定所追求的法益不能完全落到实处，必然会损害法律规定的严肃性和权威性。

但是，"变通"具有阶段性，"形式绩效"达成必然会促进"实质绩效"的转变，所以，从发展的眼光来看，"变通"也蕴含着积极因素。一是能够凸显法律规定的不足或缺陷，为完善法律提供经验准备。从指定居所监视居住的适用来看，"变通"的发生就显示出法律规定存在一定的不足，比如关于指定居所监视居住的适用条件，涉及《刑事诉讼法》第 65 条、第 72 条、第 73 条、第 79 条共 4 条，涉及的司法解释的条文就更多，法律规定前后成递进关系，条文多、逻辑关系复杂，这就为变通执法提供了条件。又如，因"无固定住处"而适用的指定居所监视居住和因"特别重大贿赂犯罪"适用的指定居所监视居住，两者没有明显区分，为检察机关"变通"提供了可钻的"法律空子"。这些变通，虽然暂时对执法效果产生了影响，但无疑为完善法律指明了方向，也为更好地落实法律提供了经验教训。二是能够引起相关当事人认知结构的变化，为正确适用法律提供智力准备。一项新的法律制度得到落实，首先要求执法人员和诉讼各方熟悉法律的精神、内涵、具体规定，但实际上，相关各方在新法的实施初期对于法律具体规定的含义、可能产生的效果并不清楚，随着时间推移，各方基于自己的利益，会详细地研习法律规定，最大可能地挖掘有利于自己的法律条款，使得法律的教育、引导功能得以发挥。反复实践之后，执法人员和辩护律师对相关的法律规定即使不能烂熟于胸，也一定会对关键环节了如指掌。伴随着诉讼各方认知结构的更新，人们的认识会逐渐趋于理性，法律规定的准确含义会越来越得到遵守，这无疑为严格执法奠定了坚实的智力基础。三是能够对不合理的变通形成合法化压力，为严格执法创造社会氛围。在执法初期，因为各方认识不统一、不具体、不深刻，一些歪曲法律宗旨的变通做法就会出现。但随着认识的深化，社会各界会对正确的执法行为形成一致认识，那些不符合法律精神的变通做法就会引发人们的关注和批评，这就会对执法机关形成强大的社会压力，逼迫他们调整自己的预期和行为，这种社会整体氛围的形成，无疑会压缩变通的产生空间。

三、指定居所监视居住措施需要进一步"变通"

从本文中样本案例体现出来的特点来看，指定居所监视居住措施的落实无疑处在"形式绩效"的达成阶段，数量少，但符合指定居所监视居住措施的定位；表面合法，但实质上与法律的精神还有差距，形似而神不似。我们要准确认识"变通"的两个阶段特征，努力促使指定居所监视居住的执行由"形式绩效"阶段向"实质绩效"阶段转变。

（一）正确把握法律规定的"变"与"通"

法律的生命在于实施，如果法律的部分规定因为不适合司法实践而被规避或者虚置，那么我们就应当适时地予以修改，变则通，不变则废。关于指定居所监视居住，有学者从强制措施的性质出发，认为指定居所监视居住措施不能用于取证，完全无视我国强制措施的适用特点；有的从强制措施的梯次配置出发，认为指定居所监视居住类似于取保候审，犯罪嫌疑人必须拥有独立的自由空间，完全无视检察机关对办案安全的担忧。凡此种种，皆是过分沉迷于理论分析，而忽略了执法条件的现实环境和执法主体的利益约束。所以，我们应该在坚守法律所保护的主要法益的基础上，不断地调整法律适用的各种约束条件，以"变"促"通"，以"变"达"通"。需要强调的是，从上到下的"通变"与从下到上的"变通"并不能一蹴而就，而需要反复进行。具体到指定居所监视居住的适用上，应该认真分析实践中的各种"变通"现象，吸收合理部分，如关于检察机关配合公安机关执行就具备合理性、可操作性，严格禁止不合理、不公正的变通，如创造条件满足"无固定住处"的执法行为，及时完善法律规定中的不足，促进法律执行中的"变通"与"通变"合理转换。

（二）进一步促进制度的完善

制度的不完善，弹性空间、空白地带的存在是变通产生的重要原因。为了弥补法律规定的不足，应该有针对性地完善法律规定。一是明确适用条件。要明确"特别重大贿赂犯罪""合法居所"等关键词语的内涵。在"特别重大贿赂犯罪"的3种情形中，除了50万元的数额标准，其他何谓"重大社会影响""国家重大利益"则不明确，为随意扩大范围适用留下了一定空间。建议上级检察机关总结各地的执法经验，将"涉及重点工程""厅局级以上要案""涉及群体性利益"等情形作为具体标准罗列出来，为司法实践活动提供明确依据。也可以吸收执法活动中的经验教训，采用制定单行条例等方式对指定居所监视居住的适用条件、适用程序作出明确、具体的规定，避免检察机关选择性学习、选择性解释、选择性执行。二是细化执法程序。虽然《人民检察院刑事诉讼规则（试行）》第118条、第120条规定由侦查监督部门、监所检察部门对指定居所监视居住的决定和执行进行监督，但侦监、监所部门如何能及时获得执法信息，采用何种方式进行监督，却不明确，这导致检察机关的同体监督沦为形式，指定居所监视居住的决定权和执行权完全由侦查部门垄断。因此，必须要构建同步监督流程，完善案件信息通报、异议处置等机制，确保内部监督制约发挥作用。三是建立错误采取指定居所监视居住的国家赔偿制度。指定居所监视居住被认为是一种"进可攻、退可守"的强制措施，[①] 如果获取了足以证明犯罪的证据，即可转为拘留或逮捕；如果不能构成犯罪，则可解除措施，而不用担心赔偿问题。但是，指定居所监视居住的期限可以折抵刑期，这就说明其具有羁押特征，因此，为了完善执法责任体系，应当参考逮捕等其他强制措施，将指定居所监视居住纳入国家赔偿的范围。

（三）进一步发挥各方主体的作用

真理越辩越明，法律的正确实施，有赖于利益各方的争论、博弈，为此，必须要充分发挥各方主体的积极作用。一是发挥犯罪嫌疑人和辩护人的

---

① 朱孝清：《〈刑事诉讼法〉关于侦查措施规定中的两个问题》，载《检察日报》2012年9月3日第3版。

作用。指定居所监视居住的适用关系到犯罪嫌疑人的切身利益，犯罪嫌疑人及其辩护人理应成为检察机关"变通"做法最有力反对者和抵制者。但事实上，在样本所包含的 18 个案件中，没有一起案件犯罪嫌疑人对指定居所监视居住的适用和执行提出异议，也没有一起案件有辩护人参与。可见，只有严格落实犯罪嫌疑人一方的知情权、辩护权、异议权，辩方才能承担起对检察机关的制衡作用。二是发挥上级检察机关的作用。调研中，不少检察长已经认识到指定居所监视居住是一把"双刃剑"，使用不当会严重损害检察机关的形象。为了确保法律规定落到实处，上级检察机关应当严格监督下级检察机关对指定居所监视居住的适用，要督促下级检察院严格执行案件录入系统、案件上报等制度，定期组织专项执法检查活动，只有反复要求、层层监督，法律的规定才能最终变为现实。三是发挥社会各界的作用。只要理论界、实务界形成了统一认识，就会在全社会产生"公正执法"的强大氛围，给检察机关适用指定居所监视居住形成无形的"合法性压力"，进而挤压变通的产生空间。

自侦案件适用指定居所监视居住研究

——以 C 市某区检察机关的适用情况为分析样本

高松林　刘　宇　师　索

　　2012 年修改后的刑事诉讼法实施以来，C 市某区人民检察院职务犯罪侦查机关在 2013 年、2014 年共立案侦查职务犯罪嫌疑人 50 人，适用指定居所监视居住的嫌疑人共 6 人，其中 2013 年 3 人，2014 年 3 人。具体情况如下表所示。

C 市某区人民检察院适用指定居所监视居住情况表

年度	犯罪嫌疑人	所属行业	职位职务	适用条件	涉嫌犯罪	适用期限	适用目的
2013	孙某	市政环卫	公司董事长	行贿 200 余万元	行贿罪	12 天	深挖犯罪事实
	戴某	工程建设	个体私营主	行贿 50 余万元	行贿罪	7 天	深挖犯罪事实
	李某	物资采购	公司董事长	在本辖区没有固定居所	行贿罪	21 天	深挖犯罪事实
2014	张某	征地拆迁	村主任	行贿 200 余万元	行贿罪	15 天	深挖犯罪事实
	彭某	刑事执法	派出所协勤	在本辖区没有固定居所	徇私枉法罪	4 天	保障侦查程序
	陈某	工程建设	某区乡镇党委书记	上级交办，在本辖区没有固定居所	受贿罪	6 天	印证犯罪事实

一、指定居所监视居住的适用条件

　　《刑事诉讼法》第 73 条规定："监视居住应当在犯罪嫌疑人、被告人的住处执行；无固定住处的，可以在指定的居所执行。对于涉嫌危害国家安全犯罪、恐怖活动犯罪、特别重大贿赂犯罪，在住处执行可能有碍侦查的，经上一级人民检察院或者公安机关批准，也可以在指定的居所执行。但是，不得在羁押场所、专门的办案场所执行。"从刑事诉讼法的规定来看，指定居所监视居住的适用条件分两种情形。

（一）作为补充措施的被动适用

被动适用主要针对无固定住所的犯罪嫌疑人。《人民检察院刑事诉讼规则（试行）》（以下简称《规则》）第110条对"固定住所"作出如下解释："犯罪嫌疑人在办案机关所在地的市、县内工作、生活的合法居所。"因此，只要犯罪嫌疑人符合监视居住的适用条件并在检察机关所属辖区内没有固定居所的，该区检察机关即可以对其适用指定居所监视居住。但应注意的是，这种被动的适用必须建立在监视居住基础之上，如果犯罪嫌疑人不符合监视居住的适用条件，就不能适用。在法律程序上，针对这种被动适用，笔者也建议措施程序应分两步走，首先对其适用监视居住，再对其适用指定居所监视居住，而不能直接适用。从C市某区的适用情况来看，彭某和李某均是在该区没有固定居所而被适用该措施。

（二）针对特殊犯罪类型的主动适用

《刑事诉讼法》第73条采用的是因案立法的立法技术，在当下我国特定的现实环境下并不针对特定的人，只要出现符合条件的案件类型，即可主动适用指定居所监视居住。在职务犯罪侦查中，当贿赂犯罪嫌疑人供述了行贿或受贿50万元以上数额的犯罪事实时，检察机关就强制措施的选择才有了一定的策略空间。一种策略是直接逮捕，另一种策略是采取指定居所监视居住。究竟选择适用何种强制措施，涉及对整个侦查大局的把握和侦查策略的灵活运用。当侦查机关根据举报线索和所掌握的证据，认为贿赂犯罪嫌疑人已经完全如实供述了犯罪事实时，可以采取直接逮捕。当出现以下情形时，检察机关则需要选择适用指定居所监视居住：（1）有充分证据证明犯罪嫌疑人尚未完全如实供述，需要继续深挖犯罪事实，但拘传时限已到又不能取保候审的；（2）犯罪嫌疑人有所隐瞒或者编造伪供导致行受贿双方口供不一致，需要继续侦查核实，但拘传时限已到又不能取保候审的；（3）根据当前的侦查环境认为将犯罪嫌疑人控制在侦查机关掌控范围内更利于案件办理和推进的。从C市某区的适用情况来看，该区检察机关严格把握了法律规定，孙某、戴某、张某均是在传唤阶段供述了行贿 50 万元以上的犯罪事实而被适用，而《规则》中的"有重大社会影响的""涉及国家重大利益的"目前还未在司法实践中得到应用。但就适用的案件类型来看，渎职侵权类案件同样存在适用空间。

二、指定居所监视居住的程序

（一）指定居所监视居住的前程序

1. 指定居所监视居住的审批

审批程序作为指定居所监视居住启动的前程序，发挥着事前监督的作用。《规则》第 111 条明确规定了审批的程序设置，即需要对涉嫌特别重大贿赂的犯罪嫌疑人采取指定居所监视居住的，由办案人员提出意见，经部门负责人审核，报检察长审批后，连同案卷材料一并上报上一级人民检察院侦查部门审查。上一级检察院在收到相关材料后应当及时作出批准或者不予批准的决定。决定作出后同样会受到严格的监督。《规则》第 118 条规定："对于下级人民检察院报请指定居所监视居住的案件，由上一级人民检察院侦查监督部门依法对决定是否合法进行监督。"侦查监督部门发现其中存在不符合适用条件的，未按法定程序履行批准手续的以及在作出决定过程中有其他违法行为的，应及时通知侦查机关纠正。

在前程序中，审批时间最容易出现疏漏。笔者认为，在司法实践中，审批时限一般应控制在 12 个小时内。因为根据《刑事诉讼法》第 117 条规定："传唤、拘传持续的时间不得超过十二小时；案情特别重大、复杂，需要采取拘留、逮捕措施的，传唤、拘传持续的时间不得超过二十四小时。"第 83 条、第 91 条规定，拘留、逮捕后应当将嫌疑人送看守所，最迟不得超过 24 小时。《规则》第 45 条规定，对于特别重大贿赂犯罪嫌疑人监视居住的，人民检察院侦查部门应当将嫌疑人送交公安机关执行时书面通知公安机关。也就是说，检察机关在正面接触嫌疑人 24 小时之后就要决定采取何种强制措施，其中拘留、逮捕明确送看守所，并且有时间限制。但监视居住并未规定具体送达的时间期限，出于对整个刑事诉讼法律体系的动态平衡运行和人权保障的需求，笔者认为，在上一级检察机关决定指定居所监视居住后，也应在最迟不得超过 24 小时交付公安机关执行。若上级机关审批时间超过 24 小时，也就意味着下级检察机关要对嫌疑人先行拘留来等待审批时限，进出看守所的过程又将增加案件的变数和安全风险，而审批后又要变更强制措施，显然不尽合理。由于书写文书、送达材料、指定居所、交付执行都将消耗大量时间，因此，上一级检察机关的审批时间规定在 12 小时以内比较恰当。

2. 前程序中的抗辩

上级检察机关批准适用监视居住后，侦查机关应当在开始执行后的 24 小时以内将适用原因通知家属。无法通知的，应该向检察长报告并写入卷宗，待无法通知的情形消除后，应当立即通知家属。《规则》第 114 条将无法通知的情形限定在：被监视居住人无家属的；与其家属无法取得联系的；受自然灾害等不可抗力阻碍的。在司法实践中，侦查机关不能以"通知家属可能有碍侦查为由"拒绝通知家属，不通知只能限定于规定的三种情形。由于一些检察机关未能及时通知，导致犯罪嫌疑人家属向公安机关报案失踪，引起了不良的社会反响，在实践中应尽量避免。

家属在得到通知后，可以向人民检察院申请取保候审。人民检察院应当根据《规则》第 83 条规定的情形审查后在 3 日内作出是否同意的答复，并说明理由。家属认为检察机关对于被指定居所监视居住人所作出的适用决定存在违法情形的，可以向作出决定的检察机关的侦查监督部门提出控告或者举报，人民检察院应当受理。《刑事诉讼法》第 33 条规定："犯罪嫌疑人自被侦查机关第一次讯问或者采取强制措施之日起，有权委托辩护人。"因此，辩护人认为人民检察院及其工作人员存在以下违法情形的，也可以向上一级人民检察院的控告检察部门提出申诉或者控告：（1）未依法告知嫌疑人有权委托辩护人的；（2）未转达被监视居住的嫌疑人委托辩护人要求的；（3）在规定时间内不受理、不答复辩护人提出的变更强制措施申请或者解除强制措施要求的；（4）违法限制辩护律师同被监视居住人会见和通信的；（5）在执行指定居所监视居住 24 小时以内没有通知被监视居住人家属的。但对于指定居所监视居住来说，《刑事诉讼法》第 37 条规定，对于特别重大贿赂犯罪案件，在侦查期间辩护律师会见在押犯罪嫌疑人，应当经侦查机关许可。

从前程序的有关规定看，立法机关已经将控辩双方在权力与权利之间的博弈进行了精巧的制度设置，任何一方都不具有压倒性的制度优势。在现有的制度构架下，侦查机关只有更加严格遵循程序要求、规范取证行为，才能确保收集到的证据在非法证据排除规则面前不会遭受非难。

（二）指定居所监视居住的执行

1. 执行的主体

《刑事诉讼法》第72条规定："监视居住由公安机关执行。"但在监视居住的具体执行过程中，公安机关对于检察机关决定的监视居住并不愿积极配合执行，经常以检察机关自身配置有司法警察为由搪塞，交由公安机关勉强执行的效果也并不理想，最终检察机关还得花很大精力监督执行甚至参与共同执行才能保证预期效果。实践中的执行困境在于公安机关在维稳压力之下的警力捉襟见肘，公安机关如何协调警力、配置警力参与指定居所监视居住也未出台内部章程。而且指定居所监视居住需要花费相当多的经费，这些资金来源如何解决缺乏相关法律规定。尤其对于检察机关自侦的案件，公安机关在自顾不暇的情况下更无法投入足够的人力、时间、财力为检察机关做嫁衣。如果在指定居所监视居住过程中出现犯罪嫌疑人的人身安全问题、案情泄露问题，公安机关更要承担相当的责任风险。尽管立法的目的在于公检之间的相互监督、相互制约，从而保证良好的执行效果。但从现阶段的实践反馈来看，执行主体的相关配套制度比较缺乏，还需进一步完善。

2. 执行中的细节规范

为了防止将指定居所监视居住演变为看守所之外的羁押，在执行期间最为重要的是要做到"住审分离"。"住审分离"有两层含义：第一，不得在指定的居所进行侦查讯问。居所主要承载着每天对犯罪嫌疑人结束侦查后的饮食和休息功能。因此，居所一般安排指定的宾馆。从C市某区的适用来看，该区检察机关在辖区内挑选了两家条件较好的宾馆进行长期合作，这些宾馆在接到检察机关通知后会提前将房间内的安全设施布置好。监视居住期间必须全程同步录音录像并予以保存，以备侦监、公诉和法庭审查，防止犯罪嫌疑人及律师指称刑讯逼供。第二，负责侦查讯问的人员不得进行监管，执行监管的人员不得进行侦查讯问。从指定住所押解到办案地点可由检察机关司法警察负责执行。

3. 执行中的权利保障

指定居所监视居住在执行中必须严格保障犯罪嫌疑人的诉讼权利。总的来说，犯罪嫌疑人在监视居住期间享有法律帮助权、会见权、通信权。犯罪嫌疑人在被指定居所监视居住期间可以提出委托辩护人以及申请法律援助的请求，检察机关在收到请求后应当在 3 日内将材料转交相应机构，并通知犯罪嫌疑人的监护人、近亲属或者其委托的其他人员协助提供有关证件、证明等相关材料。

但是，犯罪嫌疑人享有的会见权在指定居所监视居住期间是受到限制的。对于特别重大贿赂犯罪嫌疑人的辩护人提出会见请求的，人民检察院侦查部门应当提出是否许可的意见，在 3 日内报检察长决定并答复辩护律师。如果有碍侦查的情形消失后，人民检察院应当通知执行监视居住的公安机关和辩护律师，辩护律师可以不经许可会见嫌疑人。如果律师在侦查终结前提出会见请求，侦查机关则应当许可。因为一般在侦查终结之前，由于侦查成本问题，强制措施一般会由指定居所监视居住变更为逮捕，律师会见则应适用逮捕期间的会见规定。但如果仍然延续指定居所监视居住措施，这时律师也能进行会见。总之，立法精神在于此期间的会见有所限制，但律师至少可以会见一次犯罪嫌疑人。一方面保障了犯罪嫌疑人会见权的实现，另一方面侦查机关也可以根据侦查进度灵活安排。

同样，在指定居所监视居住期间，犯罪嫌疑人的外出权也是受到限制的。但不管是否能够外出，根据《规则》第 117 条规定，检察机关都可以根据案件具体情况，对犯罪嫌疑人采取电子监控、通信监控、不定期检查等方法对其是否遵守相关规定进行监督。

（三）指定居所监视居住的变更

刑事诉讼程序的功能在于惩罚犯罪和保障人权。当刑事诉讼在运行中遭遇到来自行为人和犯罪事实两个方面阻抗时，司法机关就有权采取强制措施来化解阻抗。阻抗的力度不同，相对应的强制措施力度也不同，因此强制措施之间存在相对性，这也是强制措施可以变更的学理基础。指定居所监视居住的变更存在侦查机关主动变更和犯罪嫌疑人等抗辩方人员申请变更两种情形。《规则》第 112 条规定了针对指定居所监视居住的定期必要性审查制度，人民检察院侦查部门应当自决定之日起每两个月对其适用进行必要性审查，没有必要继续指定居所监视居住或者案件已经办结的，应当变更或者解除。从监督的有效性和对等性考虑，笔者认为负责审查的侦查部门应当是作出决定的上一级检察机关为宜。另外，犯罪嫌疑人及其法定代理人、近亲属或者辩护人认为不再具备指定居所监视居住条件的，也有权向人民检察院申请变更强制措施。人民检察院应当在 3 日内作出是否变更的决定并说明理由。从 C 市某区检察机关的适用来看，有 5 名犯罪嫌疑人最终转为逮捕措施，有一名犯罪嫌疑人转为取保候审措施。

三、适用指定居所监视居住的目的与效果

（一）指定居所监视居住的适用目的

由于指定居所监视居住具备对侦查的强大保障和对嫌疑人的强大控制力，从而不仅能缓解羁押，更有利于侦查机关灵活运用侦查谋略推进案件进程。具体来说，适用指定居所监视居住有以下目的。

1. 深挖犯罪事实

由于现阶段职务犯罪案件窝串案居多，并以双罪名甚至多罪名的发案态势迸发。在贿赂犯罪中，一个行贿人通常不止向一个受贿人行贿，而一个受贿人通常也不止接受一个行贿人的行贿，具备深挖犯罪，扩大战果的事实基础。并且，法律规定在强制措施期间不得中止对案件的侦查，所以在指定居所监视居住期间，检察机关对于犯罪嫌疑人可以继续采取侦查措施，既可以强化外围取证，也便于对犯罪嫌疑人进行全方位审讯，尽最大可能地查办窝串案。

2. 印证犯罪事实

当犯罪嫌疑人还未交代出侦查机关所掌握的犯罪事实时，指定居所监视居住的时间保障就为这样的侦查印证打下了坚实的基础。在贿赂案件中，印证犯罪事实对于侦查机关来说具有两层含义。一是通过犯罪嫌疑人确认犯罪事实真实存在，即通过行贿（或受贿）嫌疑人来印证受贿（或行贿）已经

交代的犯罪事实。二是通过犯罪嫌疑人判断犯罪事实是否真实存在。在侦查实践中，侦查机关不能偏听偏信行贿或受贿一方的言辞，而是应在比较双方供述之后判断犯罪事实是真实存在还是子虚乌有。C 市某区检察机关针对陈某涉嫌受贿罪而对其适用指定居所监视居住，就在于 3 名行贿人已经向检察机关如实交代了向其行贿 50 万元的犯罪事实，而陈某并未配合当地检察机关而被异地管辖，进而对其适用指定居所监视居住来印证犯罪事实。

3. 保障侦查程序

在查办窝串案件中，适用指定居所监视居住还能够排除不必要的干扰，保障侦查程序。在彭某涉嫌徇私枉法罪一案中，C 市某区检察机关对彭某适用指定居所监视居住，就在于彭某是本案中的关键行为人，参与了整个犯罪过程。由于彭某到案后认罪态度好，主动供述犯罪事实，侦查机关决定不对其适用逮捕措施。但由于其他涉案人员并未到案，若适用取保候审，极有可能发生串供毁证的情形。对彭某适用指定居所监视居住，既避免了同案人员间的攻守同盟，也震慑了其他涉案人员，使得该案得以顺利侦破。

（二）指定居所监视居住的适用效果

修改后刑事诉讼法刚出台时，不少学者出于对侦查权扩张的警惕心理，委婉表达了对指定居所监视居住"要不得"的某种担忧。因此，除了在适用该措施时必须严格遵守法律规定，防止出现风险事故外，指定居所监视居住的适用效果也从侧面证明了其应当具有的合法性和合理性。从 C 市某区检察机关的适用效果来看，孙某、李某、戴某、张某等行贿人在指定监居期间更加深刻地认识到其所涉嫌罪行的社会危害性，分别供述了向数名甚至数十名官员行贿的犯罪事实，并检举揭发其他人员所涉嫌的犯罪事实。从这样的效果来看，尤其是在刑事诉讼法规定的传唤时间过于短暂和纪检监察权力逐步收紧的背景下，指定居所监视居住将不可避免地承载着更大的反腐败重任。

四、指定居所监视居住的制度完善

（一）健全保障执行的工作机制

由公安机关执行检察机关自侦案件的指定居所监视居住事实上处于一种

柔性违法的局面，即公安机关可以执行，但却绝对不愿意执行，检察机关因为公安机关的态度和案件的保密性，也更倾向于自我执行。美国著名学者弗里德曼认为："要使刑事司法变得有意义就要求我们严肃考虑它的成本问题。"① 因此，破解执行主体的难题需要完善相关的配套制度。一方面，在法律规定的框架内，要坚持由公安机关作为执行的主体。另一方面，既然指定居所监视居住作为修改后刑事诉讼法所规定的国家司法机关主动追诉犯罪所采取的强制措施之一，执行相关费用应当由国家财政统一负担，对公安机关执行监视居住的经费进行专项拨款。公安机关应将执行监视居住作为一项重要工作内容进行研究部署，明确规定相关部门和人员的职责，并将执法情况纳入考核，同时，要配备必要的监视器材和设备。同时，检察机关可以派出司法警察对公安机关的执行进行监督，防止出现安全风险和泄密风险。各级人大要把监视居住执行情况纳入工作监督范围，督促相关部门落实有关法律和政策规定。

（二）合理解释适用对象条件

《规则》对于可以适用指定居所监视居住的对象给出了三个基本条件，除了贿赂犯罪金额达到 50 万元，情节恶劣的，还有"具有重大社会影响""涉及国家重大利益"两个可以选择适用的条件。在常识、常情、常理以及相关刑事政策的指导下合理合法的界定，对于合理限制侦查机关的自由裁量权，防止侦查机关主观恣意解释是大有裨益的。

值得注意的是，最高人民检察院将"造成恶劣社会影响"作为滥用职权罪的立案标准之一。就严重程度来讲，"恶劣"肯定比"重大"所引发的影响要大。但两者的侧重点不同。"恶劣"侧重于公众对于滥用职权所爆发的民愤，而"重大"侧重于整体层面，重大的社会影响是具有全方位影响力的，涉及诸多的社会制度领域。从长远发展的角度来看，滥用职权造成的影响一般存续较短的时间跨度，而贿赂犯罪所造成的影响则在于对社会主义市场经济的公平性、有序性产生巨大的破坏力，进而损害党和政府的公信力，最后瓦解整个制度的根基。因此，字面上看，"重大"虽然没有"恶

---

① ［美］弗里德曼：《经济学语境下的法律规则》，杨欣欣译，法律出版社 2004 年版，第 271 页。

劣"程度重，但立法机关乃至整个国家都已经意识到了贿赂犯罪的真正危害性。但对重大社会影响的学理解释不应该过于泛化，否则将违背指定居所监视居住的审慎适用原则。笔者建议，重大社会影响可以界定在社会民生和经济建设领域。民生领域应该主要限制在涉及发生在群众身边，涉及群众切身利益的征地拆迁、企业改制等领域。当出现以下情形时，可以视为重大社会影响：（1）涉案金额虽未到 50 万元但导致群众长期举报的；（2）涉案金额虽未到 50 万元但导致群众因此自伤自残的；（3）涉案金额虽未到 50 万元但导致群体性事件发生的；（4）涉案金额虽未到 50 万元但被媒体、网络曝光，引起社会恶劣反响的。就经济建设来说，应当重点关注贿赂犯罪高发的房地产、金融、工程建设等高风险行业。在这些领域，贿赂犯罪与滥用职权罪通常呈现并发态势，官员在收受贿赂后往往滥用职权，导致危害后果发生。比如，某官员在造桥工程建设中收受贿赂 10 万元，违反招投标规定擅自将工程包给某资历不够的企业承建，最终导致大桥垮塌，造成人员伤亡。所以，涉案金额未到 50 万元但给政府造成巨大损失或严重损害政府形象的同样也可以适用。

对于"涉及国家重大利益"，笔者亦认为不能做扩大化的学理解释。因为任何一起贿赂犯罪都将导致国家利益受到损失，有短期损失也有长期损失，有轻微损失也有重大损失，有间接损失也有直接损失。因此，"涉及国家重大利益"的界定，一方面应为国家利益受到重大损失，另一方面则是涉及国家安全。如官员在收受贿赂后以低价变卖国有资产，使得国家蒙受巨大损失的，即便贿赂金额未到 50 万元，也可以适用；某官员在收受贿赂后向间谍人员、境外情报人员出卖国家商业秘密、重大经济政策以及尚未公开的科学技术等情形的，不管主观是否明知，只要客观上收受贿赂并造成了国家安全风险的，即可以适用。这里涉及针对犯罪嫌疑人的管辖问题，但无论是检察机关还是国家安全机关管辖，都不会影响指定居所监视居住的适用。

（三）建立执行期间的附条件外出制度

修改后《刑事诉讼法》第 75 条规定，被监视居住的犯罪嫌疑人、被告人未经执行机关批准不得离开执行监视居住的处所，未经批准也不得会见他人或者通信。在司法实践中，侦查机关对于被监视居住的犯罪嫌疑人监控一般不会过于严格，但对于指定居所监视居住的犯罪嫌疑人会非常严格。事实上，由于法律的规定比较绝对和模糊，犯罪嫌疑人在这期间的外出、会见和通信仅仅存在理论上的可能。但在国外，相关的法律就比较清晰。比如《意大利刑事诉讼法典》第 284 条规定：在实行住地逮捕的决定中，法官规定被告人不得离开自己的住宅、其他私人居住地、公共治疗场所或辅助场所。在必要时，法官限制或者禁止被告人与其他非共同居住人或非扶助人员进行联系。如果被告人不能以其他方式满足基本的生活需要或者陷入特别困难的境地，法官可以批准他在白天离开逮捕地，在严格的时间限度内设法满足上述需要或者进行有关工作。① 《法国刑事诉讼法典》第 138 条也提到了相关措施："只有在符合预审法官或者负责释放与拘押事物的法官限定的条件与理由的情况下，才能离开住所或离开预审法官规定的居所。"如果要外出，也"不得前往某些特定场所或者仅能前往预审法官或者负责释放与拘押事物的法官规定的场所"②。

笔者认为，对于指定居所监视居住分化出的侦查功能，应当更加灵活地将一些侦查策略融入其中。因此，应当构建一种指定居所监视居住的附条件外出制度，即犯罪嫌疑人和侦查机关达成协议，在外出办理完有关个人事务之后回到讯问场所必须配合侦查机关完整交代犯罪事实。实际上这种附条件并非要文字或口头协议才能完成，有时更多地存在于社会情理之中。比如说犯罪嫌疑人母亲病重即将离世，家属告知侦查机关后，侦查人员即可对之动之以情、晓之以理，允许在监管人员陪同下见其母亲最后一面。即使限制见面时间和见面对象，这时所取得的侦查效果将远比书面协议或者口头协议要好得多，犯罪嫌疑人对侦查机关的顾虑、猜疑将迅速转变为感恩、信任。若在犯罪嫌疑人遭遇紧急状况时，侦查机关仍不批准，尽管于法有据，但此时其心理状态可能会急剧转变，既有可能推翻之前供述，亦有可能一语不发，形成侦查僵局。

在具体实践中，如何把握犯罪嫌疑人外出的情形和条件，应结合侦查形

---

① 黄风译：《意大利刑事诉讼法典》，中国政法大学出版社 1994 年版，第 96 页。
② 罗结珍译：《法国刑事诉讼法典》，中国法制出版社 2006 年版，第 131～132 页。

势、犯罪嫌疑人心理与社会舆论综合研判。但侦查机关必须把握制度底线，即附条件外出适用的前提是不得为取得侦查效果而用法律没有规定的利益来引诱，不得以违背社会伦理、职业伦理、家庭伦理的方式来欺骗。

（四）完善执行变更制度

合理合法的变更必须准确把握"没有必要"和"不具备指定居所监视居住条件"两个前提条件。笔者认为，这两个前提条件实质都是在表述适用情形的消失，应统一起来分析。第一，符合《规则》第 121 条规定再次犯罪、自杀逃跑、毁证串供、打击报复的 4 种情形的，应当转为逮捕；符合第 121 条违反批准规定，擅自外出、通信以及传讯不到案三种情形的，可以转为逮捕。需要予以逮捕的，可以先行拘留。在司法实践中，这一规定具有重要的现实意义。因为侦查机关可能对于犯罪嫌疑人所涉及案情的深度及广度出现误判，但最终证明只涉及嫌疑人所供述部分的犯罪事实，此时指定居所监视居住不具有侦查功能，应当转为逮捕。但由于之前侦查机关并未及时报请逮捕，所以这期间必须存在缓冲期。对于特别重大贿赂犯罪嫌疑人一般也不能采取取保候审，此时就只能先行拘留来等待逮捕决定。第二，《规则》第 125 条规定监视居住期限届满或者发现不应该追究刑事责任的，应该变更或者解除。不应当追究刑事责任则意味着侦查机关可能出现了侦查错误，《规则》第 619 条第 1 款作出了详细说明："案件证据发生重大变化、不足以证明有犯罪事实或者犯罪行为系犯罪嫌疑人所为的。"这时应当及时纠错，防止冤假错案发生。第三，犯罪嫌疑人刑事责任可能出现变化的，可以变更。《规则》第 619 条第 2 款规定："案件事实或者情节发生变化，犯罪嫌疑人可能被判处管制、拘役、独立适用附加刑的。"也就是说，这个时候犯罪嫌疑人已经不符合逮捕的条件，作为替代措施的指定居所监视居住也不应再适用。

笔者认为，上述的三种变更情形都能找到现实的法律依据，属于法定变更。但根据侦查工作的客观规律，也存在自然变更的情形。在犯罪嫌疑人的剩余犯罪事实已经查清、行受贿双方口供一致以及根据侦查形势将犯罪嫌疑人脱离侦查部门控制不至于干扰侦查的，这时也应当变更指定居所监视居住为逮捕。在成本与风险收益原则的指导下，这属于"没有必要"的解释范畴。

（五）合理进行国家赔偿

由于国家赔偿法只将超期刑拘和逮捕在决定撤案、不起诉或者法庭宣判无罪，终止追究刑事责任的情形纳入了赔偿范围，因此针对监视居住是否应该赔偿一直是学界争论的焦点。就现阶段来看，对错误适用指定居所监视居住进行国家赔偿的主张居多，一方面在于这期间犯罪嫌疑人的人身自由受到了限制，另一方面在于指定监视居住同样要折抵刑期，不可避免地要产生"标签"效应，即便犯罪嫌疑人最终未被追究刑事责任，这样的"污名"也将长期伴随其左右，这将对个人生活造成重大影响。但笔者认为，由于指定居所监视居住具有克服侦查决策的有限理性而降低决策风险、优化侦查结构的功能，若将其与逮捕的后果等同视之，这种优势功能将大为降低，立法者所追求的刑事诉讼动态平衡将发生动摇。

从阶段性来看，指定居所监视居住不同于逮捕的除了自由限制程度不一致外，还存在双方对抗博弈的程度差异。犯罪嫌疑人在该阶段对于侦查机关的对抗性显然大于逮捕之后。再加上证据要求不如逮捕严格，侦查机关在此阶段对于局势的掌控能力相对较弱，不同的强制措施适用错误导致的国家赔偿理应有所区别。这也是笔者认为应构建合理的国家赔偿的理论依据所在。因此，对于错误适用指定居所监视居住是否赔偿，应当根据控辩双方是否有主观过错来界定。第一，犯罪嫌疑人的过错不宜赔偿。主要情形包括：犯罪嫌疑人在拘传期间故意编造伪供、胡乱检举，导致侦查机关需要长时间查证而对其适用指定居所监视居住的；故意夸大犯罪事实误导侦查机关而被适用指定居所监视居住的。第二，侦查机关的过错应当赔偿。主要包括以下情形：一是超过法定期限而未变更或解除的，超出期限应当赔偿；二是侦查终结后撤案、审查起诉之后不起诉以及法院宣判无罪的。而且由于指定居所监视居住的强制性并未达到逮捕的程度，在刑期折抵上也是两天折抵一天，笔者建议赔偿应当参照逮捕标准折半赔偿。

羁押必要性审查的问题与对策

秦　靖

2012 年修改后的刑事诉讼法进一步限制了逮捕强制措施适用条件，规定了检察机关捕后羁押必要性审查制度，以期降低羁押率。然而该制度运行一年来，并没有起到预期效果。据统计，某分院辖区 2010 年批捕率为 80.15%，2011 年为 76.3%，2012 年为 82.09%，2013 年为 88.3%。新法运行以来，批捕率不仅没有下降反而有所上升，印证了立法对逮捕条件进一步严格限制并没能解决实际逮捕率过高的问题。羁押必要性审查既是对逮捕条件的再次审视，也是对现阶段刑事诉讼中的"情事变更"导致羁押是否具有"正当性"进行审查。据统计，2013 年度某分院辖区共办理捕后羁押必要性审查案件 91 人，仅占批捕总人数的 1.35%，羁押必要性审查案件办理之少远不足以降低逮捕导致的羁押率。审查后变更羁押措施的占总数的 90%，说明大部分启动审查的案件都随着诉讼进程丧失了羁押的必要性。在启动审查并已经处理完毕的 81 人中，判处 10 年以上徒刑的仅占 1.2%，判处 3 年及其以下刑罚和未作刑事处罚的占 93.8%，启动审查的案件绝大部分被判处了轻刑，印证了该制度存在的必要性和重要性。羁押必要性审查制度应对逮捕导致的羁押率明显力不从心，有其深层次、多方面原因，以下将逐一分析，并提出解决对策。

一、羁押必要性审查的启动

（一）羁押必要性审查启动难

在启动的 91 件案件中，应申请启动 64 件，占总数的 70.3%；应职权启动 27 件，占总数的 29.7%。侦监与公诉启动方式主要是应申请，分别占其启动案件的 100%、85%，监所两种启动方式较为均衡，主动启动和应申请启动分别占 41%、59%（见表1）。总体上看，应申请启动远超过应职权启动。从启动环节上看，监所在各个环节均有启动，公诉、侦监集中在各自办案环节，公诉在审判阶段未启动（见表2）。

表 1 羁押必要性审查启动方式

启动方式	侦监	公诉	监所	监所转业务部门①	合计
主动启动	0	2	17	8	27
依申请启动	25	11	24	4	64

表 2 羁押必要性启动环节

部门	侦查阶段	起诉阶段	审判阶段
侦监	34	0	0
公诉	0	16	0
监所	17	20	4

《人民检察院刑事诉讼规则（试行）》（以下简称《诉讼规则》）第616条和第618条规定羁押必要性审查启动有两种方式：一是应申请启动。由于应申请启动时要求申请人提供相应的证据材料，而在移送审查起诉前关键性证据材料在侦查机关处，申请人客观上难以获取与案件有关的证明材料。其次，是否启动的程序性决定权在检察机关，司法实践中有的检察机关从程序上增加了羁押必要性制度启动的难度，如将申请取保候审作为前置程序，要求申请人向有关机关先申请取保被拒绝后才启动羁押必要性审查程序；向检察机关申请取保被拒绝后，再以同一事实、理由申请羁押必要性审查的不予

---

① 监所转公诉部门处理3件，转侦监部门处理9件。

受理。有的检察机关制定的内部规定，限制了羁押必要性审查的启动条件，① 如规定故意伤害、交通肇事等未积极赔偿或者未取得被害人谅解的不予受理，增加了程序启动的难度。二是依职权启动，由于立法没有规定何种情况下检察机关应当启动羁押必要性审查，导致依职权启动程序的非常少。究其原因在于：就检察机关而言，对同一案件既批准或者决定逮捕，又变更强制措施，有损检察机关决定的权威性；就对外关系而言，基于长期工作协作关系，为了方便侦查机关办案，检察机关往往不会主动启动监督程序；就个人而言，一旦启动程序，不仅要调查、写报告增加了工作量还需承担变更强制措施的风险。

（二） 明确羁押必要性审查启动条件

首先应构建以职权型主动审查为主、监督型被动审查为辅的审查模式，其次要出台统一规定，明确检察机关应当启动审查的时间、条件。

1. 规定对羁押必要性定期复查

定期复查的时间间隔各国规定有所不同，一般在半个月至 3 个月之间。如荷兰、卢森堡等国家的审前羁押期限为 1 个月，如果到时未能交付审判，需要延长期限的，须由司法委员会审查决定，每次决定可以延长 1 个月。芬兰审前羁押定期复查时间间隔为 14 天。② 德国审前羁押定期复查为每 3 个月一次。我国澳门特区也是 3 个月。③ 侦查阶段检察机关批捕和其后的每次延期批准即是对羁押必要性进行审查，为了避免重复审查和司法资源的浪

---

① 如某基层检察院出台的《羁押必要性审查工作办法》规定，对于下列情况不予进行羁押必要性审查：（1）可能判处死刑、无期徒刑、10 年以上有期徒刑刑罚的；（2）危害国家安全的案件；（3）涉黑涉毒案件；（4）曾经故意犯罪被判处徒刑以上刑罚或身份不明的；（5）犯罪集团的首要分子、主犯或同案犯被羁押，且情节严重的；（6）故意伤害、交通肇事等有被害人的案件中，未积极赔偿，或者未取得被害人谅解的；（7）有证据证明有串供或毁灭证据、实施打击报复，或者有自杀或逃跑可能性的；（8）因违反取保候审、监视居住规定而被逮捕的；（9）不继续羁押可能影响社会稳定的。

② 参见房国宾：《审前羁押定期复查制度——透视与前瞻》，载《前沿》2010 年第 5 期。

③ 德国《刑事诉讼法》第 117 条规定：嫌疑人、被告人在被连续羁押满 3 个月后，如果既没有就审前羁押问题提出抗告，也没有提出司法复审申请，且没有辩护人帮助，法院必须依职权就审前羁押的合法性进行一次司法复审。若审前羁押超过 6 个月，如有侦查困难等特殊原因尚不能交付判决，而法院认为有必要继续羁押，或检察机构要求继续羁押的，则管辖该案的法院应通过检察机构将案卷移送至州高等法院，由其进行复查。

费，可以将羁押必要性复查时间点附着于每个导致羁押期限延长、诉讼环节变动的节点上主动审查。侦查机关逮捕后有 2 个月侦查期限，之后侦查机关还可以延长 1 个月＋2 个月＋2 个月，检察机关可以在批准逮捕后每次侦查机关申请延长期限时进行复查，对于侦查机关其他延长、重计、中止计算办案期限导致羁押期限延长的也应当进行审查。进入公诉环节后，公诉部门审查起诉期限为 1 个半月，可以退侦 2 次，公诉部门审查可以采取事前、事中、事后审查相结合的方式。初次审查可在受理案件后第一次讯问犯罪嫌疑人时；事中审查在退侦时进行，如果未退侦则不需要；提起公诉时应当审查，因为提起公诉时证据已经形成、绝大部分社会危险性已经排除、可能判处的刑期已经有了初步判断。

2. 规定应当启动审查的特殊事项

出现羁押期限届满、被羁押人身体不适合继续羁押、有新的证据证明被羁押人无犯罪事实、羁押超过合理期限、超期羁押等可能涉嫌违法羁押时应当启动审查。2014 年 3 月最高人民检察院下发的《人民检察院侦查监督部门开展捕后羁押必要性审查工作的意见（征求意见稿）》第 4～5 条还规定了侦监应当启动审查的几种情形：（1）被羁押方申请，说明不应羁押的理由，提供相关证据材料；（2）监所检察部门提出羁押必要性审查建议的；（3）审查逮捕时对是否具有社会危险性有争议的；（4）捕后当事人之间可能达成刑事和解的；（5）犯罪嫌疑人系未成年人或者在校学生、年满 75 周岁的老年人，可能判处 3 年有期徒刑以下刑罚的；（6）捕后因法律、案件事实、证据发生重大变化，致使原所具备的逮捕条件可能发生变化，不再适合继续羁押的。应当审查启动的特殊事项，应根据业务部门的实际情况，予以具体规定。

3. 针对当事人申请时是否启动羁押必要性审查的问题

申请取保候审和羁押必要性审查是法律赋予当事人的一项救济权利，当事人有选择的自由，不能将取保候审作为申请羁押必要性审查的前置程序，同时赋予检察机关自由裁量权，如果申请理由是属于法律规定应当启动的类型，则必须启动，否则根据实际情况决定是否启动审查，避免权利滥用导致司法资源浪费。

二、羁押必要性审查的主体

（一）羁押必要性审查系多头审查、自我审查

通过对某分院辖区 2013 年度办理的 91 件羁押必要性审查案件分析可知，侦监、监所办理的羁押必要性审查案件较多，分别占总数的 37%、45%，公诉较少仅占 18%；从变更率上看，监所启动审查后，变更率达到了 100%，侦监次之，公诉最少（见表 3）。出现上述问题与目前羁押必要性审查权力配置有关。《诉讼规则》第 617 条规定了侦监、公诉分段审查与监所全程审查，由于侦监、公诉、监所均有权办理羁押必要性审查案件，由于审查主体多元化导致重复审查、交叉审查现象出现。监所与侦监、公诉职能重合，当部门意见冲突时如何解决，申请人先后向不同部门申请时，前一个部门的决定效力如何，监所是享有实体审查权还仅仅是提请权与监督权等问题没有明确。

表 3　羁押必要性审查主体与审查结果

办理部门	办理总数	处理结果		
		维持羁押	变更强制措施	变更率
侦监	34	4	30	88%
公诉	16	5	11	69%
监所	41	0	41	100%

虽然《诉讼规则》已经明确了公诉、侦监、监所作为不同诉讼阶段的羁押必要性审查主体。但对于羁押必要性审查主体应当如何配置一直存在争议，第一种观点认为，根据检察机关内部职权分工，侦查监督部门主要履行审查批捕的职能。在批准逮捕之后对羁押的必要性进行审查，实质上是批捕职能的延伸和继续。因此，由检察机关审查逮捕的部门从事对羁押必要性的审查，是顺理成章的职责延伸。[①] 第二种观点认为，公诉部门应当承担起羁

[①] 卞建林、李晶：《刑事诉讼法律监督制度的健全与完善》，载《国家检察官学院学报》2012 年第 3 期。

押必要性审查义务。第三种观点认为，第 93 条捕后羁押必要性审查工作涵盖了捕后侦查、起诉、审判阶段的诉讼活动全过程。只有监所部门可以全过程、不留空白地开展羁押必要性审查工作。实践经验表明，选择监所部门作为第 93 条羁押必要性审查主体，是在现有职权体系中落实第 93 条的唯一可行方案。① 第四种观点认为，可以由相关部门联合进行羁押必要性审查。如侦查终结前的羁押必要性审查，可由侦查监督部门会同监所检察部门承担。②

（二）羁押必要性审查主体的完善

审查主体的确立对于审查程序的运行和审查效果如何具有至关重要的意义。对羁押必要性采取司法审查模式是国际通例，其实质是将羁押的合法性、正当性、必要性提交中立的司法机构（主要是法院，也有检察机关）持续审查，尽快释放不必要羁押的犯罪嫌疑人或者适用羁押替代措施。基于我国司法体制、司法传统不同，由法院作为审查主体的模式并不适用。立法规定了应职权启动和应申请启动两种模式，应职权启动实质是自我审查、自行监督，因此可以由承办部门自行负责。对于应申请启动，在现有制度框架下，为保障审查主体的相对中立性、独立性，有两种模式可以考虑：一是规定由监所独立审查。反对监所作为审查主体的认为："诉讼监督职能只有由参与诉讼的机关承担，才能节约司法资源，增强监督效果。"③ 监所业务不熟、信息掌握不全面，可能导致监督无效。这种担心是可以解决的，目前全国检察机关都搭建了案件集中管理信息平台，为监所获取信息提供了便利条件，至于监所人员业务水平问题更是可以通过内部人员调配来解决。监所监督职责决定了其对羁押必要性审查具有内在动力，不负责办理具体案件又能保持相对中立性，这种中立的身份和内在的动力是侦监、公诉部门所不具有的，司法实践中监所启动审查案件数量和变更数量都远超过侦监、公诉部门

① 李娜：《修改后〈刑事诉讼法〉实施迫近　第 93 条履职主体仍存争议，专家表示监所检察审查羁押必要性可解"一押到底"》，载《法制日报》2012 年 7 月 19 日。
② 张伯晋：《如何应对〈刑事诉讼法〉修改对诉讼监督的新挑战》，载《检察日报》2012 年 6 月 22 日。
③ 朱孝清：《检察机关集追诉与监督于一身的利弊选择》，载《检察日报》2011 年 1 月 21 日。

印证了这一事实。通过赋予监所实质性的审查决定权，可以达到制约监督其他办案机关和内部办案部门不正当羁押的目的。二是上提一级审查模式。由业务部门对应的上级机关业务部门应申请负责审查，上级业务部门有指导和监督职能，不具体负责办理案件，可以保持相对中立性，应职权审查仍由下级业务部门自行启动。但对于职侦案件已经上提一级审查的仍然存在同样的中立性问题。

三、羁押必要性审查标准

（一）羁押必要性审查标准多元化、主观化

司法实践中羁押必要性审查影响因素呈现出多元化、主观化的特点，其原因在于目前羁押必要性的判断标准有四种：逮捕条件；取保候审、监视居住条件；《诉讼规则》第 619 条；各地自行制定的指导性意见。审查标准本身抽象化、主观化，审查人员依据不同标准对案件审查，审查人员主观判断不同，加之羁押一直被视为突破案件最便利、最安全的方式，导致羁押必要性审查决定随意性大。

通过对上述 91 个案件的个案分析发现，影响羁押必要性决定因素主要有：（1）证据因素——证据是否固定、犯罪嫌疑人是否如实供述、是否翻供、是否认罪、同案犯是否抓获归案、是否存在串供可能、是否影响诉讼顺利进行等。（2）社会危险性因素——是否因违法或者犯罪行为受过行政、刑事处罚，是否多次犯罪，并以此衡量是否会发生新的犯罪。（3）取保候审条件——是否是外地人，在本地有无固定居所等，是否具有不能继续羁押的疾病。（4）刑罚因素——可能判处的刑罚、主观恶性、自首、立功、初犯、偶犯、犯罪形态等量刑情节因素。（5）社会稳定因素——是否对被害人进行赔偿，取得谅解；防止涉案企业工人闹事等。（6）侦查机关的意见。

通过对羁押必要性影响因素分析发现：（1）"证据收集、防止串供、具有社会危险性、保障诉讼顺利进行" 等带有主观判断性质的法定理由是羁押的主要理由。此外，几乎每个逮捕案件都有 "证据因素"，可见 "以捕代侦"、"以羁押获取口供" 的侦查模式并没有得到转变。据统计 91 件案件中，有 58% 的案件批捕原因考虑了上述理由。经审查后在维持羁押的 9 件

案件中，有 78% 的案件考虑了该因素。（2）由于司法机关参与社会治安综合管理职能的延伸，"逮捕"强制措施附加了促进和解、化解社会矛盾的功能。在 91 件案件中有 14% 的案件批捕考虑了上述因素，但这些案件启动羁押必要性审查后均因达成和解协议变更强制措施。（3）可能被判处的刑罚轻重对衡量是否具有逮捕必要性的影响微乎其微，对是否具有羁押必要性的影响有所提高。在 91 件案件中仅有 13% 的案件逮捕时考虑了该因素，但在维持羁押的 9 件案件中，有 33% 的考虑了该因素。（4）够罪即有社会危险性，对外地人员取保候审风险大、翻供即主观恶性大已成为司法实践的强势推定。91 件案件中有 58% 的案件逮捕时考虑了罪的因素，3.3% 的案件逮捕时考虑了是否是外地人，但没有成为维持继续羁押的影响因素。（5）侦查机关的意见对审查结果具有决定性影响，说明检察机关独立审查、中立审查职能受到质疑。据统计，侦查阶段被维持羁押的 4 件均属于侦查机关以"取证或者社会危害性等原因"不同意变更，占到维持羁押总数的 44%。（6）监所、公诉、侦监变更原因呈现出一定的规律性，监所集中在羁押期限届满等客观的必须变更因素上，侦监与公诉集中在围绕"案件变化"的主观可裁量范畴。（7）即使是罪名、案情、情节相同，判决结果相似的案件，在不同的基层检察院羁押必要性审查的决定也可能不同；同一个检察官也可能因主观偏好不同而对同一案件的不同犯罪嫌疑人引用不同标准作出不同的决定，不排除存在违规变更强制措施和不当维持羁押的案例。总体上看影响逮捕的主要因素是罪与社会危险性，分别占 58%、64%；影响羁押必要性审查决定的主要因素是社会危险性、侦查机关的意见、刑罚，分别占 78%、44%、33%（见表 4）。

表 4　逮捕与审查后维持羁押的因素及其比重分析

逮捕或维持羁押原因	构罪	刑罚	社会危险性（含取证）	刑事和解社会稳定	取保条件（外地人）	侦查机关意见
逮捕共 91 人	53	12	58	13	3	91
比例	58%	13%	64%	14%	3.3%	100%
维持羁押共 9 人	0	3	7	0	0	4
比例	0	33%	78%	0	0	44%

（二）明确羁押必要性审查标准

为了限制国家权力滥用，明确责任便于司法人员的实践操作和运用，避免司法专断，有必要明确羁押必要性审查标准。《刑事诉讼法》第 79 条、《诉讼规则》第 619 条、《关于人民检察院监所检察部门开展羁押必要性审查工作的指导意见（试行）》（征求意见稿）第 10 ~ 11 条，《人民检察院侦查监督部门开展捕后羁押必要性审查工作的意见（征求意见稿）》第 4、5、7 条，《人民检察院审查逮捕质量标准》等从不同角度对羁押必要性标准进行了表述，可以概括为四个方面：罪、刑、社会危险性、其他因素。

1. "罪"即有证据证明构成犯罪

审查逮捕阶段要求"有证据证明有犯罪事实"，审查起诉阶段要求达到"事实清楚，证据确实、充分"，证据具有唯一性能够排除一切合理怀疑。根据情事变更原则，案件事实、证据或者法律发生变化，犯罪嫌疑人、被告人不构成犯罪或不需要追究刑事责任或不可能被判处徒刑以上刑罚，则无须羁押。

2. "刑"的标准

对于刑罚标准有两种模式：一种是以犯罪的性质、情节作为审前羁押适用标准，如法国、德国、美国。另一种是根据可能判处的刑期作为确定审前羁押的依据，并且规定了不同刑期下审前羁押的最长期限，如意大利、西班牙、荷兰。[①] 第二种方式预设了最长未决羁押期限，有利于降低羁押率，为司法审查提供明确依据。我国新刑事诉讼法规定刑罚标准采取的是第二种模式"可能判处徒刑以上的刑罚"，事实上，我国刑法中具体罪名的刑罚设置都包括了"徒刑以上"刑罚，这使得所有侦查的案件都具有判处"徒刑"以上刑罚的可能，将"徒刑以上"与羁押关联起来，客观上扩大了羁押范围，因为刑法中的轻罪也可以被侦查机关视为逮捕条件中的"重罪"。这意味着，逮捕及其羁押的"重罪"适用限制，在立法层面实际是虚置的。[②] 其次，虽然《诉讼规则》第 619 条规定了对于"案件事实或者情节发生变化，

---

① 房国宾、陈忠：《审前羁押标准的解读》，载《西部法学评论》2009 年第 4 期。
② 石经海：《论羁押制度的内核》，载《中国刑事法杂志》2009 年第 2 期。

犯罪嫌疑人、被告人可能被判处管制、拘役、独立适用附加刑、免予刑事处罚或者判决无罪的"，可以提出变更或者释放建议，但该条将刑罚与具体羁押期限的关联性过于抽象且缺乏强制性。根据羁押比例原则，羁押期限应当与所犯罪行、可能判处的刑罚相适应。将羁押期限与可能判处的刑罚直接关联起来，有利于指导检察机关在作出决定时的可预期性。根据司法实践现状可以考虑以审前羁押期限折抵拟判刑期不超过 30% 视为符合程序高效规则，可作如下关联：（1）对可能判处罚金、拘役、管制、缓刑的被羁押人捕后羁押期限不得超过 3 个月；（2）对可能判处 3 年以下有期徒刑的被羁押人捕后羁押期限不得超过 1 年；（3）对可能判处 5 年以下 3 年以上有期徒刑的被羁押人捕后羁押期限不得超过 1 年半；（4）对可能判处 10 年以上有期徒刑、无期徒刑、死缓、死刑的被羁押人捕后羁押期限不得超过 3 年。

3. 社会危险性标准

对新《刑事诉讼法》第 79 条所列举的社会危险性不能主观臆断，必须建立在一定的事实与证据基础上。德国《刑事诉讼法》第 113 条规定，对只判处 6 个月以下剥夺人身自由或者 180 日额罚金以下的行为，不允许根据调查真相困难之虞命令审前羁押；只有在被指控人已经逃避程序一次或者已做逃跑准备，在其法律效力范围内无固定住所、居所，或者不能证明其身份的情况下，才允许以逃亡之虞命令审前羁押。

对"社会危险性"的判断应当审查是否具有相应的证据并在此基础上综合全案进行善意的、合理的推断。司法实践经验表明对下列被羁押人采取非羁押强制措施其社会危险性低：（1）轻微刑事案件的被羁押人，具体是指可能判处 3 年以下有期徒刑、拘役、管制、罚金、免处刑罚或者单处附加刑的被羁押人。（2）主观恶性小、犯罪情节轻微。主要包括初犯、偶犯、过失犯罪、未成年人犯罪，且有中止、未遂、自首、立功等法定、酌定从轻、减轻处罚情节，同时可能判处 5 年以下有期徒刑，具有取保候审或监视居住条件。（3）对于未成年犯罪，本人有悔罪表现，具备监护、帮扶条件，可能判处 5 年以下有期徒刑的。（4）因邻里、亲友纠纷引发的伤害等案件，被羁押人在犯罪后向被害人赔礼道歉、赔偿损失，取得被害人谅解的轻刑事案件。（5）过失犯罪的被羁押人，犯罪后有悔罪表现，有效控制损失或者积极赔偿损失的。（6）案件事实基本查清，证据已经收集固定，符合取保候审或者监视居住条件的。（7）犯罪嫌疑人、被告人实施新的犯罪，毁灭、伪造证据、干扰证人作证、串供、对被害人、举报人、控告人实施打击报复，自杀或者逃跑等的可能性已被排除的。

4. 其他因素

一类是基于人道主义和检察机关参与社会治安管理职能的延伸：（1）犯罪嫌疑人系老年人或者残疾人，身体状况不适宜羁押的；（2）犯罪嫌疑人、被告人近亲属生活不能自理，其系唯一扶（抚）养人的；（3）防止涉案企业职工因拖欠工资闹事等。另一类是立法明确禁止羁押的因素：（1）犯罪嫌疑人、被告人有不适合继续羁押的疾病，或者正处于怀孕、哺乳期不适宜继续羁押的；（2）羁押期限届满；（3）一审刑期届满处于上诉期间。

四、羁押必要性审查的证明规则

（一）羁押必要性审查证明规则不明确

司法实践中，侦查机关仅在提请审查逮捕时需要移送《提请逮捕意见书》和卷宗，有关材料的内容是对罪与刑的证明，缺乏逮捕条件中"社会危险性"的证明，变相地将本应当由公安机关承担的逮捕必要性证明责任转嫁给检察机关证明是否具有羁押必要性。"正是由于我国在立法上没有对逮捕必要性的证明责任问题作出明确规定，导致公安机关轻视、忽视对逮捕必要性相关证据的收集，也令检察机关对逮捕必要性条件的审查陷入无米之炊的尴尬境地，直接影响了逮捕必要性条件的有效适用。"[①] 在决定逮捕时，无须双方举证，检察机关仅作书面审查，并在 7 天内作出决定，检察机关自行收集无社会危险性证据几乎不可能；侦查机关提请延长羁押时只需提供报告一份，检察机关不需要讯问犯罪嫌疑人，仅作形式审查，为了不发生错捕，对侦查机关延期请求几乎有求必应。到了审判阶段，法院延期仅仅是告知检察机关，监督更是无从谈起。应申请启动时，《诉讼规则》规定了被羁

---

① 樊崇义：《公平正义之路——刑事诉讼法修改决定条文释义与专题解读》，中国人民公安大学出版社 2012 年版，第 352 页。

押方应当说明理由，有相关材料的应当提供，相当于将部分证明责任转嫁给了被羁押方，其正当性有待商榷。

（二） 明确羁押必要性的证明规则

羁押必要性论证是一个复杂的证明过程，它本身蕴含了对案件客观情形结合犯罪嫌疑人、被告人具体情形的一种符合目的正当性的主观判断，判断有无羁押必要，通常要根据明示或各种未限制因素的裁量决定。[①] 在明确了羁押必要性审查标准基础上，还要运用证明规则去证明是否符合羁押条件。首先明确证明对象，即具有羁押必要性而非"够罪"。其次，要明确证明责任，侦查阶段的证明责任由侦查机关承担；审判阶段证明责任由审判机关承担；如果申请人申请的，则只需说明理由，对于申请人申请从司法机关调取证据材料的，检察机关应当主动调取。需要提出的是，申请人没有自证的义务，即使是申请人申请启动，证明责任仍在司法机关。最后，规范证明标准。在西方法治国家，羁押必要性证明适用自由心证，其证明标准低于定罪时所需排除合理怀疑或内心高度确信，但作为一项涉及人身自由的强制措施，其证明标准又高于民事诉讼中的优势证据，证明的程度位于这两种标准之间，或可表述为有较大可能性。[②]

五、羁押必要性审查决定的执行

（一） 羁押必要性审查决定执行缺乏刚性

在 2013 年度某分院辖区办理的 91 件羁押必要性审查案件中，检察机关向侦查机关提出建议 47 件，向法院提出建议 4 件，自行变更 31 件（维持 5 件），审查决定均得以执行，表面上看执行并不存在问题，事实上针对侦查机关的建议书均是在征求其意见得到同意后发出的，而侦查阶段维持羁押决定的 4 件，均是由于侦查机关不同意。对法院提出的建议均被采纳，因为建议的内容只有三类：刑期届满、羁押期限届满、被羁押人身体状况不适合继

---

① 陆而启：《论羁押"必要性"》，载《福建公安高等专科学校学报》2005 年第 2 期。
② 曾勉：《中国境遇下羁押必要性审查的难题及其破解——以羁押必要性审查配套制度的构建为中心》，载《政治与法律》2013 年第 4 期。

续羁押，可以说现阶段的羁押必要性审查决定的执行基本靠协商。究其原因在于：《诉讼规则》第 619 条只规定了检察机关具有建议权；第 621 条规定检察机关提出建议，有关机关没有采纳建议的，应当要求有关机关说明理由和依据。要求有关机关说明理由和依据仅是检察机关单方面规定，法院与公安机关未必会遵守，书面说明理由也可以随便以 "办理案件需要、证据收集为由" 予以拒绝，检察机关缺乏进一步的监督措施。检察机关对羁押必要性的建议监督缺乏刚性、执行难，尤其是对法院建议更是一种 "友情提示"，否则会被视为干预法院办案。

（二）强化羁押必要性审查决定执行力

有学者认为："检察机关对诉讼活动的法律监督基本上是一种建议和启动程序权。对诉讼中的违法情况提出监督意见，只是启动相应的法律程序，建议有关机关纠正违法，不具有终局或实体处理的效力。诉讼中的违法情况是否得以纠正，最终还是要由其他机关决定。"[①] 实际上，如果监督权仅仅停留在 "建议" 的层面上，不能发挥制约和监督的功能，反而有被空置的危险。监督权的效力有两种：一种是建议性质的，不具有强制执行力，检察机关诉讼监督绝大部分是建议性质的，以《检察建议书》、《纠正违法通知书》作为监督的载体。另一种是带有执行力的监督，如检察机关立案监督在一定程度上突破了无约束力的 "建议"，具有了强制执行力。检察机关具有批捕、批准延期、撤销错误逮捕决定的权力，是实际的羁押期限决定者而非建议者，该项权力涵盖了整个侦查期间，因此对侦查期间的羁押期限具有决定权是其批捕权的应有之义。建议在程序上强化羁押必要性审查决定的执行力，规定检察机关向侦查机关发出建议书，侦查机关应当回复检察机关，侦查机关不同意变更强制措施且回复理由不成立的，检察机关可以发出《释放通知书》、《变更强制措施决定通知书》，侦查机关收到后应当立即执行，侦查机关对检察机关决定不服的，还可以提请复议和向上级提请复核。

---

① 张智辉：《检察权研究》，中国检察出版社 2007 年版，第 75 页。

六、羁押必要性审查中的权利保障

（一）羁押必要性审查中的权利保障不足

虽然我国《刑事诉讼法》第 93 条规定了检察机关主动对羁押必要性进行审查，第 94 条规定了司法机关依职权变更强制措施，第 95 条规定了被羁押人及其法定代理人、近亲属、被告人有权依法申请变更强制措施。对于羁押救济立法从依职权和应申请两个方面进行救济，表面上与其他国家的羁押救济方式雷同，但实质差异很大。首先，对羁押必要性审查的机关是原逮捕决定机关或者是办案机关，审查人员是原来的办案人员，审查不是一种中立的司法审查而是内部行政化的审查。其次，审查内容、决定的依据无证据支撑，主观性强、缺乏统一的尺度。再次，审查方式是在听取意见基础上的书面审查而非听证式或对抗式的审查，被羁押方在审查逮捕决定程序中处于弱势，在延长羁押的决定程序中更无参与权，仅仅被动地接收延长羁押通知书。最后，对于审查结果，被羁押人只能被动接受，即便申诉也只是从形式上启动了救济程序。

（二）完善羁押必要性审查中的权利保障与救济

首先要保障被羁押方知情权。联合国《公民权利和政治权利国际公约》规定："对被逮捕和羁押的人必须告知逮捕、羁押的理由以及不利于他的任何控告。"因此，无论羁押必要性审查的结果如何，均应以书面方式告知被羁押方结果、依据、理由。其次，保障被羁押人程序参与权。无论是采取书面审查还是听证审查，应当听取被羁押人的意见与理由，保障被羁押方平等参与程序的机会和辩护的权利，被羁押方申请调取证明不具有羁押必要性的证据的，应予以支持。最后，保障被羁押方的程序救济权。经审查维持继续羁押决定的，被羁押方可以申请复议复核，诉讼阶段变化后被羁押方以相同的理由申请羁押必要性审查的，检察机关不能以先前的决定拒绝受理。

七、完善羁押必要性审查配套制度

逮捕率居高不下、非羁押类强制措施效用低、法律规定的诉讼羁押期限容易被滥用、信息交流渠道不畅通等、人手不足也是制约羁押必要性制度功能发挥的外在因素。羁押必要性审查制度功能的发挥除了其制度本身的完善外，还有赖于具体的司法环境和配套制度的完善。首先，要严格对逮捕必要性审查、把好羁押必要性审查的第一道关，逮捕率过高意味着羁押必要性审查的基数越大，必然导致司法资源浪费，而受逮捕措施的制约和对自我否定的排斥，通过羁押必要性审查变更强制措施更加难行。其次，要完善羁押替代措施，提高取保候审、监视居住强制措施的实用性，如流动人口取保候审问题、取保候审后犯罪嫌疑人、被告人逃跑的责任问题等。增强取保候审、监视居住制度的实用性在客观上可以降低羁押率，解决羁押必要性审查的后顾之忧。再次，要建立健全信息共享、联系沟通机制，尤其在以监所作为主要审查部门时，通过案管平台后台的授权与信息共享可以实现监所与业务部门的信息共享，同时要加强内外信息沟通，及时了解案件证据、事实、情节、社会危险性变动情况。最后，应探索可行的、动态的、实时的、可以量化的羁押必要性审查评估机制。

羁押必要性审查工作机制研究

戴 萍 赵 靖

我国 1996 年刑事诉讼法只规定了拘留、逮捕等强制措施适用的条件，而对捕后羁押必要性审查没有作出规定，高羁押率以及超期羁押问题成为社会关注的热点问题。2012 年《刑事诉讼法》第 93 条第一次明确规定了羁押必要性审查，充分体现了刑事诉讼法在尊重和保障人权方面的进步与发展。2012 年 11 月 22 日最高人民检察院颁布了《人民检察院刑事诉讼规则（试行）》（以下简称《刑事诉讼规则》），进一步确立了对捕后羁押必要性的不同主体分阶段审查模式。然而，这两个规范对捕后羁押必要性审查制度的规定原则性较强，没有规定具体的工作机制，可操作性较弱。2013 年 5 月最高人民检察院监所检察厅向各省级监所部门下达了《关于人民检察院监所检察部门开展羁押必要性审查工作有关问题的通知》，对开展羁押必要性审查工作提出了五点要求，并附《关于人民检察院监所检察部门开展羁押必要性审查工作的参考意见》（以下简称《参考意见》），对审查方式、羁押必要性评估机制、相关法律文书及其内容、相关办案单位协调机制、救济途径、考评奖惩机制等方面，给出了具体的指导意见，进一步推动实务部门贯彻落实羁押必要性审查制度相关规定。那么，这一制度在实践中的运行状况如何？存在哪些问题？应当如何完善？本文以西南某区检察院的实践为样本，对这些问题进行探讨，以此就教于各位同人。

一、基本情况

某区人民检察院认真贯彻落实《刑事诉讼法》第 93 条、《刑事诉讼规则》有关羁押必要性审查的规定，按照最高人民检察院发出的《关于人民检察院监所检察部门开展羁押必要性审查工作有关问题的通知》中的要求，驻所检察人员在犯罪嫌疑人、被告人被羁押后及时以书面方式告知其有权向办案机关申请变更强制措施，也可以向人民检察院申请羁押必要性审查。对收到犯罪嫌疑人或其家属向驻所检察室检察人员提出变更强制措施的申请，及时启动羁押必要性审查，并答复申请人处理结果。

自 2013 年 1 月 1 日至 2014 年 3 月 31 日，某区人民检察院共办理了羁押必要性审查案件 51 件 67 人，参照《参考意见》开展羁押必要性审查机制，对办理的案件制作《羁押必要性审查报告》，审查后建议释放或变更强制措施 67 人，分别向某区人民检察院公诉科发出 16 份《对犯罪嫌疑人变更强制措施（予以释放）建议函》，向某区人民检察院职务犯罪侦查局各发出 4 份《对犯罪嫌疑人变更强制措施（予以释放）建议函》，向某区人民法院发出《羁押必要性审查建议书》13 份，向某区公安分局发出《羁押必要性审查建议书》18 份，办案单位收到建议函后及时对犯罪嫌疑人有关情况进行了审查，审查结果认为某区人民检察院建议属实，及时对该犯罪嫌疑人变更强制措施，并通知执行机关，某区人民检察院收到办案单位回复函 51 份。

这 51 件羁押必要性审查案件的成功办理，改变了过去"一押到底"的做法，是对逮捕后羁押必要性审查的大胆尝试，体现了某区人民检察院按照新规范灵活适用强制措施、积极保障人权的执法理念。某区人民检察院在不影响刑事诉讼程序顺利进行的情况下，减少对犯罪嫌疑人不必要的羁押，取得了良好的社会效果和法律效果。

二、审查机制

某区人民检察院按照"案件承办人审查、部门负责人审核、分管检察长审批"的机制开展羁押必要性审查工作，形成了以监所检察部门为主导，侦查监督部门、公诉部门密切配合，按阶段分工负责的审查模式。下文从该院办理的一个典型案例入手，对羁押必要性审查的主体、启动方式、内容和审查判断标准、审查方式、审查后的处理等方面作具体阐述和分析。

2013 年 3 月 14 日，徐某、邓某因涉嫌敲诈勒索罪被某区公安分局刑事拘留，同年 4 月 3 日，某区人民检察院批准对二人进行逮捕，某区公安分局于当日对其执行逮捕，二人羁押于某区看守所。2013 年 4 月 8 日，某区人民检察院驻某区看守所检察室接到某区看守所在押人员徐某、邓某要求变更强制措施的书面申请，随即启动了羁押必要性审查机制并展开调查，收集相关书面材料，并对徐某、邓某进行了讯问，并向其管教民警了解二人在监管期间的表现情况。调查发现：（1）徐某、邓某均系初犯，涉案金额小；（2）该案件事实基本查清，证据已经收集固定，系法定刑在 3 年以下的轻微刑事案件；（3）徐某、邓某被捕后其家属已经全部退还了被害人被敲诈勒索的现金，被害人表示谅解；（4）徐某所在街道出具书面证明，证明其因为离异家庭困难小孩无人照顾；（5）徐某、邓某在被监管期间表现较好。综上，某区人民检察院监所科承办该案的检察人员认为二人符合改变强制措施的条件，没有继续羁押的必要，承办人制作了《羁押必要性审查案件报告》，在报经分管检察长批准后，于 2013 年 4 月 16 日以监所科名义向本院公诉科发出了《对犯罪嫌疑人变更强制措施的建议函》，建议对徐某、邓某变更强制措施，同时移送了相关书面材料。某区人民检察院公诉科办案人员认真审查后，于 2013 年 4 月 19 日决定将徐某、邓某的强制措施变更为取保候审，二人当日释放。

从该案例可以看出，某区院的羁押必要性审查的运行机制包括了如下内容：

（一）审查主体

对于由人民检察院的哪个部门来承担羁押必要性审查任务，理论界的观点主要有三种：一是侦查监督部门；[①] 二是公诉部门；[②] 三是监所检察部门。[③]《刑事诉讼规则》第 617 条确立了以监所部门为主导，其他部门分阶段负责的羁押必要性审查模式，即侦查阶段和审判阶段分别由侦查监督部门

[①] 张兆松：《论羁押必要性审查的十大问题》，载《中国刑事法杂志》2012 年第 9 期；卞建林、李晶：《刑事诉讼法律监督制度的健全与完善》，载《国家检察官学院学报》2012 年第 3 期。

[②] 张青山、曲信奇：《论羁押必要性条件的司法审查模式》，载《法学杂志》2010 年第 5 期；姚红秋、韩新华：《审查起诉环节继续羁押必要性审查机制的构建》，载《中国检察官》2010 年第 6 期。

[③] 刘春兰、张庆宇：《审前羁押必要性审查机制与权利救济研究——以天津市河东区人民检察院为蓝本》，载《中国刑事法杂志》2010 年第 5 期；钱列阳：《羁押必要性审查及律师参与》，载《国家检察官学院学报》2012 年第 6 期。

和公诉部门负责，同时，监所部门在监所检察工作中发现不需要继续羁押的，可以提出变更强制措施的建议。

之所以没有将"法律监督型"羁押必要性审查职责赋予单一部门，是因为侦查机关办案过程中证据的收集、固定以及犯罪嫌疑人、被告人的自身特殊条件都是动态变化的，羁押必要性审查应当贯穿于捕后的侦查、审查起诉、一审、二审以及死刑复核阶段的全过程。再者，羁押必要性审查的内容是多层面的，包括证据条件、罪行条件、社会危险性等多方面，需要各部门相互配合协调展开，综合各方面因素做出是否具有继续羁押必要的认定。

上文所述案例，是某区人民检察院监所科驻所检察室在检察工作中审查发现徐某、邓某不需要继续羁押，向该院公诉科提出变更强制措施建议并移送相关书面材料，公诉科进行审查后认为建议属实，对徐某、邓某做出取保候审决定。

（二）审查程序的启动

根据刑事诉讼法以及《刑事诉讼规则》的规定，羁押必要性审查机制的启动，分为人民检察院依申请启动和依职权启动两种方式。犯罪嫌疑人、被告人及其法定代理人、近亲属或者辩护人有权申请变更强制措施，申请人在申请时应说明理由并提供相关证据或其他材料。办案机关在收到申请后的3日内，应当做出启动进一步的审查机制或不予变更的决定，并告知申请人。《刑事诉讼规则》第619条列举了八种依职权启动羁押必要性审查机制的情形，此外，检察机关在审查公安机关申请延长羁押以及在审查起诉阶段，都应当主动对犯罪嫌疑人的羁押必要性进行审查。上文所述的案例即为人民检察院依申请启动羁押必要性审查机制。

（三）审查内容与羁押必要性判断标准

羁押必要性重在审查继续羁押的必要性，审查内容为犯罪嫌疑人、被告人是否具有继续羁押的必要。刑事诉讼法没有明确规定羁押必要性的审查标准，而我国是"捕押一体化"的国家，因此可以把刑事诉讼法规定的逮捕必要条件作为羁押必要性的审查判断标准，若犯罪嫌疑人、被告人不再具有逮捕必要性，则可认为其不具有羁押必要性，应当对其强制措施进行变更。

《刑事诉讼规则》第 619 条列举了不需要继续羁押的情形，是对羁押必要性判断标准的细化体现。根据上述规定，可以概括出羁押必要性判断标准主要有以下几点：

第一，罪行严重性。犯罪嫌疑人、被告人的罪行严重性主要包括所涉嫌犯罪的性质、情节，是初犯还是累犯、惯犯，犯罪形态为既遂还是预备、中止、未遂，是共同犯罪中的主犯还是从犯等。

第二，犯罪嫌疑人、被告人的主观情况。羁押必要性审查应当对犯罪嫌疑人、被告人的主观情况进行审查判断，主观恶性程度需要考虑其犯罪构成的主观方面（故意或过失），以及在押期间的表现、认罪态度（有无自首、坦白、立功）、是否与被害人或其家属达成和解协议获得其谅解、是否积极退赃等。此外，因违反取保候审、监视居住规定被逮捕的犯罪嫌疑人、被告人也应当被认为具有较大的主观恶性。

第三，社会危险性。《刑事诉讼法》第 79 条对逮捕条件的规定列举了具有社会危险性的情形，包括实施新的犯罪的可能，具有危害国家安全、公共安全或社会秩序的现实危险，具有打击报复被害人、举报人、控告人的可能。社会危险性需要结合罪行严重性以及犯罪嫌疑人、被告人在押期间的表现来综合认定。另外，不讲真实姓名以及身份不明的犯罪嫌疑人、被告人也应当被认为具有较大的社会危险性。

第四，客观情况的变化因素。案例所述徐某、邓某敲诈勒索案件事实基本查清、证据已经收集固定是判断二人羁押必要性的标准之一。刑事诉讼活动是一个动态变化的过程，有的案件随着侦查的推进，相关证据被收集固定，犯罪事实被逐渐查清，而有的案件证据发生重大变化，不足以证明有犯罪事实或犯罪行为系犯罪嫌疑人、被告人所为，客观情况的变化也应当被纳入羁押必要性的审查内容。

此外，羁押期限届满以及继续羁押犯罪嫌疑人、被告人，其羁押期限可能超过依法可能判处的刑期也属于客观情况变化影响羁押必要性大小的情形。2013 年 7 月 8 日，某区人民检察院驻看守所检察室收到在押人员廖某请求变更强制措施的书面申请，随即启动了羁押必要性审查机制，经调查发现：2011 年 10 月 18 日，廖某因涉嫌行贿罪被刑事拘留，同年 10 月 31 日某区人民检察院决定对其逮捕，某区公安分局于次日对其执行逮捕，将其羁押于某区看守所。2013 年 6 月 28 日，廖某因行贿罪被某区人民法院判处有期徒刑 1 年 9 个月。廖某因不服法院判决结果，向上一级人民法院提出了上诉请求，该案处于二审审理阶段。但根据一审法院判决，廖某将于 2013 年 7 月 17 日刑期届满。某区人民检察院监所科于 2013 年 7 月 9 日制作了《羁押必要性审查案件报告》，并于当日以某区人民检察院的名义向某区人民法院发出《羁押必要性审查建议书》，建议法院对廖某变更强制措施。某区人民法院收到建议函后对犯罪嫌疑人廖某的情况进行了审查，并于 2013 年 7 月 17 日对廖某取保候审，廖某于当日被释放。

第五，基于人道主义的特殊情况。羁押是最严厉的强制措施，基于人道主义考虑，犯罪嫌疑人、被告人患有严重疾病、生活不能自理；怀孕或正在哺乳期；系生活不能自理的人的唯一扶养人等某些特殊情况，也应当作为羁押必要性审查的判断标准之一。上述案例中的徐某所在街道办事处出具证明，证明其因为离异家庭困难小孩无人照顾就是属于这种特殊情况。

某区人民检察院的检察人员就是按照上述五点评判标准对徐某、邓某的羁押必要性进行审查并作出建议变更强制措施的处理意见。

（四）审查方式

刑事诉讼法没有对羁押必要性审查的方式做出规定。由于我国司法资源有限，采取举行听证进行审查的方式过于理想化，可行性不高；而书面审查模式过于行政化，不利于审查部门全面了解案件的实际情况与各方利益请求。最高人民检察院权衡各种审查方式的利弊以及我国司法资源、法院体制等现实因素，在《刑事诉讼规则》第 620 条中确立了查阅案卷材料、听取多方意见与羁押必要性评估等多种方式并存的羁押必要性审查模式。首先，审查部门可以通过人民检察院案件管理部门获取《提请批准逮捕书》《起诉意见书》《起诉书》等法律文书，及时了解事实、证据等基本案情；其次，听取犯罪嫌疑人、被告人及其法定代理人、近亲属、辩护人、办案机关、办案人员等多方意见，了解各方利益请求，同时通过与看守所监管民警谈话、查看监室监控录像、与同监室在押人员谈话等方式，调查核实犯罪嫌疑人、被告人的身体健康状况以及羁押表现；最后，根据犯罪嫌疑人、被告人的罪行严重程度、主观情况、社会危险性、案件客观变化的情况以及其他特殊情况，对其羁押必要性作出综合评估。此种审查模式可以广泛地收集羁押必要性审查内容相关的信息，同时了解办案人员、犯罪嫌疑人、被告人、被害人等各方意见，作出公正合理的审查决定。

《参考意见》第5条建议有条件的地方探索采取听证的方式进行羁押必要性审查。笔者认为，听证方式更能保证审查程序的公正性和客观性，由于司法资源的有限，此种审查方式应适用于某些社会影响重大，同时侦查机关与检察机关就是否构成犯罪、变更强制措施后是否有碍侦查等方面存在严重分歧的案件。检察机关在主持听证程序时，应当制作听证笔录，并将听证结果作为检察机关决定是否继续羁押的重要依据。

（五）审查后的处理

羁押必要性审查完成后，拟提出变更强制措施或释放建议的，案件承办人制作《羁押必要性审查案件报告》，经部门负责人审核后，报检察长决定审批。对于本院侦查部门或者公诉部门办理的案件，监所检察部门向上述部门发出《对犯罪嫌疑人变更强制措施（予以释放）的建议函》；对于公安机关或法院正在办理的案件，监所检察部门经检察长批准后，以本院名义向办案机关发出《羁押必要性审查建议书》。办案机关或部门应当在10日以内将处理情况通知人民检察院，并说明理由和依据。

三、改革建议

（一）建立审查认为需要继续羁押的上报制度

根据《刑事诉讼规则》第617条的规定，审判阶段的羁押必要性审查由公诉部门负责。我们认为，审判阶段由公诉部门负责审查，可能带来两个问题：一是公诉部门是负责控诉的部门，为保证诉讼的顺利进行和控诉成功，公诉部门有维持羁押的天然倾向；二是如果由公诉部门负责逮捕后羁押必要性审查，容易造成控审职能的混同，这就有既当裁判员又当运动员的嫌疑，很难保证司法公正的实现，而法院地位相对中立，因此，在案件审查起诉阶段，进行羁押必要性审查的，应该是法院较为适宜。但是，刑事诉讼法规定对羁押必要性的审查，由检察院负责。因此，在这一规定下，法院无法介入，尤其是当案件进入审查起诉阶段，对案件最为了解的只有检察院的公诉部门，只有最大限度地克服公诉部门的两个上述缺陷，才能发挥羁押必要性审查制度应有的作用。建议建立审查认为需要继续羁押的案情、证据、理由上报制度。在检察系统内部形成对羁押必要性的上下级监督，当下级人民检察院对犯罪嫌疑人的羁押必要性经审查认为需要继续羁押时，需要将案情、羁押理由等情况上报给上一级人民检察院，由上一级人民检察院批准或向上一级人民检察院备案。若由上级人民检察院批准，则事后发现不应继续羁押时，问责上一级人民检察院。若向上一级人民检察院备案，则事后发现不应继续羁押时，问责下一级人民检察院。同时，承办人不能仅局限于审查案卷中的现有证据，要充分发挥主观能动性，全面收集并仔细考量有关犯罪嫌疑人主观恶性等影响宽严相济刑事政策适用的证据，以期全面体现案件事实。在宏观上权衡其具体适用，确保不枉不纵。①

（二）建立人民检察院一个月审查一次的审查程序制度

人民检察院多长时间审查 1 次，在《刑事诉讼规则》中并没有明确规定。有学者认为，应借鉴德国，1 个月审查 1 次较为合适。我们赞同这一观点，同时认为，基于保障人权的需要，当有证据证明可能存在不需要继续羁押的情况时，检察院可随时启动这一程序。也就是说，1 个月审查 1 次为程序设计要求，无论是否有证据证明存在羁押必要性的问题；但当有证据证明时，检察院应立即启动这一程序，保证犯罪嫌疑人、被告人不被不当羁押。另外，各个诉讼阶段对检察院进行羁押必要性审查的要求也不同。比如，当案件进入到审查起诉阶段，检察院应主动对所有案件进行羁押必要性审查，对于案件事实清楚、证据确实充分、犯罪嫌疑人没有社会危险性、无逃跑可能性的案件，允许释放或变更强制措施，允许其在未被羁押的状态下进入到法庭审判程序。

（三）明确规定当事人提出申请人民检察院就必须进行审查

犯罪嫌疑人、被告人及其法定代理人、近亲属或者辩护人申请人民检察

---

① 卞建林：《论我国审前羁押制度的完善》，载《法学家》2012 年第 3 期。

院进行羁押必要性审查，是否意味着人民检察院就必须进行羁押必要性审查？《刑事诉讼规则》对此并没有明确规定，希望日后可以对其进行明确，避免司法实践中部分检察院以法无明文规定为由拒绝犯罪嫌疑人、被告人及其法定代理人、近亲属或者辩护人的申请，侵害他们的诉讼权利。

（四）建立统一的羁押必要性评估标准和引入听证式审查方式

《刑事诉讼规则》第 620 条有关羁押必要性审查方式这一点还存在着诸多纰漏。首先，该条规定的第一种审查方式是对犯罪嫌疑人、被告人进行羁押必要性评估，但羁押必要性评估具体怎么操作、有什么标准，既没有宏观性的指导，也没有具体的规定。伴随着修改后刑事诉讼法的实施，这必将造成各地评估标准混乱，有的地方可能规定过于笼统，操作性不强，有些地方可能标准不合理，导致羁押必要性审查被架空。[①] 建议建立基本统一、部分具有自由裁量性的羁押必要性评估标准，即量化评估标准。量化评估方法就是案件承办人制作《犯罪嫌疑人（被告人）羁押必要性评估表》，对在押的犯罪嫌疑人、被告人是否存在继续羁押的必要性进行量化分析，即根据事先规定的标准，对与羁押必要性相关的因素逐一分析打分，将分数合计后与事先确定的维持羁押分数比较，高于该分数则维持羁押，否则决定或建议解除羁押。其次，这次审查既规定了书面的审查方式，又规定了口头询问式的审查方式，审查方式多样，较好地保障了犯罪嫌疑人、被告人的诉讼权益。但是，当对羁押必要性问题存在较大争议的时候，或者是案情重大复杂、有广泛的社会影响的时候，可以考虑引入行政听证式的审查。建议在《刑事诉讼规则》中规定，建立听证式审查方式，在审查机构的主持下，由侦控方和犯罪嫌疑人、被告人及其法定代理人、近亲属或者辩护人当庭对质，并在条件许可的情况下公开听证过程，允许外界监督。最后，人民检察院可以采取的羁押必要性审查方式有 7 种，这 7 种之间彼此不重合，那么，在司法实践中，人民检察院是可以自由裁量选取 7 种中的任意几种，还是 7 种都需要采用呢？如果检察院可以根据案件需要采取 7 种中的某几种方式进行审查，

---

① 孙振江：《捕后羁押必要性审查机制的构建与完善——以临沂的试点为考察视角》，载《广西政法管理干部学院学报》2013 年第 1 期。

会不会有可能其故意不采用对犯罪嫌疑人、被告人有利的审查方式呢？这也有待《刑事诉讼规则》进行明确。

（五）建立羁押必要性审查程序性制裁后果

检察院对于羁押必要性的审查非刚性审查，无程序性制裁后果，即根据《刑事诉讼规则》第621条的规定，人民检察院认为犯罪嫌疑人、被告人应当予以释放或者变更强制措施的，应当要求有关办案机关在10日内将处理情况通知本院，若有关办案机关没有采纳人民检察院的意见，应当向其说明不采纳的理由和依据。但问题在于，如果检察院认为羁押不当，有关办案机关提供的理由和依据不合理时，检察机关能采取什么措施没有规定，这就使得没有规定惩罚结果的法律成为一纸空文。只有宣传性和倡导性的效果，难以真正对羁押必要性进行监督，形成对侦控机关的有效制约。[1] 因此，是否应在产生分歧的时候由中立的第三方机关作出最终的裁决并强制执行，并对有关的责任人员予以处分？这在今后的司法实践中是一个值得进一步讨论的问题。

另外，在司法实践当中还有一个老问题依旧没有解决，即如何看待《刑事诉讼法》第94条关于公安机关可擅自变更逮捕措施的规定，该条本是考虑到公安机关对案件和犯罪嫌疑人有更深入更全面的了解而设置的，但在实践中却显露出极大的弊端：一是从实际情况来看，在逮捕与否和法院最终是否判处实刑存在某种结果的一致性而导致"逮捕透支刑罚"的现实情况下，犯罪嫌疑人、被告人会千方百计找关系、托门路，以求公安机关能够改变逮捕的强制措施，可能导致司法腐败；二是依照权力设置的基本规律，有权变更决定的机关应当是原作出决定机关或其上位机关，而在具体的逮捕强制措施上，检察机关有权作出批准决定，公安机关又有权作出变更决定，在客观上造成了公安机关分享检察机关批准逮捕的宪法性权力，从而使检察监督权难以落实，立法意图难以实现。修改后刑事诉讼法增置羁押必要性审查制度，某种程度上是对公安机关擅自变更逮捕措施的一种限制，但在具体司法实践中，检察院的羁押必要性审查制度能显示出多大的作用，还要拭目以待。

---

① 侯思倩：《议高检新规则下羁押必要性审查制度及其缺陷》，载《河北北方学院学报》2013年第4期。

（六）检察机关应该在拘留后的羁押中发挥其法律监督作用

检察院的羁押必要性审查是否包括拘留后的羁押必要性审查？根据现行刑事诉讼法规定和司法实践来看，绝大多数案件的刑事拘留羁押期限都达到最长 37 天，不乏更有甚者。因为公安机关滥用"发现犯罪嫌疑人另有重要罪行的，自发现之日起按本法第一百五十四条的规定重新计算羁押期限"和"犯罪嫌疑人不讲真实姓名、住址、身份不明的，应当对其身份进行调查，侦查羁押期限自查清其身份之日起计算"两项规定，使刑事拘留羁押期限达到数月甚至超过 1 年。决定、执行拘留的权力都在公安机关手中。"一切有权力的人都容易滥用权力，这是万古不易的一条经验。有权力的人们使用权力一直到遇有界限的地方才休止。"如果不在拘留羁押中引入检察院的羁押必要性审查，很容易滋生司法腐败与司法不公正，虽然刑事诉讼法只明确了检察机关在逮捕后有羁押必要性审查权，但检察院作为法律监督机关，也应该在拘留后的羁押中发挥其法律监督作用，比照逮捕后的羁押必要性审查对拘留后的羁押进行必要性审查。只有这样，才符合保障人权、制约权力的现代刑事诉讼法精神。

（七）改革和完善内部考核体系

《刑事诉讼规则》未涉及内部考核体系的改革。虽然法律上早有规定，对不应当羁押的犯罪嫌疑人、被告人应立即释放或者变更强制措施。但是在司法实践当中，逮捕率一直是重要的考核标准，逮捕率高，说明办案机关积极惩罚犯罪，维护社会稳定，是工作绩效的重要表现。相反，批捕后释放或者变更强制措施则被认为是"错案"或"质量不高"的案件。可能导致在考核中被扣分，所以司法实践中，经常出现"一捕到底"、超期羁押等现象。因此，虽然刑事诉讼法和《刑事诉讼规则》都规定了羁押必要性审查制度，但是其在执行机关内的具体落实也应当是其中重要的一部分，上级检察机关应当对依法进行羁押必要性审查、认为需要变更强制措施或予以释放的行为予以肯定，而对应当变更强制措施或予以释放却仍羁押的案件予以否定。建议《刑事诉讼规则》能够对此有所涉及，以促使羁押必要性审查工作有序地展开。

继续羁押必要性审查的现状与对策

——以西南某区检察院的实践为例

夏　阳　　徐宏德

2012 年修改后的《刑事诉讼法》第 93 条规定了羁押必要性审查制度。这一制度的建立，体现了我国刑事司法在法治思想上的进步。确保这一制度的有效实施，可以转变我国司法实践中，在采取逮捕强制措施以后的"一捕了之、一押到底"的司法现状。不仅有利于降低羁押率，节约司法资源，同时也体现了我国刑事司法尊重和保障人权的原则。在修改后的刑事诉讼法实施以来，某区检察院对继续羁押必要性审查工作进行了积极探索，制定了《羁押必要性审查工作实施办法（试行）》，并在实践中不断改革和完善这一制度。

一、主要工作情况

某区检察院为了顺利开展继续羁押必要性的审查工作，与公安机关、法院等进行了沟通衔接，联合会签了相关文件，达成了一致意见，并与其上级检察院建立通报制度，实行双重监督，确保了继续羁押必要性审查意见的刚性和法律监督的力度。2013 年，某区检察院办理的羁押必要性审查工作情况如下：

2013 年全年，某区检察院共计办理了羁押必要性审查案件 15 件 16 人。其中未检部门共办理 10 件 11 人，侦监部门办理 3 件 3 人，公诉部门办理 2 件 2 人。从羁押必要性审查的环节上看，在侦查阶段启动的 4 件 4 人，占羁押必要性审查案件总数的 25%，占侦监部门全部办理案件的 0.2%；在审查起诉阶段启动的有 11 件 12 人，占羁押必要性审查案件总数的 75%，占公诉部门全部办理案件的 0.5%；在审判阶段启动的 0 件。从启动羁押必要性的审查方式上看，某区检察院依职权启动审查的案件 11 件 12 人，占羁押必要性审查案件总数的 75%；依申请启动审查 4 件 4 人，占羁押必要性审查案件总数的 25%。其中未检部门办理的 10 件 11 人、公诉部门办理的 2 件 2人全部依申请启动审查；侦监部门办理的 3 件 3 人中，1 件 1 人依职权启动审查，2 件 2 人依申请启动审查。经过审查，建议改变强制措施 5 件 6 人，其中侦查阶段 3 件 3 人，审查起诉阶段 2 件 3 人。

2012 年修改后的刑事诉讼法实施以来，某区检察院共受理审查逮捕案件 1383 件 1532 人，审结 1380 件 1428 人。其中，批准逮捕案件 1302 件1414 人，不批准逮捕案件 45 件 58 人，批捕率为 96.7%。批准逮捕案件全部移送审查起诉。不批捕案件中，不构成犯罪不捕案件 4 件 6 人，证据不足不捕案件 15 件 24 人，无逮捕必要不捕案件 26 件 28 人。不捕案件公安机关无复议、复核案件的情况。从侦查监督部门办案数据来看，某区检察院2013 年办理案件的数量，与往年年均办理案件数 2000 余件相比，办案数量大幅下降；2013 年的逮捕率为 96.7%，而往年的年均逮捕率为 70% 左右，逮捕率较高。主要原因是公安机关案件质量考核开始着重考核提请批准逮捕案件的批捕率。因此，在公安机关侦查阶段办理的案件中，凡是涉及证据不足、定性争议、社会危险性等方面问题的，一般不提请逮捕，而是主动变更为其他的强制措施，以直诉案件的形式移送某区检察院公诉部门审查起诉。

二、存在的问题

《刑事诉讼法》第 93 条规定，检察机关在进行羁押必要性审查时，发现不需要继续羁押的，应当建议予以释放或者变更强制措施。这就意味着检察机关的监督权力仅仅停留在"建议"的层面，而对强制措施的变更则需要有关机关自行完成，因此检察机关提出的对于继续羁押必要性的法律监督意见并不具有强制性。此外，《人民检察院刑事诉讼规则（试行）》规定，侦查监督部门、公诉部门分别在侦查阶段和审判阶段负责羁押必要性的审查工作，但从实际的办案情况来看，侦查监督部门和公诉部门在羁押必要性审查方面的工作积极性和主动性不高。在羁押必要性审查工作中，存在的主要问题如下：

（一）"双重身份"导致继续羁押必要性审查效果不明显

根据《刑事诉讼法》第 93 条的规定，犯罪嫌疑人、被告人被逮捕后，人民检察院仍应当对羁押的必要性进行审查。从条文的规定来看，检察机关应当对所有采取逮捕强制措施的案件进行羁押的必要性审查。根据《人民检察院刑事诉讼规则（试行）》第 617 条规定，实际的羁押必要性审查工作是由侦查监督、公诉部门在不同的诉讼阶段分别进行审查，但在实际工作中，由于侦查监督、公诉部门办案数量大、人员配备相对不足，羁押必要性审查工作的进展并不理想，成功启动羁押必要性审查的案件数量极少。从 2013 年某区检察院全年启动羁押必要性审查的案件数量来看，侦查阶段仅为 0.2% 和起诉阶段仅为 0.5%。侦查监督部门、公诉部门的"监督员"和"运动员"的双重身份，在启动羁押必要性审查工作时也会存在理念上的困惑。《人民检察院刑事诉讼规则（试行）》第 617 条将"羁押必要性"审查的主体以诉讼阶段的不同分为侦监部门、公诉部门行使。侦查监督部门负责侦查阶段的羁押必要性审查工作；公诉部门负责审判阶段的羁押必要性审查工作。从侦监部门来说，其主要工作职责是对侦查机关提请批准逮捕的案件进行审查和监督，由于长期存在案多人少的矛盾，在对一起案件作出批准逮捕决定后，缺乏对批捕后案件的跟踪监督机制，很难进行"羁押必要性审查"。另外，侦查监督部门批准逮捕后，再启动羁押必要性审查工作，会使人觉得"逮捕"的决定比较恣意，同时，还会存在以"羁押必要性审查"掩饰"逮捕决定"是否正确的困惑和忧虑。从公诉部门来说，主要工作是审查起诉和监督，实际工作中其案多人少的矛盾更为突出，而具体承办人工作的主要出发点是从保证诉讼的准确性和便利性考虑。只要被告人涉嫌犯罪的案件定性准确，在被采取逮捕措施的情况下，更能保证诉讼的顺利进行，所以不愿意启动羁押必要性审查。另外，从办案的时效性和节约司法成本来看，已经涉嫌犯罪的案件在羁押的状态下，直接移送法院起诉更为便捷，再进行羁押必要性审查未免有些"画蛇添足"，而且被告人在羁押的状态下，更有利于进行集中审判，保证案件及时有效的审结。因此，公诉部门在进行羁押必要性审查时同样缺乏主动性和积极性。

（二） 继续羁押必要性适格申请人的参与度不高

从某区检察院羁押必要性审查的实际办案数据来看，依申请启动的只占到了25%。根据《刑事诉讼法》第95条的规定，犯罪嫌疑人、被告人及其法定代理人、近亲属或者辩护人均有权提出变更强制措施的申请。从法律规定来看，具备法定身份的人，均可以提出变更强制措施的申请。该条还规定"人民法院、人民检察院和公安机关收到申请后，应当在三日以内作出决定"。法院、检察院、公安机关三机关曾担心该条实施之后，会出现大量的依申请变更强制措施的案件，但从实际的办案数据来看并非如此，反而是依职权启动的羁押必要性审查的案件相对较多。一是因为羁押必要性审查的可操作性规范不健全。现有的法律规定，只是明确了检察机关内设部门的羁押必要性审查的职责，但是缺乏具体的操作流程，也无经验可以借鉴。适格的羁押必要性申请人在准备提出申请时，往往无法找到合适的部门受理。再加上对羁押必要性审查主体"中立性"的担忧，参与的积极性不高。二是因为羁押必要性审查从刑事诉讼法的规定来看，仅仅为建议权。羁押必要性审查工作启动后，检察机关发出变更强制措施的意见，被监督的机关是否参照执行也是适格申请人担忧的一个问题。

（三） 对继续羁押必要性审查的范围和方式的认识不同

根据《刑事诉讼法》第93条的规定，继续羁押必要性审查的范围应当包括逮捕后的所有羁押案件。对于案件审查的范围，司法实践中的争议不大，但是在审查方式上，有的意见认为，羁押必要性审查的重点是轻刑案件，对于可能判处10年以上有期徒刑的重刑案件，羁押必要性审查的工作就没有太大的必要。笔者认为，这一意见对强制措施制度的理解存在偏差。根据"无罪推定"原则，在法院判决有罪之前，任何人都不能被认定为有罪。检察机关作为法律监督机关，更应当具有公正司法的理念。无论是轻刑案件，还是重刑案件，犯罪嫌疑人或被告人被采取"未决羁押"的措施时，主要目的是防止社会危险性的发生，不在于惩罚性。且在司法实践中，超期羁押、久押不决、刑期与羁押期限倒挂的情形，往往出现在重刑案件中。因此，羁押必要性审查应当包含逮捕后的所有在押案件。

对于羁押必要性审查的方式，是内部审查还是公开审查也有不同认识。一种观点认为，只需要进行内部审查，因为之前的审查逮捕环节已经对案件的事实和证据进行了审查，案情和证据情况已经比较清楚，羁押必要性审查只需要对是否适宜羁押的相关情形进行内部审查即可。另一种观点认为，羁押必要性审查，类似于西方法治国家的预审制度，是对犯罪嫌疑人是否适宜继续羁押的一种准司法的审查制度，因此，设立公开审查，更能体现客观公正的法律原则。笔者认为，对于羁押必要性审查应当探索一种公开的审查方式。据我国目前的法律体系来看，实现羁押、侦查分离并不现实，不仅是事关国家司法体制的重大变革，而且还涉及司法权的重新分配、司法机构的重新设置以及全国多个机构部门人、事、物的调整。而从刑事诉讼法的立法来看，我国正在努力探求一种在现行体制下对继续羁押必要性的跟踪监督机制。探索一种公开的审查方式，不仅有利于全面了解案件是否适宜继续羁押的实际情况，而且能让羁押必要性审查的适格申请人积极参与到这一司法活动中，有利于降低羁押率，节约司法资源，也体现了我国刑事司法尊重和保障人权原则。

（四）缺乏对"继续羁押必要性审查"的后续法律机制设置

《刑事诉讼法》第 93 条规定，检察机关的羁押必要性审查的权力设置为"建议权"，强制措施的变更则需要有关机关自行完成。从权力设置的角度，笔者认为，检察机关羁押必要性审查的监督权为建议权是比较恰当的，检察机关的监督权源于《刑事诉讼法》第 8 条规定"人民检察院依法对刑事诉讼实行法律监督"。而从羁押必要性审查的诉讼阶段来看，既包括了侦查阶段，也包括了审判阶段。这就意味着，检察机关除对侦查机关提请检察机关审查批准逮捕的案件及自侦案件决定逮捕的案件的继续羁押必要性进行监督外，还要对法院决定逮捕案件的继续羁押必要性进行监督。假如将羁押必要性监督权设置为"决定权"，则会出现检察机关有权变更法院逮捕决定的逻辑悖论。因此，检察机关羁押必要性审查权只能是"监督权"。如何保障检察机关关于是否适宜继续羁押必要性的法律监督意见能够让被监督机关执行，是检察机关需要解决的重要问题。然而对后续的法律机制的设置，目前法律没有明确的规定，需要检察机关在司法实践中与公安机关、法院等沟通协商，并争取上级机关的支持，构建畅通的协作平台，保证羁押必要性审查工作健康有序进行。

三、建议和对策

（一）转变执法理念，增强对继续羁押必要性审查制度的法律认知

第一，树立人权思想。当今社会，人权思想已经成为当代政治思想的重要基石。尊重和保障人权原则已是一项得到国际社会普遍认可的基本准则，且已经明确写入了我国宪法和刑事诉讼法。人权的中心思想是自由。从人权思想出发，自由是每个人的应有权利，但是自由并不代表个人可以肆无忌惮。自由权限制着未决羁押的适用，而滥用自由也要受到限制，这种理论上的否定之否定，并不是确证了判决前的未决羁押的普遍合理性，而仅仅是给予未决羁押保留了一定的存在空间，让其在例外的情境下存在。作为例外而存在的未决羁押，应当仅在必要的情况下适用，即应当在适用取保候审等其他强制措施不能防止犯罪嫌疑人、被告人的社会危险性的前提下适用。这也决定了国家有义务在没有继续羁押犯罪嫌疑人、被告人时要释放或者变更强制措施。

第二，树立无罪推定思想。在贝卡里亚提出"在法官判决之前，一个人是不能被称为罪犯"的观点之后，无罪推定思想逐步被人所接受。羁押作为逮捕强制措施的延续，其目的与刑事强制措施的目的具有内在的一致性。在追诉犯罪的活动中，使用刑事强制措施的目的显然是为了保障国家刑罚权的实现。羁押作为针对公民人身自由的国家强制性权力，是保证刑事诉讼顺利进行的最有效手段，当然也是最严厉的手段。但是，羁押终究是对公民人身自由权利的一种剥夺，尤其是在法院作出有罪判决以前。虽然羁押不是一种刑罚，但其客观上对公民人身自由的剥夺却与刑罚无异。检察机关的干警在执法理念上如果不能转变，不少用、慎用逮捕措施，法律的公正性也会受到质疑。因此，检察机关应当增强对继续羁押必要性审查制度的法律认知，明确该项制度对犯罪嫌疑人、被告人人身权益保障方面的重要性，确实

履行好法律赋予的监督职责。

（二）设立专门的羁押必要性审查部门，凸显羁押必要性审查的中立性

检察机关作为羁押必要性审查的主体，由哪个部门来承担具体审查的职责，存在功利主义和程序中立的矛盾。从功利的角度出发，由作出逮捕决定的部门进行审查效率最高，也利于对羁押必要性情势变更的审查和认定。但是，由于作出逮捕决定的与进行羁押必要性审查的系同一部门，正如"任何人不能做自己的法官"一样，其在羁押必要性审查工作中的中立性自然会受到外界质疑。此外，由于工作职责的要求，侦查监督、公诉部门审理提请批捕案件和提起公诉案件仍然是工作的重心所在，长期存在案多人少的矛盾，再加上"双重身份"的思想困惑，由侦查监督和公诉部门负责羁押必要性审查的效果必然不会理想。因此，检察机关内部应当设立羁押必要性的专门审查部门。这一部门首先要独立于侦查监督和起诉部门，独立地承担羁押必要性审查工作，且在部门领导的配置上，也应当由不同的分管检察长分管。其次，在启动羁押必要性审查后，认为应当建议变更逮捕强制措施的，应当提请检察长或检察委员会讨论决定是否变更。

（三）探索公开审查的工作方法，提高羁押必要性审查适格申请人的参与度

继续羁押必要性的审查，应当遵循审查中立的原则，检察机关作为继续羁押必要性审查的主体，应当从程序上保持中立，因此，对被羁押人进行继续羁押必要性审查时，要全面公开的审查，听取多方意见，这就需要设立一种公开审查的工作模式。这一公开审查的工作模式，在制度设立上既要保证审查主体的中立性地位，又要保证审查程序的公正和审查内容的全面公开和透明。在工作模式的设立上，可以借鉴公开听证的审查方式。公开听证，即在检察机关羁押必要性专门审查部门的主持下，公安机关、审查批准逮捕部门、被害人及其法定代理人与犯罪嫌疑人、被告人及其委托的辩护人均可以发表对继续羁押必要性的意见，羁押场所、监所检察部门对犯罪嫌疑人、被告人捕后表现的评估意见，也应当作为继续羁押必要性的重要评价方面。同

时，为了保证公开听证的中立性，还应当邀请人民监督员列席，对公开听证的程序公正进行监督。在上述多方面意见的基础上，综合考虑犯罪嫌疑人、被告人犯罪时的主观恶性、社会危险性、社会影响性、身体健康状况、犯罪时的年龄等因素，最后形成继续羁押必要性审查报告，经过侦查监督、公诉、监所部门负责人讨论，上报检察长或者检察委员会讨论决定是否建议释放或变更强制措施。在提高启动羁押必要性审查的适格申请人参与度方面，首先需要在公安机关执行逮捕时，就明确告知犯罪嫌疑人申请羁押必要性审查的权利，将羁押必要性审查申请作为犯罪嫌疑人、被告人诉讼环节中的一项重要的保障权利。其次要加强与律师协会的沟通，建立公开透明的申请启动流程，调动律师参与申请启动的积极性。

（四）加强侦、捕、审三阶段的工作衔接，建立完善的司法机制

继续羁押必要性审查作为一项全新的司法制度，能否良性运转，要注重两个方面：对内，需要检察机关内部有明确、科学的职责划分，各内设机构之间要协调一致；对外，则要完善司法衔接，建立配套的运行工作机制。

首先，羁押必要性工作的及时介入制度。根据《刑事诉讼法》第 93 条规定，继续羁押的必要性审查案件范围包括所有逮捕后的案件，然而对所有逮捕后的案件均予以同等关注和审查，既不现实，也不科学。应当根据案件的具体情况，与侦查监督部门协调，建立科学的筛选机制。根据犯罪嫌疑人的犯罪情节、可能判处的徒刑刑罚、有无前科、是否有串供可能、身体健康状况、是否是生活不能自理的人的唯一抚养人等情节，将羁押必要性的程度划分为一般关注、重点关注和特别关注三个级别。既能全面进行羁押必要性审查的同时，又能使羁押必要性审查工作重点突出。

其次，对具体的审查步骤进行细化，保证审查方式更加有效。第一步，听取侦监部门、申请人、辩护人的意见。了解犯罪嫌疑人、被告人被批准逮捕时的必要性考量及申请变更强制措施的理由，增强工作的针对性。第二步，核实案件的办理情况、申请理由。全面掌握案件所处的诉讼环节，全面了解案件已经查证的事实和尚未查证的事实，有无影响诉讼进行的风险性以及大小等。第三步，核实在押期间的表现情况。由检察机关驻监所部门对犯罪嫌疑人、被告人在押期间的行为表现情况、认罪态度以及悔过表现等进行

综合评价，并将情况及时传达给羁押必要性审查工作专门部门。第四步，通过进社区、进医院、进学校、进家庭等形式，以"点对点、面对面"的工作方式，当面核实查证犯罪嫌疑人的身体、家庭情况和变更强制措施后的外部执行条件。

最后，建立与外部相关机关的司法衔接机制。继续羁押必要性审查工作，与公安机关、法院的关系密不可分。因此，在有条件的情况下，与对口的公安机关、法院签订羁押必要性审查工作衔接机制，就羁押必要性审查工作的对接联系、流程衔接、启动范围、工作责任等方面进行明确，构建完善的司法衔接平台，共同推进羁押必要性审查工作的健康有序运转。

论羁押必要性审查

雷发钧[*]

《刑事诉讼法》第 93 条确定了捕后羁押必要性审查制度。根据这一制度，犯罪嫌疑人、被告人从被逮捕后到法院作出生效判决之前的整个羁押过程中，人民检察院均有义务依据职权或者当事人申请对羁押必要性进行跟踪审查，以确定被羁押人是否应当继续被羁押，认为不需要继续羁押的，应依法建议有关机关予以释放或者变更强制措施。羁押必要性审查制度的设置，以保障公民基本人身权利为出发点和落脚点，打破了"一捕了之"的实践困局，加大了司法机关对未决羁押的审查力度，将对限制人身自由的审查从逮捕这一起点延伸到捕后羁押全过程，在保障诉讼的同时控制和减少羁押，一定程度上体现了捕、押的适当分离，成为修改后刑事诉讼法的一大进步与亮点。

一、羁押必要性审查制度概述

从我国刑事诉讼法来看，羁押并不是一种独立的强制措施，而是由刑事拘留和逮捕的适用所带来的持续限制犯罪嫌疑人、被告人人身自由的当然状态和必然结果。羁押必要性审查中的羁押指未决羁押，不包括已决羁押，即对尚未被法院判决确定有罪的人被剥夺人身自由后所持续的一种状态的跟踪监视，以保障人权为前提，以法律为依据。

一个完整的刑事羁押期限，既包括侦查阶段的羁押期限，又包括审查起诉和法院审理阶段的羁押期限。侦查阶段的羁押期限是有法律明文规定的，从案件进入审查起诉阶段起，法律则没有对羁押期限作出规定，而是与办案

---

[*] 四川省武胜县人民检察院党组成员、副检察长。

期限合二为一，办案时间就是犯罪嫌疑人、被告人被羁押的时间。根据刑事诉讼法的规定，审查起诉最长为一个半月，其间可以退回补充侦查二次，每次有一个月的时间；一审阶段审限为3个月，其间可以退回补充侦查二次，每次有一个月的时间；二审阶段除了正常的审限二个月外，还可以发回重审，发回重审将重新计算审限，等等。也就是说，一个案件有法律依据的诉讼过程可能会经历一两年的时间。而实践中还存在有些办案人员违法办案、无视羁押与办案期限的情况，这就造成了超期羁押、违法羁押、久押不决的现状，有的案件可能导致刑期倒挂的情形，严重侵害了犯罪嫌疑人、被告人的人身权利。

在以往的刑事诉讼中，我国逮捕羁押制度呈现的特点有三：一是逮捕与羁押一体化。逮捕即产生犯罪嫌疑人、被告人被羁押的后果，羁押状态是逮捕决定后的自然延续，羁押是逮捕产生的当然状态。二是羁押期限与办案期限合二为一。自案件移送审查起诉后，法律就没有规定对犯罪嫌疑人、被告人的羁押期限，被羁押人的羁押期限长短是与办案期限一致的。三是羁押过程中没有再次审查程序。除了逮捕时检察机关审查作出逮捕决定外，此后在整个羁押过程中则再没有规定对于羁押的必要性进行审查，被羁押人基本被"一押到底"。

为解决我国逮捕制度中"一押到底"的问题，借鉴西方国家实行的羁押复审制度，结合我国实际，修改后刑事诉讼法增加了捕后对羁押必要性进行审查的条款，规定由人民检察院对被逮捕的犯罪嫌疑人、被告人进行羁押必要性审查。这项制度的建立旨在探索逮捕与羁押二者的适当分离，厘清办案需要与羁押必要性的界限，跟踪监督未决羁押全过程，消除司法实践中长期存在的对犯罪嫌疑人、被告人一捕了之、办案期限不满羁押不终止的积弊，有利于降低羁押率，节约司法资源，落实尊重与保障人权原则，维护犯罪嫌疑人、被告人合法权利，促进全面贯彻宽严相济刑事政策，努力构建社会主义和谐社会。

二、羁押必要性审查适用的诉讼阶段

犯罪嫌疑人被执行逮捕后，即进入被羁押状态，如果没有特殊情况，这一状态将会一直持续到法院判决确定，其间将经历侦查、起诉、审判三个诉讼阶段，其中还可能包括退回补充侦查、重新计算侦查羁押期限、二审以及发回重审等多个环节。可见完整的未决羁押期限，包括侦查阶段的羁押期限、审查起诉阶段和法院审理阶段的办案（羁押）期限。判决确定之前的羁押，性质上属于未决羁押，未决羁押设立的理论基础，是为了保障刑事诉讼的顺利进行和犯罪嫌疑人、被告人的及时到案，而不是对犯罪嫌疑人、被告人的惩罚和刑罚预支。因此，人民检察院对羁押必要性的审查，应贯穿执行逮捕后判决确定前各个诉讼阶段的羁押。

需要指出的是，在审判环节仍应当有必要进行羁押必要性审查。刑事诉讼法关于逮捕条件的规定，同样适用于审判阶段，保证被告人不妨害诉讼并能够及时到庭接受审判，是审判阶段羁押被告人的主要目的。审判阶段虽然案件已经侦查终结，检察机关认为案件事实清楚，证据确实充分，但是由于控方可以进行补充侦查，辩护方也可以向法庭提交犯罪嫌疑人罪轻、无罪的证据，法官也有一定的调查权，因此案件的事实、证据仍处于可能的变动当中，被告人妨害诉讼的可能性仍然存在，其中，有社会危险性的，应予以羁押。这表明，审判阶段也应当对被告人的羁押必要性进行审查，以确定是否逮捕被告人或继续羁押被告人。《刑事诉讼法》第93条规定，"犯罪嫌疑人、被告人被逮捕后，人民检察院仍应当对羁押的必要性进行审查"，而被告人是犯罪嫌疑人被提起公诉后的称谓，对被告人决定逮捕则是人民法院的职权，可见，检察机关进行羁押必要性审查，不仅应审查检察机关批准或决定逮捕的犯罪嫌疑人在各个诉讼阶段有无羁押必要，还要审查人民法院决定逮捕的被告人在审判阶段有无羁押必要。

三、羁押必要性审查的启动

羁押必要性审查既是检察机关履行的一项法律监督职责，也是保障被羁押人合法权利的一种司法救济机制。因此，羁押必要性审查程序的启动，可以分为依据检察机关的职权主动启动和依申请被动启动。

依职权主动启动是检察机关从保障被羁押人权利的角度，依照法定职权主动开展羁押必要性审查活动。对被羁押人的羁押理由会随着案情不断变化，在被羁押人已无继续羁押必要时，应当建议予以释放或者变更强制措施，最大限度地保障被羁押人的人身权利。因此，检察机关应当重视主动启动羁押必要性审查工作。司法实践中，主动审查主要通过以下渠道启动：一是对报请延长侦查羁押期限的案件，同时进行羁押必要性审查。批准延长侦查羁押期限从本质上讲，是对犯罪嫌疑人重新批准逮捕，一旦不批准延押，原羁押期满就必须释放犯罪嫌疑人，而羁押必要性审查则是在逮捕后法定羁押期限内再度审查是否仍须羁押，认为不需要羁押的，应当建议办案机关予以释放或变更强制措施。二是在审查起诉时，对羁押必要性进行审查。审查起诉阶段案件已经侦查终结，与侦查阶段的不确定性相比，这时的事实证据情况已相对稳定和明朗，在羁押必要性上往往会发生变化。此时再次对羁押必要性进行审查，不仅必要，而且会更加客观和准确。三是监所检察干警在监管期间主动发现被羁押人有不适宜羁押的重大疾症等特殊情况的。羁押期间，发现被羁押人患有严重疾病的、生活不能自理以及怀孕等特殊情况的。应当启动羁押必要性审查。对解除羁押不致危害社会、妨碍诉讼的，应当建议变更强制措施。四是定期开展羁押必要性审查工作。作为对犯罪嫌疑人羁押情况的动态跟踪监督，负责审查羁押必要性的监所部门应当定期提起对犯罪嫌疑人的羁押必要性审查。案件进入审查起诉、审判阶段后，通常会当然地认为犯罪嫌疑人、被告人应当被羁押候审，而容易忽视对羁押必要性的审查。尤其是审判阶段，被羁押人可能历经一审、二审、补充侦查、发回重审、延期审理等环节，被羁押期限往往会较长，其羁押期限是否与其所犯罪行的严重程度相当，需要随时跟踪判断，在没有羁押必要性时及时变更，才更符合保障人权的司法理念。因此定期主动审查的设置更显必要，也更符合《刑事诉讼法》第93条的立法本意。

被动审查以犯罪嫌疑人、被告人及其法定代理人、近亲属、辩护人等提出申请为条件。《刑事诉讼法》第95条赋予了被羁押人及其法定代理人、近亲属、辩护人申请变更强制措施的权利，有关办案机关经审查后不同意变更强制措施的，申请人有可能依据《刑事诉讼法》第93条的规定，申请检察机关进行羁押必要性审查。因此，受理上述申请也是羁押必要性审查工作启动的基本方式之一。上述人员在提出申请时，应当提供要求不适宜羁押的相关证据材料或说明理由。检察机关应当认真、全面地进行审查，不限于被羁押人一方提出的线索和证据。

四、羁押必要性审查的主导部门

根据《刑事诉讼法》第93条，审查的主体是人民检察院，但具体由哪一个部门承担该项职责没有明确。司法实践中，主要有三种模式：一是由侦查监督部门审查模式；二是由公诉部门审查模式；三是由监所检察部门审查模式。实践中，笔者认为羁押必要性审查应以监所检察部门为主导更为可行。

首先，侦查监督、公诉是办案部门，对案件本身有较全面的掌握，能够确保处理的准确性。侦查监督部门可以实现审查逮捕和捕后羁押必要性审查的无缝衔接，避免重复劳动，降低成本，提高效率；公诉部门也可以实现审查起诉和羁押必要性审查的无缝衔接。但他们往往将工作的重点放在办案，弱化羁押必要性审查工作，致使羁押必要性审查制度的功效难以充分发挥。监所检察部门不是案件承办单位，对案件情况不能做到全面掌握。但犯罪嫌疑人从刑拘开始直到有效判决生效前的诉讼全过程，都在其日常的监督工作中全面掌握。

其次，侦查监督、公诉部门的审查仅限于审查后逮捕、审查后提起公诉的案件，羁押必要性审查需要掌握案件的综合情况，侦查监督和公诉部门具有职权上的便利。捕后羁押必要性审查如果交给侦查监督部门负责，批捕工作如果出现不当逮捕和错误逮捕的情况，谁来监督、谁来纠正又是一个问题。

最后，选择监所检察部门进行审查更为可行。监所检察部门负责保护在押人员合法权利，这是在现有职权配置下客观中立的部门。监所检察部门负责大墙内的人权保护和监管秩序，不直接参与诉讼活动，没有部门利益冲突，更加具有客观中立性。过去监所部门对羁押人员的监督只单纯停留在对羁押期限合法性的监督上，忽视了羁押必要性监督。被羁押人员合法权利中最大权利应该是其人身自由权，即依法享有可以不被羁押权。因此，监所检察部门理应将其纳入监督范畴。监所检察部门负责犯罪嫌疑人从刑事拘留开始到法院判决前的诉讼全程监督，在日常的监督工作中，可以适时发现不当羁押和错误羁押，同时接受在押人员、近亲属及辩护律师要求变更和解除强制措施而未被有关机关采纳的申诉，审查后及时向有关机关（部门）发出变更和解除强制措施的建议。

因此，由监所检察部门主导羁押必要性审查，实际上是对羁押期限监督工作的具体化，没有超出职权范围。基于这样的思路，最高人民检察院理论研究所但伟研究员提出了"建立由驻所检察官根据在押人员的实际情况向办案单位提出变更强制措施检察建议的工作机制"。

综上，《刑事诉讼法》第93条规定了捕后羁押必要性审查制度，涵盖了捕后侦查、起诉、审判阶段的诉讼活动全过程。如果侦查监督、公诉、监所分阶段实施，就成了"铁路警察各管一段"，笔者认为，只有监所检察部门可以全过程、不留空白地开展羁押必要性审查工作，以监所检察部门作为羁押必要性审查主体，是在现有职权体系中落实羁押必要性审查最为可行方案。

五、羁押必要性审查的内容

犯罪嫌疑人、被告人被逮捕以后，随着侦查的进展，原批准或决定逮捕所依据的事实证据条件、刑罚条件、社会危险性条件都可能发生变化，进而影响到羁押的必要性。如审查批准逮捕时据以证明有犯罪事实的重要证据，随着侦查工作的深入，被新的证据所否定；立案时认定的犯罪数额，经过进一步调查核实，大为缩小，影响到对可能判处刑罚的预期；实施新的犯罪、干扰证人作证或者串供的可能性已被排除的等。这就要求检察机关根据新的情况对羁押必要性重新进行审视。根据司法实践，笔者认为，进行羁押必要性审查应当重点把握以下内容：

一是犯罪嫌疑人有无不适宜继续羁押的疾病或者特殊情形。如在羁押期间，犯罪嫌疑人是否出现患有严重疾病、生活不能自理、发现怀孕以及是生活不能自理之人的唯一扶养人等情况。修改后刑事诉讼法本着以人为本的原则，将这些情形列为可以实行取保候审或者监视居住的条件。因此，出现这些情形时，对犯罪嫌疑人一般不再适宜继续羁押。二是双方当事人是否进行了刑事和解。刑事和解是以犯罪嫌疑人真诚悔罪、赔偿损失、取得谅解为前提，当事人双方自愿达成刑事和解的，被羁押人犯新罪和毁灭证据等有碍侦查和诉讼的可能性将大幅下降，一般情况下也可以认为无须继续羁押。三是逮捕时所依据的案件事实、证据条件是否发生了重大变化。如果因案件事实、证据发生变化而导致对犯罪嫌疑人不能认定构成犯罪，非法证据得到有效的排除，或者不可能判处徒刑以上刑罚，则该被羁押人不再具备继续羁押条件。四是犯罪嫌疑人的社会危险性是否发生变化。社会危险性条件在逮捕后容易因取证进展等而发生变化。如查清案件事实并固定证据后，犯罪嫌疑人通过串供、毁灭证据而妨碍诉讼的社会危险性就会降低乃至消除。当然，社会危险性表现在多个方面，仅消除某一方面的社会危险性，还不能表明犯罪嫌疑人已没有羁押的必要性，而应对法律规定的五个方面的社会危险性全面进行审查评估。有的犯罪嫌疑人在案件已被突破后，社会危险性可能会降低，但自杀或逃跑的可能性会上升，仍有羁押之必要。五是犯罪嫌疑人的身份是否已经查清。对于因身份不明而径行逮捕的犯罪嫌疑人，经过侦查身份已经明朗，且其涉嫌的犯罪较轻，又不具有社会危险性的，可认为没有继续羁押的必要。

应当明确的是，上述所列具体情形的出现并非一定会导致羁押必要性发生变化，还应以逮捕条件作为标准进行全面审查判断，进而决定是否需要继续羁押。如双方当事人虽已经进行了刑事和解，但并不当然地导致犯罪嫌疑人不再具备羁押必要，还应依照逮捕条件特别是社会危险性条件进行综合判断。比如，犯罪嫌疑人涉嫌犯罪较重，虽与被害人达成和解，但有证据表明其迁怒于举报人而可能进行打击报复的，仍具有社会危险性，而需要继续羁押。同样，如果上述所列审查内容之外的情况导致羁押条件特别是社会危险性条件发生变化，也可以认为无继续羁押的必要性。

六、羁押必要性的审查判断标准

羁押必要性审查，首先必须解决审查判断标准问题。由于我国目前总体上仍维持了逮捕与羁押一体的体制。羁押必要性审查的基本判断标准应是法定逮捕条件，换句话说，逮捕的条件也就是羁押的条件。因此，在进行羁押必要性审查时，要以犯罪嫌疑人是否仍符合逮捕条件为基本的审查判断标准。

《刑事诉讼法》第 79 条从三个层面规定了逮捕的条件：一是逮捕的一般性条件，通常所把握的逮捕三个条件，即事实证据条件（有证据证明有犯罪事实）、刑罚条件（可能判处徒刑以上刑罚）和社会危险性条件（采取取保候审不足以防止发生五种法定的社会危险性情形之一）；二是径行逮捕的条件，即对于有证据证明有犯罪事实、可能判处 10 年有期徒刑以上刑罚或者有证据证明有犯罪事实、可能判处徒刑以上刑罚，曾经故意犯罪或者身份不明的，无须考虑是否具有五种法定社会危险性情形之一，即应予以逮捕；三是违反取保候审、监视居住规定，情节严重而可以转为逮捕的情形。羁押必要性审查应以上述第一类即一般逮捕条件为基本判断标准，经过审查，如果发现逮捕条件中的任何一个方面发生了变化，被羁押人已经不再符合逮捕的一般条件，应认为不再符合继续羁押的条件；如果被羁押人仍符合逮捕的一般条件，则仍应继续羁押。

对于根据上述第二类条件而径行逮捕的犯罪嫌疑人，在径行逮捕的条件发生变化后，仍应当对犯罪嫌疑人是否符合一般逮捕条件进行审查。如根据新取得的证据，犯罪嫌疑人已不可能判处 10 年有期徒刑以上刑罚或者身份已经查清，不再符合径行逮捕条件，也并不能当然地认为不再具备羁押必要性，而应当再以逮捕的一般条件进行审查，如果符合逮捕的一般条件，则仍具备继续羁押的必要。对违反取保候审、监视居住规定而予以逮捕的犯罪嫌疑人，也应参照逮捕的一般条件进行羁押必要性审查。这类案件特别是原采取取保候审的案件，之所以转为逮捕，是因为犯罪嫌疑人违反了取保候审、监视居住规定，表现出严重的社会危险性。因此，在进行羁押必要性审查时，应根据具体案情，对犯罪嫌疑人是否仍具有妨害诉讼的社会危险性进行审查，如果涉嫌的犯罪比较轻微，案情已基本查清，再次取保候审或监视居住能够保障诉讼，则可认定为不再具备羁押的必要。

论对"不强迫自证有罪"条款的几种误读

赵占坤* 梁 岩**

作为此次修法的亮点之一,新《刑事诉讼法》第50条在严禁刑讯逼供的基础上增加规定"不得强迫任何人证实自己有罪"。新法颁行至今,这个被赞誉有加的亮点也成了聚讼纷纭、莫衷一是的争点、疑点。对于"不强迫自证有罪"的性质、内涵、意义,尤其是它与《刑事诉讼法》第118条"如实回答"义务之间的关系,各界的理解和期待不尽相同。这些看法有的过于乐观,有的又失之悲观,但很多评价都建立在对相关范畴及其依存环境的误读之上。不澄清这些误解,"不强迫自证有罪"条款在司法实践中就很难得到准确适用。而在对该条款的误解中有以下几种颇具代表性。

一、"不强迫自证有罪"规定确立了不被强迫自证其罪原则

作为现代刑事诉讼的一项基础原则,不被强迫自证其罪在国际人权公约以及大多数国家的刑事诉讼立法中均有体现。该原则的一般要求是,任何人不得被强迫对自己涉嫌的罪行作证。一种被普遍接受的观点认为,"随着十一届全国人大第五次会议上修改刑事诉讼法决定的顺利通过","不被强迫

---

* 山东济宁任城区人民检察院党组成员、纪检组长。
** 任城区人民检察院法律政策研究室副主任。本文系2013年度山东省人民检察院检察理论研究一般课题"'反对强迫自证其罪'原则下讯问犯罪嫌疑人相关问题研究"(SD2013B08)的阶段性成果。

自证其罪这一国际刑事司法规则终于在我国正式确立"。① 但在笔者看来，这显然是一厢情愿的误解。诚然，在刑事诉讼法再修改的研讨中，出于借鉴发达国家的立法经验、提高我国刑事诉讼人权保障水平的需要，同时考虑到我国已经签署联合国《公民权利和政治权利国际公约》（以下简称《公约》），而该《公约》第 14 条（3）（G）项将"不被强迫作不利于他自己的证言或强迫承认犯罪"规定为"最低限度的保证"，学者们普遍建议确立不被强迫自证其罪原则。② 也不可否认，新刑事诉讼法中增加规定"不得强迫任何人证实自己有罪"，既出于"与国际公约的有关规定相衔接"的需要，也充分考虑了上述立法建议中的其他根据和理由，甚至也想把它塑造为一个原则性质的规定。③ 然而，事实表明，"不强迫自证有罪"条款与国际司法准则意义上的不被强迫自证其罪原则是貌合神离。

其一，"不强迫自证有罪"的法条位置真实反映了立法者对该条款的功能定位。立法者并没有把"不强迫自证有罪"条款纳入刑事诉讼法第一章的基本原则中，而只是将其规定于证据一章取证的要求和限制规则中。这当然不是无心之举。因此，在"关于《中华人民共和国刑事诉讼法修正案（草案）》的说明"中，立法机关将增加该条款仅仅视为完善非法证据排除制度的措施之一："为从制度上进一步遏制刑讯逼供和其他非法收集证据的行为，维护司法公正和刑事诉讼参与人的合法权利，有必要在法律中对非法证据的排除作出明确规定。据此，修正案草案在刑事诉讼法规定严禁刑讯逼

---

① 相关观点参见陈学权：《比较法视野下我国不被强迫自证其罪之解释》，载《比较法研究》2013 年第 5 期；王雄飞：《反对强迫自证其罪原则的确立及其制度配套》，载《人民检察》2012 年第 17 期；杨宇冠：《〈刑事诉讼法〉修改凸显人权保障——论不得强迫自证有罪和非法证据排除条款》，载《法学杂志》2012 年第 5 期。

② 有学者提出，应在刑事诉讼法总则中规定，"不得强迫任何人证明自己无罪或作其他不利于自己的陈述"（陈光中：《中华人民共和国刑事诉讼法再修改建议稿与论证》，中国法制出版社 2006 年版，第 6 页）。也有学者主张，应在刑事诉讼法中增加权利告知的规定，而要告知的权利中应当包括"不得被强迫自证其罪"的权利（陈泽宪、熊秋红：《刑事诉讼法修改建议稿与论证：以被指控人的权利保护为核心》，中国社会科学出版社 2009 年版，第 1 页）。

③ 王尚新、李寿伟：《〈关于修改刑事诉讼法的决定〉释解与适用》，人民法院出版社 2012 年版，第 45 页。

供的基础上，增加不得强迫任何人证实自己有罪的规定。"① 然而，在现代法治国家，不被强迫自证其罪通常作为基本人权规定在宪法之中。在美国，不被强迫自证其罪是联邦宪法第五修正案的重要内容，其与"禁止双重危险规则"等一起构成"美国刑事诉讼制度的根本支柱"。② 在加拿大，不被强迫自证其罪在 1982 年《权利与自由宪章》第 11 条第 3 项中得到确认。《日本国宪法》第 38 条对该原则也有规定，而《日本刑事诉讼法》第 146 条又对其加以细化。德国法律中虽然没有不被强迫自证其罪的明文规定，但由于该国已批准加入《公约》"并将其转变为国内法"，所以，不被强迫自证其罪仍被认为是一个宪法性的要求。③ 与德国类似，在法国，不被强迫自证其罪被看作由"超立法规范"——《欧洲人权公约》确定的根本原则。《欧洲人权公约》虽未规定不被强迫自证其罪，但该原则已经通过 Funcke 案等很多判例"得到欧洲人权法院的确认"。④

其二，"不得强迫"与"不被强迫"蕴含着不同的诉讼理念。理解"不强迫自证有罪"，不能脱离它在法条中的具体语境。根据《刑事诉讼法》第 50 条的表述，"不得强迫任何人证实自己有罪"的主语仍是"审判人员、检察人员、侦查人员"。因此，该条款只是对公安司法人员取证行为的规制，只是"对司法机关收集口供的原则性要求"，只是"从原则和理念上进一步强化对于刑讯逼供的严格禁止"，⑤ 它主要着眼于职权行为的规范性。要求公安司法人员"不得强迫"并不必然意味着被追诉者有权"不被强迫"，因为"强迫"并不止于取证手段的强迫。换言之，犯罪嫌疑人、被告人目前并不享有完整意义上的"不被强迫"或者"不自我控告"的权利。

---

① 王尚新、李寿伟：《〈关于修改刑事诉讼法的决定〉释解与适用》，人民法院出版社 2012 年版，第 45 页。
② ［美］约翰·W. 斯特龙：《麦考密克论证据》，汤维建等译，中国政法大学出版社 2004 年版，第 233 页。
③ ［德］托马斯·魏根特：《德国刑事诉讼程序》，岳礼玲、温小洁译，中国政法大学出版社 2004 年版，第 79 页。
④ ［法］贝尔纳·布洛克：《法国刑事诉讼法》，罗结珍译，中国政法大学出版社 2009 年版，第 60 页。
⑤ 全国人大常委会法制工作委员会刑法室：《关于修改中华人民共和国刑事诉讼法的决定——条文说明、立法理由及相关规定》，北京大学出版社 2012 年版，第 45 页。

然而，作为国际刑事司法准则的"不被强迫自证其罪"的主语是"任何人"，该原则强调的是被追诉人等所享有的一种主体性权利，它所针对的不仅仅是侦讯人员的强迫手段，还包括任何程序上或法律上的强制，且以后者为重。所以，不管是美国宪法第五修正案中的"nor shall be compelled"，抑或《公约》第 14 条（3）（G）中的"Not to be compelled"，[①] 使用的都是被动语态，这是一种表达权利的特有话语方式。这种权利实质上是一种"特权"，它豁免了特定情况下公民的作证义务。

其三，"不强迫自证有罪"条款并未肯定不被强迫自证其罪原则的核心内容。不被强迫自证其罪素有"戈尔迪之结"之称，[②] 对于该原则到底保护什么，如何保护，以及作为其构成要件的"任何人"、"强迫"、"归罪性"、"作证"等，即便是在作为其发源地的普通法国家，也都存在"异乎寻常的争论"。但不被强迫自证其罪的基本含义是，在可能导致自我归罪的事项上，任何人有权不被强迫充当反对自己的证人。如果缺失了这项权利，如美国联邦最高法院所说，涉嫌犯罪的人就很容易陷入从"自我控告"、"撒谎"或"因藐视法庭受到制裁"中三选其一的残酷困境。[③] 而当确立了这项权利，涉嫌犯罪的人至少可以选择保持沉默。可见，不被强迫自证其罪的要义之一就是强调在自我归罪问题上的自由意志。然而，反观我国刑事诉讼法，其第 118 条依然要求："犯罪嫌疑人对侦查人员的提问，应当如实回答。"根据该规定，除了无关的问题外，犯罪嫌疑人对侦查人员的提问，不能拒绝回答，甚至没有撒谎的自由。这意味着，虽然公安司法机关不能强迫任何人证实自己有罪，但自我归罪仍是犯罪嫌疑人的义务。在面对侦查人员的讯问时，除了自证有罪或无罪，至少在法律层面、在形式上没有提供能保护其自由意志的其他选择。

---

① 《公约》对该条的英文表述是："Not to be compelled to testify against himself or to confess guilt"。杨宇冠教授对该条的翻译是"不得强迫被告自供或认罪"。（参见杨宇冠：《〈刑事诉讼法〉修改凸显人权保障——论不得强迫自证有罪和非法证据排除条款》，载《法学杂志》2012 年第 5 期。）笔者认为，译文不宜改变原文的语态。

② Akhil Reed Amar & Renée B. Lettow. Fifth Amendment, First Principles: The SelfIncrimination Clause. Mich. L. Rev., 1995（93）：857.

③ Pennsylvania v. Muniz, 496 U. S. 582, 596（1990）.

其四，"证实自己有罪"和"自证其罪"的要求大相径庭。作为一种特权，不被强迫自证其罪适用的前提是具有自我归罪的威胁和风险。只要陈述或作证有可能增加自己被定罪的风险，就进入该特权保护的范围。虽然这种被归罪的风险必须是"实质的""真实的"，[①] 而且风险的具体程度也有一定的自由解释空间，但通常认为，该风险不仅包括回答或作证本身会支持对自己的定罪，也包括可能以此作为获取其他支持对自己定罪的证据的线索。[②] 即便是有关其身份的事实或信息，如果会给自己带来"合理的归罪风险"，[③] 政府也无权强制任何人泄露。事实上，《公约》规定的不被强迫自证其罪最低限度的保证也涵盖了认罪或不利于他自己的证言、陈述。而我国新刑事诉讼法对"强迫"内容的表述则是"证实自己有罪"。"证实"，顾名思义，就是证明属实。证实不仅要求行为意义的举证义务，还包含了一定的举证程度方面的要求。在某种意义上可以说，"证实"强调的只是证明责任。不能强迫任何人证实自己有罪，就是不能强迫任何人承担证明自己有罪的责任。那么，证人仅提供可能引发对自己刑事指控的证言算不算"证实自己有罪"？犯罪嫌疑人、被告人作有自我归罪风险的陈述属不属于该条款调整的范围？强迫犯罪嫌疑人、被告人证明自己无罪是否违反该条款的要求？这些都会有争论。所以，用"证实有罪"其实是大大降低了对"强迫"程度的要求，[④] 过度严格了对"自证其罪"的解释，也进一步凸显了该条款为"取证规范"而非"特权原则"。

其五，我国的非法证据排除规则也并未将"强迫"作为认定非法言词证据的充分条件。尽管各国对"强迫"有不同的理解，"强迫"也并非包括来自控方的任何压力，[⑤] 但一般而言，一旦被认定为强迫，就会在之后的刑

---

① Marchetti v. United States, 390 U. S. 39, 53 (1968).

② United States v. Hubbell, 530 U. S. 27 (2000).

③ Hiibel v. Sixth Judicial District Court of Nevada, 542 U. S. 177 (2004).

④ 有人指出，应将"不得强迫任何人证实自己有罪"中的"证实"改成"证明"，因为二者在程度上要求不同。（参见陈霄、焦红艳：《刑诉法修正案草案：六大方面有待完善》，载《法制周末》2011 年 9 月 7 日。）但笔者认为，"证明"和"证实"区别不大，应将其改为"作证"、"自证其罪"或者其他更为准确的表述，以从更大范围涵盖归罪的风险。

⑤ South Dakota v. Neville, 459 U. S. 563 (1983).

事审判中引发非法证据排除或证据使用禁止的效果，这是不被强迫自证其罪原则的必然要求。然而，我国的非法证据排除规则仅将非法言词证据限于采用刑讯等非法手段逼取的口供和采用暴力、威胁等非法手段取得的证人证言、被害人陈述。该界定不仅在范围上没有囊括法律或程序强制，在"强迫"程度上标准也很高。即使在讯问、询问时采取了为法律所禁止的"强迫"手段，相关陈述能否被确认为非法言词证据还要取决于其是否达到了相当严重的程度——与刑讯相当，只有造成剧烈疼痛或痛苦的"强迫"才能充足非法言词证据的条件。这与不被强迫自证其罪原则的要求有一定距离。

二、"不强迫自证有罪"规定包含沉默权

我国学界对于不被强迫自证其罪原则的关注是从研究沉默权开始的。特别是1996年刑事诉讼法颁布及1998年签署《公约》前后，沉默权一度成为研究热点。对于2012年刑事诉讼法对沉默权的冷处理，不少学者引以为憾。但也有部分学者认为，"无论立法者是否自觉，把'不得强迫任何人证实自己有罪'写进刑事诉讼法，就标志着中国法律确认了犯罪嫌疑人和被告人的沉默权"，只不过，我们确立的是"默示的沉默权制度"。[1] 亦有学者提出，"不强迫自证有罪"条款至少确立了一种"中国式的沉默权制度"。[2] 还有人主张，应严格区分"沉默权"与"沉默权制度"这两个概念。沉默权是"不强迫自证有罪"蕴含的应然的权利，而沉默权制度则是处于实然状态的"有关沉默权的行使及保障的规则"。因此，《刑事诉讼法》第50条尽管没有明确建立沉默权制度，但"当然地赋予了被追诉人保持沉默的权利"[3]。但笔者认为，以上对于"不强迫自证有罪"条款与沉默权关系的解读，并不准确。

---

① 何家弘：《中国已确立沉默权制度》，载《人民法院报》2012年8月1日。
② 万毅：《论"不强迫自证其罪"条款的解释与适用——〈刑事诉讼法〉解释的策略与技术》，载《法学论坛》2012年第3期。
③ 李晨：《我国"不得强迫自证其罪原则"若干问题研究——兼议我国沉默权现状之争》，载《山西警官高等专科学校学报》2014年第1期。

其一，即便是不被强迫自证其罪原则意味着被追诉人"理所当然地享有了沉默权"，[①] 也不能由此得出我国已确立了沉默权制度。如上所述，不管是功能定位、理念基础、核心意旨，还是在具体要求及配套规则上，"不强迫自证有罪"条款都有别于国际刑事司法准则意义上的不被强迫自证其罪原则。"不强迫自证有罪"之于不被强迫自证其罪原则，至少在某些方面，就如同我国的"法院统一定罪原则"之于无罪推定原则，或者我国的取保候审制度之于保释制度，虽然形似，但实质精神上有较大差别。毋庸置疑，规定"不强迫自证有罪"可能部分出于与《公约》接轨的需要，其发展方向可能也是真正意义上的不被强迫自证其罪原则。而且，如果非要把"不强迫自证有罪"称为中国特色的不被强迫自证其罪原则也未尝不可。但是，在当下，无视二者在内涵上的重大（也许是根本性的）差别，认为我国已经确立了不被强迫自证其罪原则，进而推导出犯罪嫌疑人在面对侦查人员讯问时有权保持沉默，这种认识无疑是盲目乐观、自欺欺人，对于"不强迫自证有罪"条款的司法适用和立法完善有害无益。

既然"不强迫自证有罪"不同于不被强迫自证其罪原则，那么，从"不强迫自证有罪"条款本身能不能推导出被追诉者的沉默权呢？答案是否定的。

就立法背景和目的而言，《刑事诉讼法》第 50 条之所以采取"犹抱琵琶半遮面"的表达方式以及《刑事诉讼法》第 118 条之所以保留"如实回答"义务，就是考虑到确立沉默权的条件尚不成熟，就是对当前"国情""民心"的反映。刑事诉讼法再修改的研讨中，学界要求废除"如实回答"义务、确立沉默权的呼声很高，然而，该建议显然遭遇了来自实务部门的阻力。调查显示，绝大多数公安司法人员对建立沉默权制度持反对或保留态度，87.5% 的刑事侦查人员、83.2% 的刑事检察人员、79.2% 的刑事法官均不赞成沉默权或虽然赞成，但认为目前确立的条件尚不成熟。[②] 如果说侦查资源的有限性、证明标准和证据规则的羁绊以及配套制度上的不足等能够通

---

① 何家弘：《中国已确立沉默权制度》，载《人民法院报》2012 年 8 月 1 日。
② 闫召华：《口供中心主义研究》，法律出版社 2013 年版，第 383 页。

过政策上的倾斜、立法上的努力相对容易地解决，观念和体制上的障碍却是一时间难以逾越的。公安司法机关依然习惯于口供中心主义的诉讼方式，作为沉默权主观羁绊的深层逻辑仍然根深蒂固，在这种情况下，即使规定沉默权，也有可能徒具形骸。更何况，保障人权的水平需要与打击犯罪的能力相适应，民众也不能接受没有稳定的程序公正。这是立法者在沉默权问题不敢急突冒进的原因所在。

就字面表述而言，"不强迫自证有罪"亦不具有沉默权的内涵。作为对取证权的规制，"不强迫自证有罪"——如果暂时忽略来自法律或程序的强制——至多确立了被取证对象的一种自由，即在"自我证实有罪"问题上，可以自由选择，而无须担心受到取证人员的折磨或迫害。按照海思教授提出的"法定自由"的"三元结构"去描述，"不强迫自证有罪"条款就是任何人（x）在"自我证实有罪"（y）方面有自由去做或不去做（z）。[①] 如果自由意味着某些人（x_1）在某些领域（y_1）解除了约束和限制，那也同时表明另一些人（x_2）在这一领域（y_1）或者这些人（x_1）在另一些领域（y_2）仍要接受限制。[②] 因此，"自我证实有罪"问题上的自由可能意味着在非"自我证实有罪"问题上的不自由。而更为重要的是，自由并不过分关注最终的选择本身是什么。在"自我证实有罪"问题上的每一种自由选择，比如自证有罪，或者保持沉默，在自由的视阈中，并不一定都是正确的或者合情合理的，值得切实保障或鼓励的。也就是说，自由不能想当然地换算为权利。你有撒谎的自由，但不适合说你有撒谎的权利，同样道理，你有沉默的自由，也不能必然等同于你有沉默的权利。

就制度保障而言，"不强迫自证有罪"也未建立哪怕是"默示的沉默权制度"。尽管各国对于沉默权的理解有些许差异，但一般认可沉默权的两个基本要求：一是被追诉人在面对讯问时有拒绝回答或完全保持沉默的权利，二是原则上被追诉者不因拒绝回答而受到不利的评论或推论。[③] 然而，如上

---

① ［荷］马丁·范·海思：《对法、权利和自由的规范分析》，席天扬、方钦译，上海财经大学出版社 2012 年版，第 223 页。
② ［英］泽格蒙特·鲍曼：《自由》，杨光、蒋焕新译，吉林人民出版社 2005 年版，第 2 页。
③ 孙长永：《沉默权制度研究》，法律出版社 2001 年版，第 3 页以下。

所述，我国的"不强迫自证有罪"条款并没有给予被追诉者拒绝回答或保持沉默的权利。相反，《刑事诉讼法》第118条规定，面对侦查人员的讯问，犯罪嫌疑人或者陈述有罪的情节，或者作无罪的辩解，应当如实回答侦查人员的提问。这实质上是对拒绝回答或保持沉默权的明确否定。即使如个别学者或官员所言，"如实回答"义务可以理解为，"犯罪嫌疑人对侦查人员的提问，可以选择回答，也可以选择沉默，但如果选择回答，那就要如实陈述"，这里的"选择沉默"依然属于自由范畴，有别于拒绝回答或保持沉默的权利。正因如此，第118条才同时规定，犯罪嫌疑人有权利拒绝回答的，只限于与本案无关的问题。此外，我国的刑法、刑事诉讼法也并未禁止对被追诉人的拒绝回答或沉默作不利的评论或推论。

其二，不被强迫自证其罪原则与沉默权尽管关系密切，但也不宜完全混为一谈，不被强迫自证其罪原则是否理所当然地包含沉默权有待商榷。不被强迫自证其罪原则和沉默权有着共同的思想渊源，而对于被追诉者的保护，二者也有着大体一致的效果和精神，互为表里，唇齿相依，以至于不少学者对这两个概念不加区别的使用。但严格说来，二者的内涵只是有交叉，而并非完全重合。

不被强迫自证其罪原则与沉默权产生和确立的时间并不一致。谈及不被强迫自证其罪，一般都会追溯到英国的李尔本案。但其实李尔本案虽然推动了职权宣誓程序的废除，但并未反对强迫自我控告本身。[①] 17世纪中后期，特别是英国资产阶级革命后，"反强迫自我控告"才在法庭上为被告人频频引用，且随着法院越来越多的认可日益原则化，而与此同时，专门针对证人的不被强迫自证其罪特权也在英国普通法中得以确立，从而勾勒出现代意义上不被强迫自证其罪原则的基本轮廓。18世纪末19世纪初，随着辩护律师的广泛参与，被告人的诉讼职责得以进一步解放，沉默权始在普通法中孕育，并最终被写入英国成文法。在美国，早在1791年就在宪法第五修正案中明确规定了不被强迫自证其罪原则。然而，该修正案并没有免除被告人如

---

① Margaret Lucille Kekewich. Princes and Peoples: France and British Isles, 1620 – 1714: an anthology of primary sources. Manchester: Manchester University Press, 1994, p. 79.

实供述的义务，也不禁止法官或治安法官在不要求事先宣誓的情况下对被告
的有力发问，更没有赋予未宣誓被告人在拒绝回答问题时免受不利推论的权
利，它所禁止的只是强迫宣誓、刑讯以及其他从被告人处获取信息的不适当
方法。① 同英国一样，美国沉默权的形成也是以不被强迫自证其罪原则为基
础，并与诉讼构造的缓慢转型交织在一起。在德国，从废除刑讯，废止不服
从罚和说谎罚，到法律承认"不得要求被告对自己的犯行作出贡献"，以及
明文规定证人的不被强迫自证其罪条款，再到实质上接受沉默权，并增定沉
默权告知义务，② 也经历了漫长的演变过程。

　　不被强迫自证其罪原则和沉默权的内涵也不尽相同。首先，不被强迫自
证其罪原则适用于任何人，包括审前的犯罪嫌疑人和审判中的被告人，也包
括证人，而沉默权则主要适用于犯罪嫌疑人、被告人。其次，不被强迫自证
其罪原则可以在刑事诉讼、民事诉讼、立法听证等各类正式或非正式程序中
被援用和主张，而沉默权一般限于刑事诉讼程序，特别是侦查程序。再次，
二者注重调整的强迫的种类也不一样，③ 不被强迫自证其罪重在防范形成自
我归罪证据的"直接强迫"，如以藐视法庭罪为威胁的程序强制和刑讯等强
迫取证手段。而沉默权则旨在规制来自政府的"间接强迫"，如在未进行米
兰达忠告的情况下讯问获取的口供或者对被追诉人的沉默作不利的推论。再
其次，不被强迫自证其罪原则虽然主要针对"言词或交流证据"，④ 但在部
分国家也适用于没有思想交流的、在证明自己犯罪方面的协助，如提取血
样、测谎等。它们的依据是，陈述与非陈述的协助举动，在强迫自我控诉入
罪的本质上并无不同。⑤ 而沉默权一般限于被追诉人的陈述。最后也是最为
重要的一点是，不被强迫自证其罪原则是以一般性的陈述义务为前提的，是

① Albert W. Alschuler. A Peculiar Privilege in Historical Perspective: The Right to Remain Silent (1996) //The Miranda Debate: Law, Justice, and Policing (Richard A. Leo, George Conner Thomas), Boston: Northeastern University Press, 1998, p. 159.
② 王士帆：《不自证己罪原则》，春风煦日基金 2007 年版，第 38 页以下。
③ Nicolas A. J. Croquet. The Right of Silence and Not To Self – incriminate under The European Convention On Human Rights: to What Extent Are Qualified? . Cambridge Student L. Rev, 2008 (4): 214.
④ Schmerber v. California, 384 U. S. 757 (1966); Deo v. United states, 487 U. S. 201 (1988).
⑤ 参见林钰雄：《刑事证据的逻辑法则之规范运用——对 2003 年刑事诉讼法相关修正条文的谬误探讨》，载《全国律师》2005 年第 7 期。

对该义务在特定情况——可能导致自我归罪的问题——下的豁免，所以，在援用时必须个案释明，这也是称其为"特权"的原因所在。而且，不被强迫自证其罪无法放弃，追诉机关不能以本人放弃为由施以强迫。而沉默权则是否定任何陈述义务，且无须说明理由，是一种一般性权利。在明知、理性、自愿的前提下，沉默权还可以放弃。显然，不被强迫自证其罪原则与沉默权并非是简单的重合或者包含关系。

三、"不强迫自证有罪"规定与"如实回答"义务相冲突

新刑事诉讼法规定了"不强迫自证有罪"，但同时也保留了犯罪嫌疑人"如实回答"侦查人员提问的义务。如何认识二者的关系，成为新刑事诉讼法理解与适用中的争点之一。一种观点认为，"不强迫自证有罪"实质上赋予了犯罪嫌疑人"开口"与否的自由，与沉默权具有"等效性"和"互释性"。相反，"如实陈述"义务作为强行性规范和义务性规范，则意味着犯罪嫌疑人至少在法律上有"开口"的义务，而无沉默的权利。二者在精神上相互抵牾，在逻辑上无法自洽，存在直接冲突。[①] 而也有观点指出："'不得强迫任何人证实自己有罪'要点在'强迫'二字，并不意味着反对一个人自证其罪。如实回答的义务并没有取消，不得自证其罪和鼓励自愿供述并不冲突。"[②] 另有学者支持"无冲突说"，则是立足于对"应当如实回答"的重新诠释，认为该义务强调的只是"如实"，否定的是犯罪嫌疑人虚假回答的权利，即面对侦查人员的提问，犯罪嫌疑人可以选择不回答，但只要回答，就应当实事求是。这种另辟蹊径的理解扭曲了立法本意，但似乎可以得到规范分析的支撑：刑事诉讼法将"如实回答"侦查人员的提问规定在了"应当首先讯问犯罪嫌疑人是否有犯罪行为，让他陈述有罪的情节或者无罪

---

① 相关观点参见万毅：《论"不强迫自证其罪"条款的解释与适用——〈刑事诉讼法〉解释的策略与技术》，载《法学论坛》2012年第3期；李建东：《论不被强迫自证其罪原则与如实回答义务的冲突与平衡》，载《河南财经政法大学学报》2012年第6期。
② 此为陈光中教授的观点。转引自徐俊：《"不得强迫任何人证实自己有罪"与"应当如实回答"相冲突》，载《江西警察学院学报》2011年第5期。

的辩解，然后向他提出问题"之后，也就是说，只有在陈述了有罪情节或无罪辩解，即选择了回答后，他才承担该项义务。因此，在能否强迫犯罪嫌疑人"开口"方面，"如实回答"和"不强迫自证有罪"的要求并无二致。①

笔者认为，要想分清上述论争孰是孰非，首先需要正确理解"不强迫自证有罪"和"如实回答"的含义。上已述及，"不强迫自证有罪"不同于不被强迫自证有罪原则，也并未包含沉默的权利。按照权威解释，之所以增加规定"不强迫自证有罪"，仅是为了进一步防止和遏制刑讯逼供而对司法机关提出的"一个刚性的、严格的要求"。②而且，由于"我国刑事诉讼中早就有严禁刑讯逼供这样的规定"，"不强迫自证有罪"可以说是"我国刑事诉讼法一贯坚持的精神"。③显然，"不强迫自证有罪"针对的是强迫取证手段，它并没有免除接受讯问和如实供述的义务。另一方面，"如实回答"则要求在回答侦查人员提问时，应根据客观情况，有问必答，不能沉默，也不能说谎。至少从形式上看，"如实回答"是一种法律义务，尤其是当提问的内容是关于有罪、罪重、加重的情形时。当然，要求犯罪嫌疑人履行该义务不能借助于"刑讯"等强迫手段。所以，"不强迫自证有罪"和"如实回答"在内容上并没有根本性的冲突。尤须注意的是，刑事诉讼法既未规定不履行"如实回答"义务的惩戒措施，如追究"藐视法庭""谎供"等的责任，也未明确可对沉默或谎供作有关犯罪事实的不利推定。法律后果的阙如导致"如实回答"义务有名无实，成为一种事实上的"法律劝谕"和"道德义务"。相应的，"如实回答"规定的真正作用也不在强迫获取口供，而是通过否定沉默的权利，督促自愿地如实陈述。由此，"不强迫自证有罪"和"如实回答"不仅不冲突，反而在"鼓励自证其罪、反对强迫取供"的立法精神上达成统一。

上述观点当然不是为了粉饰"立法纰漏"的牵强附会或者强词夺理，

---

① 樊崇义：《从"应当如实回答"到"不得强迫自证其罪"》，载《法学研究》2008年第2期。
② 郎胜：《不得自证其罪和如实回答不矛盾》，载 http://news.ynxxb.com/content/2012 – 3/9/N97570 149436.aspx，2014年4月27日。
③ 郎胜：《中华人民共和国刑事诉讼法修改与适用》，新华出版社2012年版，第117页。

"不强迫自证有罪"与"如实回答"的相容性还可以从以下三个层面进一步认识。

其一，二者同为我国强制型取供机制的有机组成部分。和那些确立了沉默权的国家相比，我国的取供机制仍然带有一定的强制性，并在某种程度上呈现出"制度逼供"的现实。该强制性集中体现在五个方面：第一，虽然强调口供的真实性、合法性，但并未明确要求口供的自愿性或任意性，未确立自白任意性规则。第二，虽然未规定"不回答"或"不如实回答"的不利后果，但依然规定了应当"如实回答"的义务。第三，虽然反对"强迫"，但并不完全排除"强迫"获取的口供。第四，虽然赋予了被讯问人一定的防御性权利，但侦查讯问缺乏监督，带有很强的封闭性、单方性。第五，倡导和重视以"宣讲刑事政策"和"思想工作"让犯罪嫌疑人交代罪行。在上述机制中，"不强迫自证有罪"条款对部分"强迫"的禁止何尝不是对另一些"强迫"的默许，其与不被强迫自证其罪原则的每一分差距都可能对我国取供机制的强制性有所增进。而"如实回答"义务更是直接否定了沉默的权利，使被讯问人在法律、道德层面处于明显劣势，大大减少了其与讯问主体进行谈判或者"交易"的资本。二者一反一正，相辅相成。

其二，二者共同反映并决定于我国刑事诉讼的目的与结构。刑事诉讼法之所以规定"不强迫自证有罪"而非不被强迫自证其罪原则，之所以没有废除"如实回答"义务，之所以将提审犯罪嫌疑人作为审查起诉的基本方式，将讯问被告人作为法庭审理的基础和主线，正如，它既反对有罪推定，也不明确无罪推定，原因之一就是，按照我们的诉讼目的论和价值观，刑事诉讼要"演绎实体真实"，而被追诉人则是发现实体真实的重要的证据方法和证据来源。而另一方面，刑事诉讼法之所以通过"如实回答"强调犯罪嫌疑人的配合义务，之所以将"不强迫自证有罪"仅规定为"取证手段禁止"，也是为了让公安司法机关的公共权力运行地更加顺畅和圆满。刑事诉讼中，被追诉人的诉讼权利不仅难以形成对公共权力的有效反制，其存在和实现都还依赖于公共权力。一言以蔽之，我国刑事诉讼立法与实践虽然基本坚持了惩罚犯罪与保障人权并重的目的观，但对惩罚犯罪仍有所倾斜，我国刑事诉讼中的职权色彩虽不断减弱但依然存在，线形结构的特征也较为明显，还没有完全实现由"行政性治罪程序"向"法治化的公正诉讼程序"的转变，① 这决定了"不强迫自证有罪"条款和"如实回答"义务的并存及各自的特定内涵。

其三，二者的"混搭"根源于我国的社会文化。"权利永远不能超出社会的经济结构，以及由经济结构所制约的社会的文化发展。"② "如实回答"追求的是客观真实，强调的是被追诉人对于追诉机关、公民对于国家的义务和责任。"如实回答"义务实质上就是在法律和政策层面"强迫"被追诉人配合追诉机关，对自己的"罪行"积极贡献证据，即以被追诉人一定程度上的客体化作为发现真实的代价。而"不强迫自证有罪"条款直接针对的也只是刑讯等非法取供手段，相对于被追诉者的主体性，它更为关注被追诉人的身体健康权、人身自由权、免受错误定罪权等实体权利。在二者的"混搭"结构中，被追诉人尚未真正被"视为一个具有独立自我意识的主体"，其人格尊严权等精神层面的权利被忽略，工具化和客体化的现象自然难以避免。而就这种"混搭"结构的形成而言，两种社会因素不容忽视：第一，一直以来，国家主义、集体主义都是我国最重要的道德原则，而在社会的价值取向上，整体看来，秩序还是优位于权利，安全仍然优位于自由，个体的独立人格没有得到应有的重视。第二，"宪法尚未完全树立权威，法律尚未有效驾驭权力"。权力惯以"家长"的姿态出现，而民众尤其是当事者则惯于对权力的信任和依赖。在这种"父爱主义"的权力运行机制下，经常诉诸对集体或个体的关爱而限制或否定个体权利。

结　语

如果"不强迫自证有罪"条款不意味着不被强迫自证其罪原则的引入，也不意味着沉默权的确立，那么，它到底意味着什么？从大陆法系国家不被强迫自证其罪原则的确立过程看，一般都经历了如下制度变迁：从废除刑讯，到废止取证的程序强制，再到确立陈述的自愿性，最后明确规定不被强

---

① 孙长永主编：《刑事诉讼法学》，法律出版社 2013 年版，第 40 页。
② 《马克思恩格斯选集》（第三卷），人民出版社 1995 年版，第 12 页。

迫自证其罪原则及沉默权。比较起来，我国增设"不得强迫自证其罪"条款其实尚属于从反对取证手段强迫到反对任何程序强制的过渡阶段。尽管从反对手段强迫到不被强迫自证其罪原则的最终确立还有一段距离，但这一阶段仍然是不可或缺的，因为，只有提出"强迫"的概念，才有可能准确理解和充实"强迫"的内涵和外延，进而引出"自愿"这一重要的程序法和证据法范畴。所以，提出"反强迫"本身就是对以往刑事诉讼法单纯地禁止"刑讯、威胁"等取证手段的超越，它意味着我国刑事取供机制开始了从强迫型向自愿型的转变，进而会逐步要求公安司法机关将犯罪嫌疑人、被告人作为有独立人格的人、作为真正的程序主体而不仅仅是证据方法或证据来源对待，它标志着我们的刑事诉讼结构朝文明、公正的方向又迈出了坚实的一步。

军事检察机关侦查监督的检讨与完善

张进红[*]

"犯罪"，虽然不同时期的法律赋予其不同的内涵与外延，但它一直相伴于人类文明社会左右。犯罪活动扰乱了国家所要维系的社会秩序，侵蚀了社会文明的健康肌体，被视为文明社会的"顽疾"。为了惩治犯罪，保护正常的社会生活、生产秩序，国家创设了警察、刑罚、监狱，侦查亦随之应运而生。千百年来，侦查以查明犯罪真相为天职，被视为犯罪的"天敌"和"克星"。正如我国台湾地区学者林钰雄教授所言："古今中外，发现刑事案件之真相，被视为刑事审判想当然的目的。"为此，人类曾经使用各种手段，从所罗门式的威胁欺诈到令人惨不忍睹的刑讯逼供。不择手段、不问是非、不计代价的真实发现是刑事诉讼实体价值的真实体现，也是古代刑事诉讼制度的特征。"若谓启蒙的刑事诉讼法与过去有何不同，或许是'三不'的界限：刑事诉讼法禁止不择手段、不问是非、不计代价的真实发现！"[①]挥别"三不"，禁止刑讯逼供，对具有侵略性、扩张性的侦查权进行控制和约束，尊重和保障人权，成为现代刑事诉讼的基本理念之一，也是现代文明法治国家的基本特征。随着我国司法体制改革进程的不断深入，刑事诉讼法继1996年修改之后又经历了一次重大修正。这在我国民主法治建设和依法治国进程中具有里程碑意义，是完善我国刑事司法制度、推动法治文明的重要举措。其中，对保障人权、逮捕制度、证据制度、侦查措施、辩护制度等进行的修缮，为军事检察机关侦查监督工作带来发展机遇和挑战。如何结合军事检察机关侦查监督工作实际，深入贯彻新刑事诉讼法的立法精神与内容

---

[*] 中国政法大学2012级军事法学专业博士研究生。

[①] 林钰雄：《刑事诉讼法》，中国人民大学出版社2005年版，第3页。

要求，充分发挥与强化新刑事诉讼法赋予军队侦查机关的权能，有效规范和约束军队侦查行为，保证案件实体公正与程序公正的实现，成为当前军事检察机关面临的一项紧迫任务。

一、军事检察机关侦查监督规范的立法演进

对侦查活动的正当性、合法性进行有效监督和制约的监督，是刑事诉讼活动开展的必要程序，也是诉讼规律的内在客观要求。在我国，这一权力主要由检察机关来行使。在军事社会领域，则由国家在军队中专门设置的军事检察机关来履行这项权能。早在我国人民检察制度创建初期，检察机关就被赋予了侦查监督职能，负责对刑事侦查机关所实施的侦查活动以及所采取的强制性侦查措施和强制措施进行独立的合法审查，目的是确保侦查活动程序合法、适当和公正。1954 年颁布的我国首部人民检察院组织法也明确规定检察机关"对于侦查机关的侦查活动是否合法，实行监督"。当时最高人民检察院内部专门设置了侦查监督厅，制定了《关于侦查监督工作程序方面的意见〈试行草案〉》。按照该草案的规定，侦查监督工作范围包括：（1）审查批准逮捕人犯；（2）审查决定起诉；（3）处理对于公安机关侦查活动违法现象或关于冤案、错案的申诉和控告；（4）对发现有问题的案件进行检查。[①]1979 年出台的人民检察院组织法首次将人民检察院明确规定为法律监督机关，对人民检察院的职权进行了明确，即"检察权和法律监督权。凡是涉及刑事犯罪的，行使检察权；凡是涉及合法性问题的，实行监督"；[②]同时，还对检察机关侦查监督的主要内容和程序进行了界定。从此，检察机关的侦查监督活动有了比较明确、具体的法律规范。1982 年检察机关法律监督实现了重大的突破性进展，宪法将人民检察院明确规定为"国家法律监督机关"，为检察机关依法履行监督职能提供了根本依据。1996 年刑事诉讼法进行了修改，"如何加强对公、检、法机关的监督和互相制约，保证法律的严

---

① 参见王然冀主编：《当代中国检察学》，法律出版社 1989 年版，第 232 页。
② 参见蒋德海：《法律监督需要一部〈法律监督法〉》，载《求是学刊》2010 年第 4 期。

格执行，是这次修改的重点问题之一"①。经过 1996 年修改，刑事诉讼法总则部分增加了"人民检察院依法对刑事诉讼实行法律监督"的内容，从而进一步明确了检察机关在全部诉讼活动中的监督地位，强化了侦查监督的职能；在立案监督方面，增加了"人民检察院认为或者被害人向人民检察院提出公安机关应当立案侦查的案件而不立案侦查的，人民检察院应当要求公安机关说明不立案的理由，人民检察院认为不立案理由不能成立的，应当通知公安机关立案，公安机关接到通知后应当立案"的规定；在侦查监督方面，增加了检察机关对逮捕的执行以及强制措施的变更进行监督的规定，要求公安机关应当将执行情况以及变更情况通知检察机关，以便于检察机关进行监督。1997 年 1 月，最高人民检察院检察委员会通过了《人民检察院刑事诉讼规则》，对检察机关所负侦查监督的任务、职责、对象、范畴以及方法、渠道进行了全面明确；解放军军事检察院也对应出台了《军事检察机关侦查工作细则（试行）》，就军事检察机关履行侦查监督职能进行了细化规范。1998 年 7 月中央军委颁发了《关于军队执行〈中华人民共和国刑事诉讼法〉若干问题的暂行规定》，其中就军事检察机关适用刑事诉讼法履行侦查监督职能的有关问题进行了明确。2000 年 9 月，全国检察机关第一次侦查监督工作会议召开，会议上对侦查监督工作作出了"三项职责、八大任务"的准确定位。其中，"三项职责"（审查逮捕、立案监督和侦查活动监督）的准确定位，进一步扩大和深化了检察机关侦查监督工作的内涵与外延，强化了侦查监督工作的法律监督属性，使工作重心由传统的办理审查逮捕案件向"全面履行职责，强化诉讼监督"转移，确立了以"审查逮捕、立案监督、侦查活动监督"三大职能为主要内容的侦查监督工作格局，掀开了侦查监督工作发展的崭新一页。2009 年 2 月，最高人民检察院检察委员会审议通过了《关于进一步加强对诉讼活动法律监督工作的意见》，该意见虽然不是专门关于侦查活动监督的法律规范，但作为诉讼监督重要组成部分的侦查活动监督也是其中的重要内容，尤其是该意见要求加大对刑讯逼

---

① 顾昂然：《关于〈中华人民共和国刑事诉讼法修正案（草案）〉修改情况的汇报》，载胡康生、李福成主编：《〈中华人民共和国刑事诉讼法〉释义》，法律出版社 1996 年版，第 350 页。

供、暴力取证等违法行为的查处力度，健全排除非法证据制度以及侦查机关采取强制性侦查措施和强制措施的监督机制等。2010 年 6 月，最高人民法院、最高人民检察院、公安部、国家安全部、司法部联合印发了《关于办理刑事案件排除非法证据若干问题的规定》。可以说该文件是专门针对侦查活动中的顽疾——刑讯逼供、暴力、威胁取证，而从证据制度的角度采取的专门手段。2012 年 3 月，十一届全国人民代表大会五次会议表决通过的《关于修改〈中华人民共和国刑事诉讼法〉的决定》，共有 12 个条款与侦查监督有关；同年 10 月，最高人民检察院检察委员会结合刑事诉讼法的修改对《人民检察院刑事诉讼规则》进行了第二次修正，并就侦查监督相关内容进行了充实与完善，其规制侦查机关权力、保障公民利益的力度史无前例。解放军总政治部童世平副班主任在全军检察机关实施修改后刑事诉讼法培训班上强调指出，全军检察机关要"牢牢把握法律监督的内在要求，进一步明确监督任务，创新监督手段，加大监督力度，真正履行好修改后刑诉法赋予检察机关的各项监督职权"①。可以说，军事检察机关侦查监督制度伴随国家政策的变迁经过几十年历练，正在向规范、系统、健全的方向发展。唯一遗憾的是军事检察机关实施侦查监督的直接依据——军事检察院组织法，至今仍然迟迟没有出台。实践中，军事检察机关的侦查监督活动始终处在"摸着石头过河"的状态。这不利于军事检察机关监督职能的履行和检察监督权威的树立。

二、军事检察机关侦查监督活动之实然状态

事物的出现、发展与消亡，必然有其适合的环境与土壤。我国现行军事检察机关侦查监督制度与国家的制度规定基本相适应。从宏观体系层面上看，具有充分的合理性和极大的优越性，对推动军事检察机关建设科学发展发挥了积极作用。但从微观操作层面上看，一些相关的制度或机制还不够健全，直接影响了军事检察机关法律监督职能作用的发挥。

---

① 《确保刑诉法在军事检察机关的贯彻实施》，载《法制日报》2012 年 7 月 26 日，第 9 版。

（一）军事检察机关对军队保卫部门的侦查活动监督被动、滞后

1. 立案监督存在的问题

（1）监督缺乏手段保障。对于军事检察机关立案监督的行为，任何立案主体都有积极配合的义务。根据我国刑事诉讼法规定，军事检察机关有询问不立案理由和通知军队保卫部门立案的权力。但对于保卫部门拒不执行检察机关立案通知，拒不说明不立案理由时如何处理，法律没有规定有效的手段，仅依靠向保卫部门发出纠正违法通知书和通过相关部门进行协调来处理。司法实践中，虽然大部分立案主体能积极协助军事检察机关开展监督工作，但由于种种原因，立案主体拒不接受监督的现象在现实中也屡见不鲜。一种表现是立案主体在接到说明不立案或立案理由通知的法定期限内，直接拒绝且不说明理由；另一种表现是立案主体无视立案监督行为，持消极懈怠之势，使得检察机关发出的纠正违法通知常常石沉大海。这种监督被动状态的主要原因是缺乏强有力的制约措施，即立案监督的程序处分权。（2）监督途径不畅。军事检察机关对立案活动的监督陷于被动，还表现为案源渠道不畅，缺少线索。在军事司法实践中，受不当政绩观、事业观的影响诱导，案发单位隐案不报、藏案不举，侦查部门不破不立的现象时有发生；一些单位的领导和保卫部门对于犯罪的军人常常以纪律处分、复员、转业、除名、劳动教养等行政手段来代替刑事处罚，采取"大事化小，小事化了"的态度，使该立案的没有得到及时立案。军事检察机关对这种有法不依、执法不严、不依法履行职责的行为监督乏力。（3）监督界限模糊。刑事诉讼法赋予军事检察机关立案监督权的目的，就是为了从根本上解决军队保卫部门"有案不立""不破不立"等"不作为"或枉法不追诉的问题。凡符合立案监督条件的案件均应纳入立案监督的范围，立案监督活动同其他法律活动一样，始终贯穿着对公平正义的价值追求。[①] 如果立案监督范围仅限于"重大案件或军内反映强烈的案件"，那么，公平正义的价值追求将难以实现；同样，将不应当监督的案件纳入监督的范围，势必将引起立案监督的混乱，甚

[①] 但伟、姜涛：《侦查监督制度研究——兼论检察引导的基本理论问题》，载《中国法学》2003年第2期。

至导致践踏、侵犯人权的现象。

2. 侦查监督中存在的问题

（1）监督范围过窄。在侦查活动中，侦查机关享有很大的自由裁量空间，除逮捕以外，可对大量涉及个人人身、财产、隐私等方面利益进行专门调查或采取强制措施，而无须经过检察机关的审查及批准，以至于在权力扩张本性的驱动下，极易在打击犯罪的正当名义下滥用手中权能。按照我国刑事诉讼法的规定，军事检察机关通过对军队保卫部门采取的强制性侦查措施和强制措施进行监督，以判定侦查行为是否合法。而对侦查活动缺乏全流程、全过程的监督，尤其对侦查程序是否合法的监督缺乏具体规定，导致军事检察机关对保卫部门一些违反程序的行为不能及时发现并予以纠正。（2）监督手段不足。军事检察机关侦查监督的主要手段是向保卫部门发出纠正违法通知书，要求其改正违法行为。根据刑事诉讼法的规定，军事检察机关如果发现保卫部门侦查活动有违法情况，应当通知保卫部门予以纠正，保卫部门应当将军事检察机关所作的纠正违法侦查行为的决定和执行决定情况通知检察机关，但对于保卫部门不予纠正、不予执行决定的法律后果却未作规定。司法实践中，往往是军事检察机关提出监督意见即履行了职责，而实际效果则取决于被监督者的自觉自为。但实际上，监督者的监督依靠被监督者的觉悟来实现是不现实的。"违法和责任是必须联系的，如果一个违法活动不需要承担任何法律后果，我们怎能要求公安机关在侦查活动中不违法呢？"[1] 所以，纠正违法通知书的尴尬法律地位成了检察机关心头挥不去的痛。（3）监督时机滞后。"监督权是以知情权作为前提条件的，没有知情权，监督权就没有保障。"[2] 在当前的刑事诉讼运行过程中，由于立法规定不完善、侦查活动缺乏必要的透明度和军队保卫部门侦查活动的封闭性，导致军事检察机关对侦查活动全面介入的权力和能力缺乏，难以对保卫部门的侦查活动进行同步的介入、指挥和制约，也无法对滥用侦查权的行为

---

[1] 左卫民、赵开年：《侦查监督的考察与反思》，载《中国检察》（第15卷），北京大学出版社2007年版，第32页。

[2] 杜建刚：《知情权制度比较研究——当代国外权利立法的新动向》，载《中国法学》1993年第2期。

及时进行纠正与救济，即便偶尔获取侦查监督案件线索，也往往时过境迁，法定的监督权很难落到实处。从国家现行的刑事诉讼法等有关法律规定和司法实践来看，军事检察机关开展侦查监督的途径主要是在履行审查批捕、审查起诉职能中发现军队保卫部门实施侦查活动是否存在违法。虽然通过案件当事人的控告、检举或自行发现等其他途径开展侦查监督也偶有成效，但一般均限于个案。监督路径的狭窄无疑在一定程度上决定了检察机关的监督只能是通过查阅侦查机关移送的案卷材料来实现，且基本上是事后审查。然而，"事后审查制根本不能有效防止警察的说谎（伪证），甚至会鼓励警察的说话（伪证）"①。由此，军事检察机关很难收集、保全、固定、完善有关证据以对违法的侦查人员进行法律制裁，即使通过各种有效手段发现并纠正了违法侦查行为，但给当事人的合法权益造成的伤害也无法挽回。（4）引导不够规范。军事检察机关适时地介入保卫部门的侦查活动，对防止和纠正违法侦查行为并帮助侦查机关补充、完善证据有积极作用。刑事诉讼法和人民检察院刑事诉讼规则对检察机关提前介入案件的规定只限于必要的重大案件，并且由于适时介入侦查工作缺乏制度规范，实践中军事检察机关也很少主动介入保卫部门的侦查活动，原因就是检察机关不愿过多地为保卫部门担当案件责任。保卫部门通常也是在遇到了一些无法解决的困难时才通知检察机关介入，这种随意性和不确定性使得在大多数情况下军事检察机关很难实现引导、监督侦查活动的法定职能，尤其是在侦查过程中，难以对侦查人员刑讯逼供和暴力取证的行为进行有效监督。

（二）军事检察机关对职务犯罪自侦活动的监督存在机制性障碍

军事检察机关对职务犯罪自侦活动监督的机制性障碍，既有军事检察系统内部的，也有系统外部的。检察系统内部因人员编制受限，侦诉不分，致使监督受限是其主要表现。外部的机制性障碍主要表现为以下几个方面：

---

① 王兆鹏：《美国刑事诉讼法》，北京大学出版社 2005 年版，第 94 页。

1. 案件线索来源不畅

在军事检察监督实践中，职务犯罪案件来源有举报、揭发、自首等，但主要是通过军事行政机关组织部门（军队纪委）移送。虽然法律规定对职务犯罪的侦查权在军事检察机关，但军事检察机关通过自身侦查发现、立案、成案的比例偏低。如果长此以往，军事检察机关的职务犯罪侦查功能将会逐步萎缩，这也是军事检察机关长期被人诟病的原因之一。此种弱化的局面很不利于依法治军方针和依法治国方略的实施，也难以适应新时期新阶段反腐倡廉的需要。

2. 侦查活动缺乏有效手段

军事检察机关接到举报线索后，调查中由于缺乏有力的侦查手段，使案件的侦查活动难以深入开展，不少案件线索在初查中就人为地夭折。然而，纪委凭借着丰富的案件线索资源和有力的资源整合手段，再加之被赋予的政策性"特权"——"双规"，惩治腐败的成果显著。相比之下，军事检察机关的监督作用的影响力就有点望尘莫及了。

3. 审判量刑过轻导致案件流失

一件职务犯罪案件从初查到立案侦查直至提起诉讼，军事检察机关耗费了大量人力、物力，但可能会因非法律因素的影响，致使被告人被轻判甚至无罪。对于军事法院这种终极性的审判结果，检察机关大多无可奈何。

（三） 军事检察机关对审查起诉存在着不经济的缺憾

审查起诉是军事检察机关一项重要的监督职能。在军事司法实践中，军事检察机关对侦查机关移送起诉的案件审查后必须作出起诉或不起诉的决定，该活动既监督了侦查机关活动是否违法，又为刑事诉讼提供了一个过滤机制，一方面可以及时纠正侦查机关工作中的错误，另一方面可以避免一些轻微案件进入繁冗的诉讼程序。审查起诉重要作用的发挥是通过不起诉制度实现的，科学的不起诉制度在维护犯罪嫌疑人的合法权益、提高诉讼效率方面有至关重要的作用。但从现有法律对军事检察机关不起诉的规定看，在不起诉制度的设计上存在不经济的缺憾，主要表现在以下两个方面：

1. 相对不起诉适用率过低

实践中由于受"免予起诉"滥用阴影的滋扰，军事检察机关对相对不起诉的适用很少，有的人为地控制不起诉案件数量，把本来可以作为不起诉处理或应该不起诉的案件却作了起诉处理，既侵犯了犯罪嫌疑人的合法权益，也不利于强化检察监督职能及其树立军事检察机关的权威，还耗费了司法资源，给审判阶段带来不必要的负担和压力。相对不起诉案件的多少，并不取决于检察机关的意志，而是由案件本身决定的，如果片面强调少用不起诉权或者硬性规定不起诉案件的数量比例，其结果必然是起诉权的不正当使用，导致公诉质量下降、军事法院无罪判决率上升，进而也影响军事检察机关的权威。

2. 有被害人的不起诉案件可作为自诉案件直接向军事法院起诉不经济

根据我国刑事诉讼法作出的三种不起诉案件，只要有被害人的都可以成为自诉案件，这种司法资源配置不可取。首先，对绝对不起诉而言，由于该类案件是"犯罪情节轻微，依照刑法规定不需要判处刑罚或者免除刑罚的"案件，被害人起诉后，将启动复杂的审判程序，其结果无非是宣告无罪或者免予刑事处分，从司法实践上看，其实体意义不大。其次，对存疑不起诉而言，把一个经过一次立案侦查、两次补充侦查、三次审查起诉而仍然证据不足的案件作为自诉案件，试图通过审判程序查清事实，亦无太大意义。

三、造成军事检察机关侦查监督面临困窘的原因分析

（一）在打击犯罪与法律监督职能上，更多地注重强调检察机关对刑事犯罪的打击力度，对检察监督职能的重视不够

在我国，由于受到传统文化及阶级斗争观念的长期影响，人们普遍认为公、检、法三机关属于人民民主专政的工具，主要职责就是打击刑事犯罪。这一观念在立法上也有明显的体现，如《人民检察院组织法》第4条规定："人民检察院通过行使检察权，镇压一切叛国的、分裂国家的和其他反革命活动，打击反革命分子和其他犯罪分子，维护国家的统一，维护无产阶级专政制度，维护社会主义法制，维护社会秩序、生产秩序、工作秩序、教学科研秩序和人民群众生活秩序，保护社会主义的全民所有的财产和劳动群众所有的财产，保护公民私人所有的合法财产，保护公民的人身权利、民主权利

和其他权利，保卫社会主义现代化建设的顺利进行。"就检察机关的性质和职责而言，虽然宪法规定其为专门的法律监督机关，但在上述第4条对检察机关的根本任务的纲领性规定中，法律监督的功能却被忽略了。这种传统观念上的误区，造成了检察机关及其工作人员长期以来主要着力于国家机关及国家工作人员的职务犯罪侦查和对刑事案件提起公诉的工作，作为根本的法律监督职能在实践中没有得到应有的重视和强化，因而造成检察监督不够主动、积极和深入，没有达到应有的效果。正是由于观念中存在的误区，出现了立法上对检察制度的设计不够合理、监督的领域不够广泛、职能规定不够全面、监督的手段和方式单一等问题。军事检察机关是国家检察机关的组成部分，必然受到检察监督不被重视这个大环境的影响。加之军事检察机关自身的性质和特点，这种观念对军事检察监督职能的弱化影响更是不可避免。

（二）行政权的强势地位与军事的特殊性，致使检察监督难以深入开展与推进

我国行政本位、官本位的思想根深蒂固，加之新中国成立后又长期实行计划经济体制，使得政府的行政权更为集中而强大，几乎渗透到了社会领域的方方面面，尤其是在干预经济、财政和人事管理方面。行政权力的行使"无法可依"和"有法不依"的情况时有发生，结果导致了行政权的越位和错位。在军事检察机关中，这种军事行政管理权的强势地位则更为明显。由于军事检察机关担负着保卫国家的特殊使命，采取"上令下从"的管理模式，强调的是"一体性"和"一致性"，要做到"服从命令听指挥"，命令下达就要毫无条件地服从和执行。这种军事行政管理权具有极高的地位和权威，因而官兵的权利就受到一定的限制，个体的合法权益就缺乏强有力的保障。加之，负有军队主要侦查职能的保卫部门本身也是军队管理的不可或缺的组织与实施者，牵头负责所在单位的政法工作，其言行对军队领导、官兵及军队的秩序具有直接的影响，地位和作用非常强势。接受上级军事检察机关领导的同时，军事检察机关还与保卫部门一同接受同级党委和所在政治部门的领导，协助参与军队的管理，其人员的任免、办理案件的经费和物资等方面无不受制于本级行政部门，很多工作的开展有时需要保卫部门等其他部门的协作配合，这种工作模式加强化了军事行政管理权，使得军事检察机关对军队保卫部门违法行为的监督变得十分困难。这也是长期以来军事检察监督难开展、检察制度发展慢的重要因素。

（三）军事检察监督的立法与实践缺乏完备的理论与实践支撑

目前，理论界关于军事检察机关问题的研究成果非常匮乏。比如，军事检察机关的地位、性质、职能和作用、军事检察官的职务责任、如何保障军事检察机关依法独立行使检察权、如何强化军事检察监督职能、如何完善对保卫部门刑事侦查工作的监督、如何提高审判监督能力、如何科学设置检察机关的领导体制、如何加强在军事检察机关特殊管理模式下的军事检察监督职能等一系列军事检察监督的重大理论问题基本上仍是一片空白，研究文章寥寥可数，并均属于常识性推广普及的层面，深层次、系统性的研究基本没有，严重影响了军事检察的立法和实务工作。在实践中，直接表现为军事检察监督立法"表述"与"实践"的背离。长期以来，在立法者层面一直存在一种试图通过变法修律来推动制度变革的思路，被称作制度变革中的"立法推动主义"①。这种制度变革方式虽然可以有效解决短期内"无法可依"的问题，但局限性在于对制度的理论与实践基础关注不够。众所周知，任何国家的法律制度都与一国文化传统、权力结构框架以及社会环境密切相关，但这些制度环境是无法通过立法移植完成的。在制度变革的过程中，立法推动主义的路径容易造成立法与实践的脱节，使"法律"无法得到切实的贯彻和执行。而直接明确军事检察机关的地位、组织体制、监督职能的军事检察院组织法至今仍然迟迟没有出台，不能不说是检察制度的一大憾事。

四、军事检察机关侦查监督的强化与完善

2012 年 3 月十一届人大五次会议通过的新刑事诉讼法，在内容上对侦查监督予以全面完善，特别是规定了侦查监督的内容，对侦查活动的各个环节都加强了法律监督，同时健全了侦查监督的程序，强化了侦查监督的刚

---

① 陈瑞华：《制度变革中的立法推动主义——以律师法实施问题为范例的分析》，载《政法论坛》2010 年第 1 期。

性。这为军事检察机关侦查监督工作的深入开展提供了根据指导。结合实际和新刑事诉讼法修订的有关内容，笔者认为，军事检察机关侦查监督工作应从以下几个方面予以加强和完善：

（一）改变柔性监督，强化对军事检察机关刑事侦查工作监督的刚性

在监督方式上，新刑事诉讼法虽然明确检察机关通过提出纠正意见和通知纠正这种方式对侦查活动予以监督，但对这两方式均无相应的法律后果规定。也就是说，侦查机关对此可以接受，也不可以不接受，并且如果不接受也不会引起强制性或制裁性的后果。从法律层面上讲，没有相应责任作后盾，权力就不可能发挥真正作用。① 所以说，缺乏法律责任的监督只能是弹性监督、柔性监督，其现实表现也必定十分有限。最高人民检察院明确提出要"强化检察机关的侦查监督权，赋予检察机关对违法的立案活动、侦查活动的纠正权和处分权"。② 监督的结果不能仅只是一种意见，还应具有强制拘束力和制裁力。为此，笔者认为，军事检察机关侦查监督的刚性应从以下方面予以加强完善：

1. 建立受理刑事案件备案审查制度

凡是侦查机关受理报案、立案、不立案、破案、撤案及行政处罚等纪录和卷宗材料，均应当在受理或作出处理决定后的一定期限内报军事检察机关备案，以便检察机关监督审查。这一观点在诉讼法学界有着普遍的共识。早在2005年诉讼法学研究会年会上就对全方位强化检察监督，有效防止错案，提出了要增加知情渠道等保障措施。③

2. 建立健全刑事强制措施普遍性司法审查机制

对于侦查中凡涉及剥夺或限制军人人身、财产、隐私权利的强制性措施，都应纳入检察机关审查批准的权力范围，检察机关应在一定时限审查完

---

① 胡成胜、张永进：《机遇与挑战：中国侦查监督制度研究——以新刑事诉讼法为研究文本》，载甄贞主编：《刑事诉讼监督的机遇与挑战》，法律出版社2012年版，第184页。

② 薛培、杨辉刚：《现行侦查监督制度之困厄与完善——以应对〈刑事诉讼法（修正案）〉修改内容为中心》，载甄贞主编：《刑事诉讼监督的机遇与挑战》，法律出版社2012年版，第180页。

③ 田龙海、曹莹、徐占峰：《军事司法制度研究》，军事科学出版社2008年版，第124页。

毕，并将决定及理由通知侦查机关，确保同步监督。在紧急情况下，侦查机关可以采取一定的强行性侦查行为，但必须在采取措施的法定期限内报告同级检察机关审查，检察机关有权作出撤销或同意继续采取该措施的决定，以加强事后审查，作为同步监督的补充。只有将军队侦查机关在整个侦查活动中所使用的刑事强制措施情况纳入检察机关监督的视野，才能最大限度地保障军人合法权利不受害。

3. 明确检察监督司法意见书的效力

通过司法解释的形式明确《说明不立案理由通知书》《通知立案书》《检察建议书》是具有法律效力的文书，侦查机关必须执行并应在法定期限内将执行情况书面报告检察机关。如果侦查机关对检察监督意见有异议，也只能通过复议、复核程序来解决，绝不允许置之不理，即便是在特殊紧急情况下，亦应执行，但可边执行边申请复核。

4. 建立规范适时介入、引导侦查机制

新《刑事诉讼法》第 85 条规定，"必要的时候，人民检察院可以派人参加公安机关对于重大案件的讨论"。这是检察机关提前介入侦查的法律依据。但由于法律和相关司法解释并没有对介入的主体、范围、时间、职能等作出明确详细的规定，导致在实践中侦查机关和检察机关，相互之间推诿、抵制的现象经常发生。所以，应尽快明确检察机关适时介入引导侦查的案件类别、时间节点、权力范畴及结果控制。一方面，预防、纠正侦查机关在侦查活动中出现的非法取证、超期羁押、违反程序等有悖于程序原则的行为，保证侦查活动依法有序进行；另一方面，加强对侦查人员在侦查活动中因疏忽大意、怠于职责或徇私枉法而导致对犯罪事实避重就轻、对关键证据视而不见以及出现漏捕漏诉情况的监督，确保依法、准确、及时惩罚犯罪、维护正义。

5. 赋予检察机关对违法活动的实体处置权

对于侦查机关拒不立案或消极侦查的案件，检察机关应当享有机动的侦查权，彻底打破侦查机关在案件侦查阶段的主导垄断地位，形成以侦查人员与犯罪嫌疑人分别作为原被告、检察人员作出诉讼裁决的"诉讼构造"，实现检察机关对侦查活动的实体性控制。对于违法侦查活动，如刑讯逼供、诱供等违法手段获取的证据，有权认定侦查行为违法且该份证据无效不予采纳，以警戒其后的侦查活动。

6. 赋予检察机关必要的惩戒建议和监督处分权

对于拒不接受监督的单位及个人，有权提出批评、警告、纠正和制止违法行为、停止案件侦查、改变案件管辖、更换承办人员、给予行政处分的建议，侦查机关接到意见后应当对违法人员给予相应的处罚，否则应追究相关人员的渎职责任；对于侦查人员在立案中出现多次违法或违法造成严重后果构成犯罪的，依法追究其刑事责任。

7. 鼓励检察机关主动开展工作，能动监督

充分发挥军事检察机关的积极性和主动性，定期组织军事检察机关的人员深入基层，到所辖单位就地调查，听取相关人员的汇报，从中主动发现问题，寻找违法线索从而进行监督。可以说，这种监督方式在一定程度上发挥了检察机关的主观能动性，有助于改变检察监督"坐""等""靠"的被动局面，增强其工作的目标性和实效性。

8. 赋予检察机关一定限度的普遍侦查权

军事检察机关的自行侦查权有其特殊性，在一定程度上具有法律监督的性质，同样需要加强内部监督，强化内部监督机制。这里赋予军事检察机关一定限度的普通侦查权，主要是为保障保卫部门侦查行为的准确、合法性而设置的一项监督权。当军事检察机关发现个别案件具有严重社会危害性而未纳入侦查程序时，一方面可以追究相关侦查人员推诿、拒绝侦查或徇私舞弊、受贿等而对犯罪行为放纵的职务犯罪行为；另一方面可以对被放纵的刑事犯罪进行侦查，使立案监督职能与侦查监督职能有机结合起来，有效解决侦查机关存在的有罪不究、有案不立、以罚代刑的问题。

（二）扩大并规范检察机关审查起诉中的自由裁量权，提高侦查监督的效率

审查起诉是侦查监督的基本方式。扩大并规范军事检察机关在审查起诉中的自由裁量权，是保证提高侦查监督质量和效率的重要措施。审查起诉中军事检察机关的自由裁量权，包括不起诉决定权、豁免权、公诉变更决定权

等。扩大并规范审查起诉中军事检察机关自由裁量权，最为迫切和现实的就是扩大并规范军事检察机关的不起诉决定权。

1. 扩大相对不起诉的适用范围

新《刑事诉讼法》在第 173 条第 2 款继续保持了 1996 年《刑事诉讼法》第 142 条第 2 款关于"对于犯罪情节轻微，依照刑法规定不需要判处刑罚或者免除刑罚的，人民检察院可以作出不起诉决定"的规定，并且在增设的第 279 条中规定，"对于达成和解协议的案件，公安机关可以向人民检察院提出从宽处理的建议。人民检察院可以向人民法院提出从宽处罚的建议；对于犯罪情节轻微，不需要判处刑罚的，可以作出不起诉的决定"。由此来看，"犯罪情节轻微，不需要判处刑罚的"仍然是可以不起诉的主要考量条件。如果将相对不起诉仅限于轻微犯罪，其局限性无异于扼杀、割裂了该制度所蕴含的机能。为了充分发挥起诉便宜主义的机能，应扩大相对不起诉的范围。除现行刑事诉讼法规定的有关条款外，还应考虑赋予军事检察机关对以下案件的相对不起诉决定权：第一，犯罪不涉及军事利益和集体利益，起诉反而会对军事利益和集体利益带来破坏、危险的；第二，采取其他非刑事处罚方法更为妥当的（当事人和解案件除外）；第三，可以戴罪立功的；第四，适合引渡或者驱逐出境的。

2. 建立不起诉公开审查制度

为加强对相对不起诉的监督，防止其被滥用，应建立相对不起诉的公开审查制度。目前，新刑事诉讼法和《人民检察院刑事诉讼规则（试行）》中对不服检察机关作的不起诉决定或认为不起诉决定存在错误的救济途径按照不同主体进行了区分，分别提供了复核或复查的渠道，但对复核或复查的方式没有予以明确，难以解释当事人及有关部门心存的疑惑，不利于社会矛盾的化解。笔者认为，很有必要进一步健全当前的不起诉审查制度，加强公开化、透明化，即：当犯罪嫌疑人、被害人及其法定代理人、辩护人和军队保卫部门不服不起诉的决定时，可以提请作出不起诉决定的上级检察机关公开审查。审查的形式应当以公开听证方式进行，在当事人、军队保卫部门及案件原承办人的参与下，上级军事检察机关公开听取案件承办人对不起诉案件的事实、证据和处理意见、理由的综述，被害人、犯罪嫌疑人、军队保卫部门可以阐明自己的观点和理由，当事人家属可以旁听，必要时可以邀请人大代表、政协委员、军人监督员、检察执法监督员、普通军人代表、有关专家以及有关诉讼参与人参加，通过听证最终确定不起诉的正确与否。通过这种不起诉公开审查制度，主动将不起诉权置于社会各界的监督之下，确保不起诉权在阳光下行使，保证案件的公正处理。

3. 完善不起诉救济机制

具体包括：一是军队保卫部门要求复议、复核应在合理期限内提出。我国刑事诉讼法仅规定了被不起诉人、被害人不服不起诉决定必须在收到不起诉决定书后 7 日内提出申诉，但没有规定侦查机关认为不起诉决定错误时提出复议或复核的期限，《人民检察院刑事诉讼规则（试行）》中也没有相应规定。笔者认为，侦查机关提出复议、复核亦应有合理的期限，建议以适当的立法形式增加此方面的规定，这样才能使不起诉制度更加完善和易于操作。二是坚决禁止不起诉诉讼活动中的利益驱动。军事司法实践中，一些单位基于对《刑法》第 64 条关于涉案物品处理规定的错误理解，在办理不起诉案件中，违背刑事诉讼法关于对被不起诉人需要没收其违法所得应移送有关主管机关处理的规定，直接追缴违法所得和涉案财物，并截留作为办案经费开支或单位私用，严重侵犯被不起诉人的权益，常常引发涉检上访。对此，有关规定应当予以明令禁止，相关单位也要强化自身监督。

司法实践

逮捕实质条件运用的实证与反思

——以西南某区检察院 2013 年批捕案件为样本

卞朝永　杨旭泽

逮捕作为最严厉的刑事诉讼强制措施，必须严格控制适用。逮捕条件，特别是逮捕的实质条件作为逮捕具体实施的一个基本标准，对逮捕是否实际采用具有控制作用。逮捕审查中严格把握、准确适用其实质条件是控制错捕和滥捕的核心和关键。本文以某区检察院 2013 年逮捕案件为研究样本，以形式审查为基础，以处理结果为依据，通过数字对比、跟踪办案流程等方法，客观展示在实际办案中逮捕实质条件对承办人决定逮捕与否的决策过程所起的作用。

一、逮捕的实质条件概述

在学界，对逮捕条件的界定有两种观点。一种观点认为，进行逮捕原则上须具备两个要件，即形式要件和实质要件。逮捕形式要件是指在进行逮捕时，必须依据有权机关签发的逮捕证才能进行，这一要求即所谓"令状原则"。逮捕的实质要件即逮捕的理由，逮捕法律制度就实质要件的规定一般有三点：其一，罪疑条件，即必须有相当的理由说明犯罪嫌疑人实施了犯罪。其二，罪重条件。在实行捕押合一的逮捕制度中，逮捕作为最严厉的强制措施，必须遵循"比例原则"，即逮捕措施应当与被捕人所犯罪行的严重程度相适应，而不能不成比例。其三，危险性条件。逮捕犯罪嫌疑人，必须具备逮捕的必要。也就是说，不逮捕或者采取其他较缓和的强制措施，如取保候审和监视居住等方法，不足以防止发生社会危险性，因而有逮捕必要。① 另一种观点认为：逮捕条件即是追诉机关对犯罪嫌疑人进行逮捕所应当具备的理由，包含证据条件、罪刑条件、必要性条件。这种观点认为，逮捕的形式要件是逮捕的程序，并不是逮捕条件所应包含的范畴。②

抛开逮捕形式条件，上述两种观点对逮捕实质条件并无大的差异，都认为逮捕有三个实质条件。其中，前两个条件基本一致，只是表述略有差别。对于第三个条件是社会危险性条件还是逮捕必要性条件有较大差异。差异在2012 年修改刑事诉讼法时得以集中爆发体现。

对比发现，此次修改刑事诉讼法关于逮捕规定集中为两个"取消"：一是取消 1996 年《刑事诉讼法》第 60 条"采取取保候审、监视居住等方法，尚不足以防止发生社会危险的"中的"监视居住"；二是取消"而有逮捕必要的"。其中，第一个"取消"重点反映了监视居住与逮捕的关系的新变化，这不是本文的解决的内容，在此不予赘述；第二个"取消"重点反映了逮捕必要性与社会危险性条件的关系。需要说明的是，上述第二种观点根据 1996 年《刑事诉讼法》第 60 条"而有逮捕必要的"之规定，将第三个实质条件直接表述为"必要性条件"。此种观点在司法实践中已经固化成型，仍在发挥重要作用，有必要对其作一分析。

"逮捕必要性"来源于 1996 年《刑事诉讼法》第 60 条规定，是立法机关专门制定用以寻求捕或不捕之间平衡点的重要工具，③ 其本身并不是逮捕的条件。其强调的是逮捕的不可替代性。而修改后刑事诉讼法已经打破这种不可替代性（符合逮捕条件可以适用监视居住）。取消"逮捕必要性的"，就引申出一个问题：罪疑、刑罚和社会危险性这三个条件是不是适用逮捕措施的"充要条件"？

充要条件，百度百科的解释为"充分必要条件"。意思是说，如果能从命题 A 推出命题 B，则也能从命题 B 推论出命题 A。对逮捕条件加以逻辑推理：如果从事实、刑罚和社会危险性条件，能够得出逮捕的结论；同时作出

---

① 徐静村主编：《刑事诉讼法学》（第三版）（上），法律出版杜 2004 年版，第 244～247 页。
② 参见陈光中主编：《刑事诉讼法学（新编）》，中国政法大学出版社 1996 年版，第 220 页；宋英辉主编：《刑事诉讼法学》，清华大学出版社 2007 年版，第 149 页。
③ 谢丽君：《试论对"无逮捕必要"的反思与重构》，载《中共桂林市委党校学报》2008 年第 2 期。

批捕决定，也能推断出犯罪嫌疑人符合上述三个条件，那事实、刑罚和社会危险性条件就是逮捕的"充要条件"。显然，无论从逻辑推理上还是实务操作中上述逻辑推理是成立的。

同时，逮捕审查是一种对是否对犯罪嫌疑人适用逮捕措施的概率性判断。逮捕条件是逮捕审查时的判断对象，而有无逮捕必要则是这种判断的结果。有无逮捕必要的分析必须涵盖事实条件、刑罚条件和社会危险性这三个条件综合判断。如果以有无逮捕必要作为逮捕的条件，则会出现以结果再次来推论结果的逻辑混乱。正是为防止理解歧义和保证逻辑严密，修改后刑事诉讼法删除了"而有逮捕必要的"。

在综合上述两种观点的基础上，我们至少可以得出这样一个结论：根据修改后《刑事诉讼法》第 79 条"三段论"规定，逮捕三个实质条件是罪疑条件、刑罚条件和社会危险性条件。

二、逮捕实质条件的运用情况及分析

作为逮捕的"充要条件"，逮捕的三个实质要件理应作为一个有机整体，共同构成司法人员进行内心判断的作用对象。司法人员在审查批捕案件时，对三个条件应该予以同等关注，而不应该厚此薄彼。但笔者以某区检察院 2013 年的批捕案件作为调研样本，以逮捕实质条件的运用角度进行实证分析后发现：

（一）罪疑条件被摆在突出位置

理论上关于错捕案件标准的四种观点是：赔偿标准说、逮捕条件说、诉讼结果说、综合说。[①] 其中赔偿标准说、诉讼结果说完全以罪疑条件为依据。检察实务更将对罪疑条件的要求达到了极致。从审查形式、内容要求或者案件质量都给予最严标准、最高关注。加之罪疑条件容易设置标准，在设置一定的验错参数时容易被验错，使得其成为衡量批捕案件质量的核心标准，甚至是唯一标准。如对批捕案件的质量考核中，将公安机关撤案、检察机关存疑不诉、决定不诉和法院的无罪判决作为验错指标。一旦出现公诉环

---

① 参见赵燕：《错捕问题研究》，载《中国刑事法杂志》2001 年第 3 期。

节撤案、存疑不诉、决定不诉或者法院的无罪判决，就认定当时在作出批捕决定时"有证据证明有犯罪事实"有偏差的。①

某省级检察院基层院侦查监督目标考核指标完成情况反映，某区院2013年度捕后不诉率为0.75%，②没有无罪判决。具体情况见表1。

表1　某区批准逮捕案件起诉、审判处理情况

处理结果	人数	占比
存疑不诉	2	0.13%
绝对不诉	1	0.07%
有罪判决	1095	72.6%
无罪判决	0	0
未判决	106	7%

从作无罪处理的原因分析，有些是证据在捕后发生了变化，如强奸案的翻供、翻证；有些是性质分歧所致，如盗窃和诈骗的区别；有些是因法律变化导致无罪处理。以逮捕所要求的证据标准进行个案分析，这些案件的证据基本满足了逮捕要求或者说在审查逮捕过程中，对逮捕所需的证明标准的把握是到位的。但在质量考核中上述案件仍然被某省级检察院作为质量有瑕疵案件予以通报处理。

作为一种刑事诉讼强制措施，逮捕以犯罪嫌疑人可能构成犯罪为前提，这种构罪的可能性有多大，法律规定以"有证据"为充要条件，这是逮捕的价值属性决定的。从这个意义上，无论将罪疑条件摆在多么突出的位置都不过分。但是必须予以强调的是，公诉和判决对罪疑条件要求的是"证据确实充分"的证明标准，而在审查逮捕阶段以"有证据"为证明标准，法律对二者在证明程度的要求上有着明显的差异。如果认为拔高罪疑条件的证明标准，就会一定程度上增强批捕审查权的司法性，但也会导致在批捕审查

---

① 一般情况下，考核指标在设置时要排除出现新证据和认识分歧两种情况。
② 数据与表1中比例的差异原因主要是：一是某省级检察院的统计时间截至2013年12月25日，而表1中的统计时间截止日期为2014年4月25日；二是统计口径不同，某省级检察院将"微罪不诉"纳入其中。

中"以事实为依据，以公诉为准绳"。

（二）刑罚条件被严重忽视

逮捕作为最严厉的强制措施，必须遵循"比例原则"，即逮捕措施应当与被捕人所犯罪行的严重程度相适应，而不能不成比例。这也是贯彻慎捕、少捕原则的必然要求。具体到逮捕条件上，必须要求"可能判处徒刑以上"。下面笔者将具体分析在实际办案中刑罚条件对承办人决定逮捕与否的决策过程中所起的作用。

1. 形式性评价

此即通过考察检察官或者承办人是否对照审查逮捕的刑罚条件，以评价审查批捕工作的形式合法性。通过对某区检察院逮捕案件的决策过程进行了跟踪复查发现：在案件的主要工作文书审查逮捕案件意见书和讨论案件记录中，不足20%的案件对是否可能判处徒刑以上有单独论证、研讨，这一要件无论在承办人还是参加研究的其他人的意见中，均极少有论及，案中分析的焦点一般仅限于是否构成犯罪以及构成何罪。①

2. 实质性评价

此即通过考察个案嫌疑人是否符合逮捕的刑罚要件，以评价其是否被实质合理运用。从应然层面讲，对每个司法个案进行分析评价最后汇总而得出的结论才是最具说服力的，但这需要花费大量时间和精力，也是一种重复审查，不经济也无必要。通过选择一定的标准和检验参数，将评价标准与实际结果进行比对分析得出数据是比较准确和简便易行的。

从表2可以看出：某区检察院批准逮捕的案件中，有4.5%左右的案件没能判处有期徒刑以上刑罚。鉴于实践中存在诸多根本不需要进行刑期判断的界限性案件，如盗窃数额在巨大以上、重伤害的案件、抢劫、强奸等暴力犯罪案件均应在3年以上处刑。为准确起见，笔者以最终判决结果作为推断

---

① 需要说明的是，对检察官或者承办人因个体差异而导致的审查逮捕意见书的形式差异等情形，笔者予以了排除。

的依据。基本的推算方法为将最终判处 3 年以上的案件排除。[1] 经过统计，在逮捕的 1508 人中，在 3 年以下判刑的 1035 人，占 68.6%。也就是说，在全部案件中，只有 68.6% 的案件需要我们对是否可能判处徒刑以上刑罚进行判断。对照前面"68 名犯罪嫌疑人在逮捕后被判处徒刑以下，8 人微罪不诉"的统计，我们可以初步得出这样的结论：在 1035 人的需要判断刑罚的案件中，有 7.3% 的案件，在是否可能判处徒刑以上刑罚的判断上，审查逮捕时的结论与公诉或判决结果相左。这对于以司法为专职的人员来讲，如此大的差异率显然超出了正常的范围。

表 2　某区检察院逮捕后嫌疑人轻罪处理情况

处理结果	人数	占比
微罪不诉	8	0.53%
轻刑处理（管制、拘役、单处罚金）	68	4.5%
未处理（处于审查起诉或者审判阶段）	106	7%

综合上述两个因素的考量，基本可以得出这样的结论：造成判处徒刑以下案件大量被决定或者批准逮捕的原因，并非是由于刑期判断失误所致，最根本的原因是逮捕的刑罚条件在司法实务中被严重忽略。

（三）社会危险性条件被宽泛解释

社会危险性是指犯罪嫌疑人给社会带来新的危害可能性。它不同于社会危害性，两者有不同的内涵和外延。[2] 社会危害性是犯罪的本质特征，是刑罚对犯罪作出的否定性评价，它是主观危险性与客观危害性的统一。社会危险性是一种可能性，不具有危害后果的现实性特点。任何一种犯罪均具有社会危害性，但不是所有的犯罪嫌疑人都具有社会危险性。具体到逮捕条件而言，社会危险性具体包括两个方面的内容：一是罪行危险性。即犯罪嫌疑人

---

[1] 做此排除的理由有二：一是法律规定是以 6 个月有期徒刑为"徒刑"的起点的，统计放宽到 3 年，可以排除由于承办人个体的差异而导致判断差异可能对结论的影响；二是在我国刑法中，一般以 3 年为界，作为区分情节严重或者严重犯罪的界限，而且 3 年以上的案件在审查逮捕时一般不需刻意对刑期是否判处徒刑以上进行判断，由此也排除了由于审判机关与检察机关在刑期掌握中的差异而可能产生的统计偏差。当然，在这其中要排除有减轻处罚的情节。

[2] 童建明主编：《新刑事诉讼法理解与适用》，中国检察出版社 2012 年版，第 105 页。

涉嫌的犯罪事实已经有证据证明，且该犯罪事实说明犯罪嫌疑人可能给社会带来的危险性。二是人身危险性。具体包括两个方面的内容：第一，可能妨碍刑事诉讼的危险性。如修改后《刑事诉讼法》第 79 条第 1 款规定的可能毁灭、伪造证据，干扰证人作证或者串供的；企图自杀或者逃跑的情形；以及第 3 款规定的被采取取保候审、监视居住的犯罪嫌疑人、被告人违反取保候审、监视居住规定，情节严重的。第二，可能再次犯罪的危险性。重点判断犯罪嫌疑人是否存在继续犯罪、连续犯罪或者再次犯罪的可能性。如修改后《刑事诉讼法》第 79 条第 1 款规定的 "可能实施新的犯罪的" "有危害国家安全、公共安全或者社会秩序的现实危险的" 及第 2 款规定的 "曾经故意犯罪或者身份不明的"。上述 "罪行危险性" 和 "人身危险性" 一起，构成了 "社会危险性" 的具体内容。

1996 年《刑事诉讼法》第 60 条规定对 "社会危险性" 的表述过于笼统，难以把握，造成逮捕措施的适用具有一定的随意性。有鉴于此，修改后《刑事诉讼法》第 79 条对 "社会危险性" 条件予以了列举，《人民检察院刑事诉讼规则（试行）》第 139 条对 "社会危险性" 条件的证据条件予以进一步要求，要求 "有一定证据证明或者有迹象表明"。但由于没有相应的证明标准指引和具体量化要求，使得以何种证据以及证明标准来证明这种可能性的存在并有转化为现实的趋势的可能性的判断呈现一定的随意性，进而造成社会危险性条件在审查批捕阶段被夸大适用。由于只需要一个大概的比例加以说明，故笔者采取验错法：通过对捕后犯罪嫌疑人判处缓刑的情况统计，借以对 "社会危险性" 条件在逮捕适用中的作用进行实证。这么做的理由有三：第一，从 "徒刑" 范围看，缓刑适用于 "被判处拘役、三年以下有期徒刑的犯罪分子"。徒刑范围上是小于逮捕的。第二，对累犯不适用缓刑的规定，已经纳入逮捕的人身危险性考虑范围。《刑事诉讼法》第 79 条第 2 款 "曾经故意犯罪" 规定，符合 "应当逮捕"，基本排除因故意犯罪（含）累犯不捕的情况，使得两者的考察对象比较接近。第三，判处缓刑也是一种可能性判断，重点考察条件 "根据犯罪分子的犯罪情节和悔罪表现，适用缓刑确实不致再危害社会的"。判断对象基本类似于逮捕审查的 "社会危险性条件"，也需要综合衡量被告人的罪行危险性和人身危险性。

经统计，2013 年某区检察院捕后判缓刑的有 29 人，占逮捕人数 1.9%。可以看出，检察机关认为"可能发生社会危险性"的 1508 名犯罪嫌疑人，有 1.9% 以上法院认为放在社会上不致再危害社会，如果考虑到判处管制及单处罚金等附加刑的人数；加之判决认定的事实往往比提捕时认定的犯罪事实要多，而且缓刑只是适用于 3 年以下刑期的罪犯，加上 3 年以上的情况，这一比例会更高。在犯罪嫌疑人是否具有"社会危险性"的判断上，审查逮捕时的结论与判决结果相左，在一定程度上反映对"社会危险性"条件解释过于宽泛，难以掌握。

三、结语

作为对犯罪嫌疑人是否羁押的概率性判断，逮捕本身并无对错之分。但如果将逮捕这种诉讼强制手段与最终的诉讼结果进行联系比对，往往会出现一定程度的偏差。对应然和实然之间的偏差，显然不能仅限于在应然的层面上进行探讨。

通过以上实证分析，我们基本可以得出这样的结论：作为一个整体的逮捕条件在具体案件中被分解，而且没有受到同等对待，在受重视程度上明显存在厚此薄彼。立法层面的三条逮捕要件，事实上被司法层面的操作行为严重割裂，而且这种割裂已经在一定范围内被认同，或许是造成诉讼强制性手段与最终诉讼结果之间出现偏差的原因之一。整体把握逮捕条件，对每个逮捕条件进行同等对待，或许是提高逮捕案件质量、纠正偏差，甚至有效防止错捕滥捕的关键和核心。

华南某区检察院 2013 年
逮捕措施适用状况实证分析

王雄飞　刘　松

　　逮捕是我国刑事诉讼强制措施体系中最严厉的一种，适用逮捕这一强制措施后不仅意味着被逮捕人的人身自由会受到最严格的限制，而且法律还允许对其进行较长时间的羁押。一旦逮捕措施适用错误，非但不能发挥其在刑事诉讼中打击犯罪的作用，反而会带来严重侵犯公民的基本人权的后果。因此，必须准确掌握逮捕的适用条件，严把案件质量关，客观公正执法，保障犯罪嫌疑人的合法权益。本文以华南某区检察院 2013 年办理的案件为样本进行统计，从逮捕条件的把握、逮捕程序、工作机制、羁押必要性审查等方面分析论证，阐明修改后刑事诉讼法实施以来基层检察机关适用逮捕措施的现状及改进方向，以期为我国未决羁押制度的完善提供参考。

　　某区检察院内设侦查监督科和未成年人刑事检察科负责侦查监督工作。具体分工是未成年人刑事检察科负责未成年人犯罪案件的审查逮捕工作，侦查监督科负责未成年人犯罪案件以外其他案件的审查逮捕工作。侦查监督科共有 15 人，其中科长 1 名、副科长 2 名、科员 12 名，其中检察员 14 名、助理检察员 1 名，有 2 名检察员担任内勤工作。未成年人刑事检察科共有 5人，其中科长 1 名、副科长 1 名、科员 3 名，其中检察员 4 名、书记员 1名，书记员担任内勤工作。办理案件方面作如下规定：部门正职领导负责办理特别重大疑难复杂案件，其他人员按规定顺序依次轮流承办案件，其中部门副职领导因需审批案件适当减少办案任务。

一、逮捕案件办理情况

　　2013 年全年共受理公安机关提请批准逮捕 1369 件 1798 人，审结 1369

件 1798 人。审结案件中，批准逮捕 1194 件 1526 人，批捕率为 87.22%（件数）、84.87%（人数）；不捕 175 件 272 人，其中绝对不捕 10 件 14 人，存疑不捕 100 件 157 人，相对不捕 65 件 101 人。（见表 1）

表 1　公安机关提请批准逮捕案件逮捕条件的适用情况

提捕	件数		1369
	人数		1798
审结	件数		1369
	人数		1798
逮捕	件数		1194
	人数		1526
	批捕率		87.22%
	批捕率		84.87%
不捕	总计	件数	175
		人数	272
	其中	绝对不捕　件数	10
		绝对不捕　人数	14
		存疑不捕　件数	100
		存疑不捕　人数	157
		相对不捕　件数	65
		相对不捕　人数	101

某区检察院批准逮捕后，公安机关侦查终结移送审查起诉的案件为 1194 件 1526 人。公诉部门审结 1133 件 1480 人。审查后提起公诉 1115 件 1439 人，不起诉 18 件 41 人，提起公诉后撤回起诉 3 件 4 人。起诉后法院审结 967 件 1384 人，其中宣告被告人有罪但没有判处有期徒刑实刑的 164 件 197 人。不起诉、撤回起诉、没有判处有期徒刑实刑三项合计 185 件 242 人，占公安机关移送审查起诉的批准逮捕的案件的 16.33%（件数）、16.35%（人数）。也就是说，有近 16% 的案件可能不符合逮捕的罪疑条件或刑罚条件，逮捕质量有进一步提升的空间。（见表 2）

表 2　公安机关提请批准逮捕案件逮捕质量情况

批捕案件移送审查起诉		件数	1194
		人数	1526
公诉审结		件数	1133
		人数	1480
提起公诉		件数	1115
		人数	1439
起诉后撤回		件数	3
		人数	4
起诉后法院审结		件数	970
		人数	1391
法院判决情况	总数	件数	967
		人数	1384
	有期徒刑以上刑罚（实刑）	件数	638
	没有判处有期徒刑的有罪判决	人数	830
	无罪	件数	164
		人数	197
		件数	0
		人数	0

对于不捕的 175 件 272 人，公安机关均没有提请复议、复核。这说明不捕案件没有出现质量问题。

2013 年，某区检察院对于办理的自侦案件，提请上级检察院决定逮捕 51 件 54 人，上级检察院全部审结并作出了逮捕决定。自侦案件中，决定逮捕的案件被移送审查起诉的共计 53 件 56 人（含 2012 年旧存）。公诉部门审结 37 件 40 人，审结后全部提起公诉。法院已审结 30 件 31 人，其中判处有期徒刑实刑 13 件 13 人，没有判处有期徒刑实刑的有 17 件 18 人，分别占法院审结案件的 56.67%、58.06%。这一方面反映出实践中在办理自侦案件过程中，对逮捕措施有较强的依赖性；另一方面也说明自侦案件在逮捕刑罚条件的把握方面还存在一定的不足，需要认真改进。

表3　自侦案件中决定逮捕的案件的质量情况

决定逮捕案件移送审查起诉	件数		53
	人数		56
公诉审结	件数		37
	人数		40
提起公诉	件数		37
	人数		40
起诉后法院审结	件数		30
	人数		31
法院判决情况	有期徒刑以上刑罚（实刑）	件数	13
		人数	13
	没有判处有期徒刑的有罪判决	件数	17
		人数	18
	无罪	件数	0
		人数	0

二、逮捕条件的理解适用

修改后刑事诉讼法将"尊重和保障人权""不得强迫自证其罪"写入其中，不仅具有宣告的意义，更是要求检察机关在依法惩治犯罪的同时，履行保障人权的法定义务，理性、平和、文明、规范执法，防止冤假错案。根据刑事诉讼法的规定，逮捕条件分为三种情形，一是"一般逮捕条件"；二是"径行逮捕条件"；三是"可以转捕条件"。

（一）对"一般逮捕条件"的理解

1. 有证据证明有犯罪事实

具体是：（1）有证据证明发生了犯罪事实；（2）有证据证明该犯罪事实是犯罪嫌疑人实施的；（3）证明犯罪嫌疑人实施犯罪行为的证据已经查证属实的。审查逮捕阶段并不要求查清犯罪嫌疑人的"全部犯罪事实"，这里的"犯罪事实"可以是单一犯罪行为的事实，也可以是数个犯罪行为中任何一个犯罪行为的事实。

2. 可能判处徒刑以上刑罚

"可能"是不确定判断,只是在侦查阶段前期所获取材料的基础上得出,可能会因后续侦查取证而发生变化。

3. 取保候审、监视居住等方法尚不足以防止发生社会危险性

所谓"有社会危险性"是指如下情形:(1)可能实施新的犯罪的;(2)有危害国家安全、公共安全或者社会秩序的现实危险的;(3)可能毁灭、伪造证据,干扰证人或者串供的;(4)可能对被害人、举报人、控告人实施打击报复的;(5)企图自杀或者逃跑的。

(二)对"径行逮捕条件"的理解

"径行逮捕条件"包括:有证据证明有犯罪事实,可能判处 10 年有期徒刑以上刑罚的,或者有证据证明有犯罪事实,可能判处徒刑以上刑罚,曾经故意犯罪或者身份不明的。如此规定主要是因为上述情形的犯罪嫌疑人或者主观恶性较大,或者犯罪恶习较深,或者缺乏不予羁押的基本条件,均体现较大的社会危险性。[1] 对于有证据证明有犯罪事实,可能判处 10 年有期徒刑以上刑罚的情形直接实施逮捕不难理解;对于有证据证明有犯罪事实,可能判处徒刑以上刑罚身份不明的,犯罪嫌疑人拒不交代身份信息,表明其有逃避侦查和刑事处罚的心理,无法查明身份信息的则不具备采取取保候审等非羁押措施的条件,自然应当逮捕;对于有证据证明有犯罪事实,可能判处徒刑以上刑罚,曾经故意犯罪的,有学者认为法律对笼统地认为再犯都具有较强烈的反社会心理和人身危险性并不完全符合实际,曾经故意犯罪的情形极为复杂,与逮捕强制措施保障被告人即时到案、保障诉讼程序顺利进行、保障刑罚执行等规范目的之间的关联性微弱。[2] 故实践中应当保持审慎逮捕的态度,综合分析作出逮捕决定。

(三)对"可以转捕条件"的理解

"可以转捕的条件"是指被取保候审、监视居住的犯罪嫌疑人违反取保

---

① 最高人民检察院编:《检察机关执法规范培训教程》,中国检察出版社 2013 年版,第 321 页。
② 刘宏武、孟庆:《径行逮捕的规范目的与适用》,载《人民检察》2013 年第 5 期。

候审、监视居住的规定，情节严重的，可以予以逮捕。实践中，并非任何违反取保候审、监视居住规定情节严重的都予以逮捕。侦查机关以犯罪嫌疑人违反取保候审、监视居住规定情节严重为由提请审查逮捕的，侦查监督部门经审查后，对于没有证据证明犯罪嫌疑人有犯罪事实或者犯罪嫌疑人的行为不构成犯罪、不应追究刑事责任的，无论是否违反取保候审、监视居住规定，均不批准逮捕。对于涉嫌罪行轻微，不可能判处徒刑以上刑罚的犯罪嫌疑人，如果违反取保候审、监视居住情节严重，具有较大社会危险性，则可以予以批准逮捕。

三、提高批准逮捕质量的措施

（一）逮捕程序的优化

1. 落实侦查机关社会危险性的证明责任

社会危险性是指犯罪嫌疑人给社会带来新的危害可能性，它不同于社会危害性，两者具有不同的内涵和外延。社会危害性是犯罪的本质特征，是刑法对犯罪作出的否定性评价；社会危险性不具有危害后果的现实性特点，只是一种可能性。[①] 相比之下，判断是否具有社会危险性较判断是否具有社会危害性更为困难，检察机关作为审查逮捕的主体，必须依法严格审查，督促侦查机关收集完善社会危险性证明材料。实践中的操作主要是：

（1）积极与侦查机关沟通，强调收集社会危险性证明材料的重要性，切实让侦查人员从思想上重视起来，摒弃过往只重视收集有罪证据的错误思想，从源头上保证收集证据的全面性。

（2）严格审查呈捕案件材料，审查是否随案移送表明犯罪嫌疑人主观恶性、犯罪情节、犯罪习性、悔罪表现、身体健康状况及有无工作和固定居所等情况的材料，以证明其达到需要逮捕的社会危险性。

（3）注重检察引导侦查，检察机关在全面审查社会危险性的相关证据材料的基础上，做出是否逮捕的决定，应当在审查逮捕意见书中针对社会危险性证据材料的审查和采纳情况进行分析说明，以便于侦查机关掌握情况，

---

① 童建明主编：《新刑事诉讼法理解与适用》，中国检察出版社2012年版，第104～105页。

准确把握逮捕所需证据标准，全面高效收集证据材料。

2. 调查核实和排除非法证据

虽然我国刑事诉讼法没有明确审查逮捕时是否要排除非法证据，但检察机关在审查逮捕时应当进行非法证据排除，这是因为从司法审查的角度看，审查逮捕是以对证据的审查判断为基础的司法活动，对证据的合法性、关联性、客观性进行审查是作出正确逮捕决定的前提；从法律监督的角度看，检察机关有责任和义务审查侦查取证活动是否有违法行为，发现存在非法取证行为的，应当依法进行纠正，符合排除非法证据情形的，应当予以排除。① 审查逮捕的法定期限较短，给全面调查核实证据带来一定困难，实践中通常操作如下：

（1）非法证据排除程序的启动。一是办案人员启动。侦监部门承办人在办理审查逮捕案件过程中，如果发现证据材料有非法的嫌疑，及时向科室负责人及分管领导汇报，经分管领导批准后可启动非法证据排除程序。二是犯罪嫌疑人或其辩护人、近亲属提供了证明证据非法的有力证据，侦监部门依据相关的控告申诉材料及线索启动非法证据排除程序。

（2）非法证据排除的审查。具体的审查方式包括：第一，认真审查犯罪嫌疑人及其律师提交的书面材料；第二，调取犯罪嫌疑人进入看守所时的检查记录、医院体检表；第三，询问有关证人、被害人等人员，收集和查看录音录像等材料，以确认侦查人员是否存在以非法方法收集证据的情况；第四，询问侦查机关审讯人员，并形成询问笔录；第五，要求公安机关对可疑证据的合法性作出说明；第六，如果侦查人员确实存在以非法方法收集证据的情形，依法发出纠正违法通知书，对构成犯罪的追究刑事责任。

（3）作出非法证据排除决定。我国非法证据排除规则下检察机关的证明标准应当根据非法证据形式的不同而加以区分，对于法律规定绝对排除的非法言词证据应适用"确实、充分""排除合理怀疑"的证明标准，对于法律规定相对排除的非法实物证据可适用"优势证明"标准。② 通过综合分析

① 孙谦主编：《〈人民检察院刑事诉讼规则（试行）〉理解与适用》，中国检察出版社 2012 年版，第 250 页。
② 吴宪国：《非法证据排除规则下检察机关的证明标准》，载《中国刑事法杂志》2012 年第 12 期。

调取的证据，如果确定言词证据是非法获取的，一经确定，应当绝对排除；如果非法收集的物证、书证，可能严重影响司法公正的且不能补正或作出合理解释的，应当予以排除。排除非法证据后如果证明案件事实的证据已经明显不足，应该作出证据不足不予批准逮捕的决定，并通知公安机关及时补充侦查取证。

3. 听取辩护律师意见

在现代法治国家的刑事诉讼制度中，犯罪嫌疑人、被告人作为刑事诉讼程序的主体，在刑事诉讼中享有防御、辩护的基本权利，切实采取措施保障犯罪嫌疑人、被告人享有排除国家机器对其不利的指控并进而影响诉讼程序的发展方向，使无辜的人不受刑事追究，贯彻罪刑法定、罪刑相适应的原则，这是一项重要的现代法治原则，也是联合国刑事司法准则的基本要求。[1] 修改后刑事诉讼法关于审查批捕阶段听取辩护律师意见的规定，对于检察机关全面掌握案件情况，及时发现问题，准确适用逮捕措施，客观公正执法具有重要意义。审查逮捕阶段听取辩护律师意见，要坚持依法、公开、全面原则，具体是：

（1）辩护律师在审查逮捕阶段提出书面意见的，案件承办人应进行认真审查，辩护律师提出申请或者经办人认为必要时，可以当面听取辩护人的辩护律师意见。听取意见应尽量全面，既要听取辩护人对全案事实和证据的看法，还应听取辩护人对法律适用、量刑建议观点的阐述，经办人审查辩护律师意见后，应当认真分析、判断，无论是否采纳，都应说明理由并记入审查批捕意见书。

（2）辩护律师提出的关于逮捕必要性证据材料，侦查监督部门可以自行或通过侦查机关进行核实。检察机关经充分地审查、分析、考量后，认为应当采纳的，则依法作出不批准逮捕决定。对于在审查批准逮捕期限内无法查清的，则根据现有证据材料作出逮捕或不逮捕决定，同时将辩护律师提供的新证据材料及线索附卷，交由侦查机关继续侦查并跟踪调查取证情况。

---

① 林钰雄：《刑事诉讼法》，中国人民大学出版社 2001 年版，第 171 页。

4. 讯问犯罪嫌疑人

检察机关审查逮捕阶段讯问犯罪嫌疑人，听取其申辩，更有利于发现案件的真实情况，使审查判断更加客观全面，能有效保证审查逮捕案件质量。修改后《刑事诉讼法》第86条规定："人民检察院审查批准逮捕，可以讯问犯罪嫌疑人；有下列情形之一的，应当讯问犯罪嫌疑人：（一）对是否符合逮捕条件有疑问的；（二）犯罪嫌疑人要求向检察人员当面陈述的；（三）侦查活动可能有重大违法行为的。"为了更好地保障犯罪嫌疑人的利益，某区检察院在实际工作中扩大了讯问的范围，只要犯罪嫌疑人有辩解的，均当面讯问。在讯问时办案人员有针对性地对犯罪嫌疑人开展以核实证据为主的讯问工作，包括讯问犯罪嫌疑人的到案经过、侦查机关有无告知相关诉讼权利和义务、讯问时有无同步录音录像、有无被刑讯逼供等违法逼取口供等情况，并对搜查、扣押、辨认等侦查措施的程序是否合法进行核实。针对犯罪嫌疑人能够提供明确的无罪证据或者线索的，检察人员立即自行核查或通知侦查机关调查，并根据核查情况再次讯问犯罪嫌疑人。

（二）逮捕工作机制的构建

1. 审查逮捕三级审批制度

目前，某区检察院审查逮捕案件实行三级审批制度，即案件承办人审查后认为应当批准逮捕的案件，由承办人提交侦查监督部门副科长审批，再由副科长报分管副检察长审批决定。承办人审查后认为应当不批准逮捕的案件，并且经讨论后也认为应当不批准逮捕的，由侦查监督部门科长审批，再报分管副检察长审批决定。侦查机关移送呈捕案件的案情复杂、影响重大，在定性或定罪上存在重大疑点，分管检察长认为难以把握的，应当层报检察长审批或检察委员会讨论决定。

2. 不捕案件充分说理机制

对不捕案件进行充分说理能够有效增强不捕决定的透明度，一方面有助于侦查机关及时、全面地了解检察院作出不捕决定的理由，促进侦查机关提高报捕案件的质量；另一方面也有助于消除被害人对案件的疑虑，化解社会矛盾，提高执法公信力。某区检察院在批捕工作中对不批准逮捕案件作如下说理工作：

（1）常规性说理。对案件作出不捕决定的同时，向侦查机关发送不批准逮捕理由说明书，围绕案件证据情况及社会危险性情况进行具体分析论证，说明不批准逮捕的理由，同时还对需要补充侦查的案件提出补充侦查的意见，引导侦查取证。

（2）针对性说理。侦查人员对不捕决定有异议的，案件承办人积极与侦查人员沟通交流，说明理由，取得侦查人员的信服和理解；被害人对不捕决定有异议的，案件承办人向被害人耐心解释、明理析法，消除被害人对逮捕工作的误解，以达到息诉、息访目的，维护社会和谐稳定。

（3）深入性说理。经案件承办人员说理后如果仍有异议，由科室负责人向公安机关法制部门、被害人进行说理，化解矛盾，定分止争。通过层递对应说理机制消除歧义，增加相关人员对不捕案件的认同度。

3. 逮捕风险化解机制

执法办案风险化解工作是检察机关维护社会和谐稳定的重要内容，积极建立逮捕风险化解机制，主动做好释法说理工作，能够避免社会矛盾，实现办案法律效果、社会效果的有机统一。某区检察院主要从以下方面进行逮捕风险化解：

（1）实行案件风险等级评估。在审查逮捕中对可能发生的风险及程度、性质和影响进行综合评估，客观地拟定风险等级，并根据实际情况的发展变化，及时调整风险级别。实践中将案件分为三个风险等级，包括一级风险、二级风险和三级风险。

（2）制定风险化解工作预案。案件承办人作为风险化解直接责任人，按照"源头控制、预警前置"原则，对于确定为一级、二级、三级风险的案件，根据不同风险等级制定处置预案，严格落实工作责任，做好释法说理、息诉稳控及舆情应对工作，防患于未然。

西南某区检察院
2013 年办理审查逮捕案件情况分析

温建军　　刘　宋

　　自修改后刑事诉讼法实施以来，为保障未决羁押工作顺利开展，实现保障人权的立法期许，某区检察院积极开展逮捕必要性和羁押必要性审查工作，创新性地与公安机关会签了《关于建立逮捕与羁押必要性审查一体化工作机制的规定》，进一步细化了社会危险性情形、明确和规范了公安机关证明责任；制定了《捕后侦查阶段羁押必要性审查听证制度实施办法》，尝试将听证制度引入羁押必要性审查，实现逮捕权的去行政化，提高侦查监督工作透明度和公信力。通过以上实践和探索，以期转变"构罪即捕"的传统观念，慎用逮捕权、用好羁押必要性建议权，破解司法实践中"一捕到底"、未决羁押率过高等突出问题，强化法律监督，尊重和保障人权，化解社会矛盾。

一、侦查监督部门人员配置和案件办理基本情况

（一）机构设置情况

　　某区检察院侦查监督工作主要由侦查监督科、青少年犯罪刑事检察科（又称未检科）负责。按照刑事诉讼法及相关规定，监所科负责监狱内服刑人员再犯罪的审查逮捕工作。因近 3 年来某区检察院监所科未受理一起相关案件，故本文主要就侦查监督科和青少年犯罪刑事检察科的工作开展情况进行介绍。

（二）人员配备情况

　　侦查监督科共有正式干警 8 人，检察助理（临聘人员）2 人。其中有检

察员 3 人，助理检察员 3 人，书记员 2 人；设科长 1 人、副科长 1 人，内勤 1 人。青少年犯罪刑事检察科有正式干警 5 人，检察助理 3 人。其中检察员 2 人，助理检察员 2 人，书记员 1 人；设科长 1 人，内勤 1 人。

侦查监督科负责年满 18 周岁以上犯罪嫌疑人的审查逮捕工作。科长、副科长、内勤及其他办案人员均要办理案件，由内勤对提捕案件登记建立台账，按办案人员名单顺序依次分配案件，并按照三类人员分配案件：科长、副科长和内勤、其他办案人员办案比为 1∶2∶3；临聘人员主要协助办案检察官开展案件录入、提讯等辅助性工作。

青少年犯罪刑事检察科负责 18 周岁以下和全日制在校学生犯罪嫌疑人的审查逮捕工作。科长、内勤及其他办案人员均要办理案件，由内勤对提捕案件登记建立台账，按办案人员名单顺序依次分配案件，并按照两类人员分配案件：科长、内勤和其他办案人员办案数量比为 1∶2；临聘人员主要协助办案检察官开展案件录入、提讯等辅助性工作。

（三） 办案基本情况

2013 年 1 月 1 日至 12 月 31 日，某区检察院共受理各类报捕案件 991 件 1441 人，结案 991 件 1441 人，人均结案数为 76 件 111 人；立案监督 15 件 26 人，发出书面纠正违法通知书 5 件，公安机关回复率、整改率 100%。

二、 逮捕条件的把握与适用

在逮捕条件的实践把握上，该院严格按照《刑事诉讼法》第 79 条和《人民检察院刑事诉讼规则（试行）》第 139 条至第 145 条的相关规定，从构罪条件、刑罚条件、社会危险性条件三个方面开展审查批捕工作。

（一） 构罪条件的把握

全面理解和把握"有证据证明有犯罪事实"：一是有证据证实犯罪事实发生；二是有证据证实犯罪事实系犯罪嫌疑人所为。对于有犯罪嫌疑人供述、被害人陈述、证人证言等直接证据的，要求证据能够达到可以单独使用或与间接证据联合使用，并证明犯罪事实的程度；对只有间接证据的，要求能够形成基本完整的证据链条，并达到证明犯罪事实的程度。

　　从表1、表2可以看出：2013年某区检察院共作出绝对不捕决定4件6人，仅占公安机关提捕总人数的0.4%，占不批捕总人数的1.2%。其中除一件开设赌场案犯罪嫌疑人因犯罪情节显著轻微而直接适用《刑事诉讼法》第15条的规定以不构成犯罪不批捕外，其余3件5人皆因不存在犯罪事实而不批准逮捕。因证据不足作出存疑不捕案件共有122件202人，占提捕总人数的14.02%，占不批捕总人数的40.56%。在起诉阶段，没有绝对不诉的案件，捕后作存疑不起诉的案件8件16人，占捕后移送审查起诉总人数的1.64%。存疑不捕案件的产生有两方面的原因，一是因公安机关收集、固定证据的意识和能力不足以及责任心缺乏等多种原因而导致案件证据要么难以证实犯罪事实系犯罪嫌疑人所为，要么指控的犯罪事实难以查明。二是检察机关对逮捕案件证据标准的拔高，甚至按照起诉证据标准来衡量逮捕案件，致使部分案件因达不到证据要求而作存疑不捕。

表1　公安机关提请批准逮捕案件逮捕条件的适用情况

提请批准逮捕			件数	991
			人数	1441
审结			件数	991
			人数	1441
批准逮捕			件数	690
			人数	943
			批捕率（按件数）	65.44%
			批捕率（按人数）	69.63%
不（予）批准逮捕	总计		件数	301
			人数	498
	其中	绝对不捕	件数	4
			人数	6
		存疑不捕	件数	122
			人数	202
		相对不捕	件数	175
			人数	290

表 2　公安机关提请批准逮捕案件逮捕质量情况

批捕案件移送审查起诉		件数		685
		人数		975
公诉审结		件数		671
		人数		953
提起公诉		件数		663
		人数		931
不起诉		件数		8
		人数		21
起诉后撤回		件数		0
		人数		0
法院判决情况	总数		件数	445
			人数	612
	有期徒刑以上刑罚（实刑）		件数	323
			人数	432
	没有判处有期徒刑的有罪判决		件数	96
			人数	127
	无罪		件数	0
			人数	0

从数据上看，某区检察院存疑不捕案件数量较高，达不批捕总人数的40.56%。存疑不捕案件的数量的高低与公安机关收集证据的能力水平有着直接和重要的联系。在审查批捕工作实践中，检察机关如何督促公安机关提高收集、固定证据的意识和能力已经成为老生常谈的问题，本文不再赘述。然而，就检察机关如何解决自身存在的问题，切实把握好批捕案件构罪条件，该院认为需要认清两点：一是如何正确对待捕后存疑不诉对逮捕案件质量的影响；二是如何正确区分与适用逮捕的证据标准和起诉的证据标准。

捕后作存疑不诉的案件一直是侦监部门与公诉部门关注和争论的焦

点。捕后作存疑不起诉产生的原因，主要集中在案件证据发生变化、公诉部门对案件事实定性存在认识分歧或者认为案件证据达不到起诉标准等情况。捕后作存疑不诉的情况，可以从侧面衡量批捕案件质量的高低，反映侦监部门对构罪条件的把握能力。然而，过分强调捕后存疑不诉对逮捕案件质量的评价作用，可能导致侦监部门出于对捕后证据不足不起诉的担忧而刻意提高逮捕构罪要件标准，甚至完全按照公诉证据标准衡量批捕案件证据，该院认为这种做法是过犹而不及的，长此以往将严重影响对逮捕案件构罪要件的把握。

（二）刑罚条件的把握

切实把"可能判处徒刑以上刑罚"作为慎捕条件加以把握。根据《检察机关执法工作基本规范（2013 年版）》的要求，"可能判处徒刑以上刑罚"是指根据已经查明的事实和情节，可能判处徒刑以上刑罚。即需要综合考量法院对被告人犯罪行为的宣告刑而非该罪名的法定刑。为此，该院在把握构罪要件认定犯罪嫌疑人构罪的前提条件下，还要综合考虑犯罪的性质、情节、累犯、自首、立功等法定或酌定从重从轻情节等能够影响量刑的证据，作出是否可能被判处有期徒刑刑罚的判断。2013 年 3 月，为解决司法实践中检察机关与法院在量刑上的认识分歧，某区检察院侦查监督部门主动与区法院刑庭沟通协商，结合《最高人民法院量刑指导意见》的规定，就故意伤害（轻伤）、开设赌场、零包贩毒、扒窃、掩饰隐瞒犯罪所得等常见轻刑案件量刑标准达成一致意见，使侦监部门办案人员对常见轻罪的量刑情况有了更清晰的了解，对"可能判处徒刑以上刑罚"条件有了具体的把握。

表 1、表 2 的数据显示，审查逮捕案件中，因考虑犯罪嫌疑人可能被判处有期徒刑以下刑罚，而作出相对不捕的案件共 150 件 243 人，分别占提捕总人数的 16.86%，占不批准逮捕总人数的 48.8%，占相对不捕总人数的 83.79%。捕后被判有期徒刑以下刑罚的案件共 96 件 127 人，捕后公诉部门作相对不诉案件共 1 件 6 人，占捕后移送审查起诉总人数的 0.6%。从以上数据显示，某区检察院对逮捕刑罚条件把握的实际效果并不理想。在该院已经严格把握刑罚条件，对近 20% 的提捕案件作出了相对不批捕决定的情况

下，捕后起诉的案件中仍然有 13.47% 被判处有期徒刑以下刑罚（这在检察实务中称为逮捕"瑕疵"或"轻刑"案件，被列入侦查监督工作的重要考核项目之一）。究其原因有三：

一是对量刑标准把握不准。修改后刑事诉讼法实施以来，某区检察院多次与法院就案件的量刑标准进行沟通，对法院的判决书的量刑情况进行对比分析，同时建议公诉部门对批准逮捕的犯罪嫌疑人提出有期徒刑以上的量刑建议，减少逮捕瑕疵案件，逐步形成了与公诉和法院量刑标准相对统一的认识，以达到对逮捕案件刑罚条件的准确掌握。但是从轻刑案件的数量看，该院对量刑标准把握还应当进一步提高。

二是影响量刑的证据发生变化。犯罪嫌疑人被逮捕后，出于减轻处罚的现实考虑，其本人或家属及其辩护人积极采取有利于犯罪嫌疑人的措施以取得从轻的量刑，如伤害、侵财等轻微刑事案件中，犯罪嫌疑人被批捕后，在起诉或审判阶段积极对被害人进行赔偿，取得谅解，导致在审查逮捕阶段可能被判处有期徒刑以上刑罚条件发生变化。

三是迫于维护社会治安稳定的压力和保障诉讼的要求，检察机关降低刑罚条件的适用标准。随着我国经济社会的快速发展，城市化进程不断加快，外来流动人口管理已经成为大城市不可回避的社会问题和法律问题。修改后刑事诉讼法实施以来，因指定监视居住配套措施的不完善导致公安机关难以通过非羁押措施对外来流动人口犯罪实施有效监管，如果不采取逮捕的措施，犯罪嫌疑人有可能串供、逃跑或再次违法犯罪。在面对复杂严峻的社会治安维稳压力面前，在保障诉讼顺利进行的现实要求面前，是否依然严格适用逮捕的刑罚条件，检察机关已经陷入两难。

以某区检察院为例，某区作为某省会城市中心城区，近辖区外来流动人口已占全部人口总数的 60%，而且人员构成复杂，存在大量的藏、彝等少数民族聚集区，特别是近年来扒窃、寻衅滋事、零包贩毒、开设赌场等案件高发，严重影响了社会治安稳定和经济健康发展。许多犯罪分子没有固定的住所和固定的生活来源，不但对其采取取保候审不足以防止社会危险性的发生，因其难以交纳保证金或没有保证人，而且根本就没有办法适用取保候审的条件。这类人犯罪后可能达不到逮捕的刑罚条件，但如不采取羁押的强制措施，可能会导致串供、逃跑或再次违法犯罪情况的发生。在面对这类案件时，是严格坚持逮捕的刑罚条件，对可能判处有期徒刑以下的不批准逮捕，还是将行为人及时逮捕羁押"以防后患"，让检察人员陷入"纠结"，可以说在某种意义上刑罚条件成了对逮捕措施适用的束缚。同样以某区检察院去年的办案情况为例，就曾经出现过戏剧性的一幕：在一定的时间段，某区检察院为保障诉讼顺利进行和防止再犯罪等情况的发生，对外来流动人口犯罪一般采取批准逮捕的措施。经过一段时间实施后，发现逮捕瑕疵率大幅上升，出于目标考核的硬性需要，又对此类犯罪作相对不批捕。又执行一段时间后，发现犯罪嫌疑人不到案和再犯罪情况增多，出于打击犯罪和维护社会稳定的考虑，某区检察院又只有采用折中方法，对犯罪情节较轻、没有前科的作相对不捕处理，对有前科或有较大社会危险性的，在知道可能被判处有期徒刑以下刑罚，无法满足逮捕刑罚条件的案件，不得不批准逮捕。这种处理方式，可以说是审查逮捕案件司法实践中面对现实困境的无奈之举，但绝非长久之计。

（三）社会危险性要件的把握

《刑事诉讼法》第 79 条和《人民检察院刑事诉讼规则（试行）》第 139 条规定了五种社会危险性情形，细化了社会危险性的证明标准，然而，在实践中对社会危险性要件的证据把握依然是个难点。在审查逮捕案件中，经某区检察院审查认为无社会危险性，作出相对不捕案件共 25 件 47 人，占不捕总人数的 9.44%，占相对不捕总人数的 16.21%。因不符合刑罚条件而作出相对不捕的案件有 150 件 243 人，占相对不捕总人数的 83.79%。从比率来看，通过把握社会危险性要件作出不批准逮捕案件的不捕率总体情况较低。其原因主要在于：

一是部分社会危险性的界定不够明确或难以证据化，公安机关无法提供相关社会危险性证明材料，检察人员只能凭"感觉"来判断社会危险性。如在本地无固定居所、无固定职业的外地人犯罪，公安机关提捕的理由认为其可能"企图逃跑"无法保障诉讼，却提供不出任何证明"企图逃跑"的证据。在实践中，侦查监督部门面对这种情况也相当无奈，往往对本市区内有取保条件的犯罪嫌疑人，以不具有社会危险性而不批捕，反之从保证诉讼的角度，对无固定住所和生活来源的外来流动人员以具有社会危险性而批准逮捕。

二是特殊刑事政策对社会危险性要件把握的影响。2013年在按照上级的统一部署，配合公安机关开展的"严打黄赌毒"、"危害食品药品安全刑事专项活动"等执法活动中，是严守五种法定社会危险性条件适用逮捕措施还是有所放松，让侦查监督部门很困惑。如容留卖淫、开设赌场、非法持有毒品、零包贩毒等涉黄赌毒犯罪案件，对其中的初犯、偶犯、从犯等，难以证明犯罪嫌疑人的法定"社会危险性"情形，最终大部分还是被批准逮捕。

三是陷入社会危险性条件"松绑"刑罚条件的怪圈。例如对于有前科劣迹、有吸毒史的犯罪嫌疑人，承办人在审查案件时，如果严格按照量刑标准认为可能判不到有期徒刑以上刑罚，本应当认定该案不符合刑罚条件作出不批捕的决定——基于其劣迹、吸毒等情况，认为其可能逃跑或再犯罪——出于对社会危险性的现实考虑"松绑"对刑罚条件的评价，从而认定犯罪嫌疑人符合刑罚条件和社会危险性条件。

三、审查逮捕的程序

（一）创新逮捕必要性审查程序，规范社会危险性证明

某区检察院始终坚持"谁报捕，谁证明"的逮捕案件证明标准，强调公安机关作为提请批捕的主体，应当负有证明责任，提供证据证明犯罪嫌疑人具有符合逮捕的构罪条件、刑罚条件和社会危险性条件。提请批准逮捕时不仅要收集和提供证明案件事实的定性证据，还要收集犯罪嫌疑人罪轻、罪重的量刑证据，特别应注重收集犯罪嫌疑人有无社会危险性以及社会危险性大小的证据材料。2013年以来，某区检察院针对新刑事诉讼法细化逮捕社会危险性五种情形的规定，与公安机关会签了《关于建立逮捕与羁押必要性审查一体化工作机制的规定》，明确了公安机关的社会危险性证明责任，提出强制性规定：对公安机关未说明社会危险性或未提供证据材料的，检察机关侦监部门有权要求补充；未补充的，则以不具有社会危险性为由不批准逮捕犯罪嫌疑人。

主要从以下几方面创新性地开展审查逮捕工作：

一是督促公安机关改革法律文书，完善证据收集和案卷装订工作。要求公安机关在现有的《提请批准逮捕书》基础上，增加"逮捕必要性说理"，并在提捕书中列明犯罪嫌疑人有无前科劣迹、认罪态度等与社会危险性相关的信息。规定检察机关对公安机关提供的逮捕必要性理由及相关证明材料进行审查，可视情况开展必要的复核和调查；对于故意隐瞒或者提供虚假证明材料的，应当发出《纠正违法通知书》。

二是在刑事侦查卷宗中，要求公安机关单独附有犯罪嫌疑人社会危险性证明的证据材料。包括犯罪嫌疑人的平时表现、犯中表现、犯后表现；是否为累犯、惯犯，有无行政、刑事处罚记录、吸毒等恶习；是否有隐匿罪证、对他人扬言报复的言行；是否有实施打击报复、自杀、逃跑以及毁灭、伪造、转移、隐匿证据，干扰证人作证、串供翻供等妨害诉讼正常进行的可能。

三是强化类案引导和实证引导，提高报捕案件的准入标准。针对辖区内案发率较高的常见轻型罪名，如扒窃、故意伤害（轻伤）、开设赌场、零包贩毒等容易产生逮捕必要性分歧的案件，要求公安机关规范和统一证明材料的类别和形式，同时定期总结和分析类案的证据情况及判决情况，以典型案例通报的方式，对公安机关的证据收集情况和报捕标准加以引导，提高报捕案件的证据准入标准，让大量不存在社会危险性分歧，不可能判处徒刑以上，即明显不符合报捕条件的案件在侦查环节自行消化，以节约侦监部门办案资源，使检察人员能够将有限的精力用在审查那些具有较大社会危险性分歧的案件上。

（二）非法证据的调查核实与排除

在审查逮捕阶段开展非法证据的调查核实与排除工作，是侦查监督工作的重点也是难点。该院认为发现问题是关键，为此该院建立了两套制度，一是建立了犯罪嫌疑人申请排除非法证据权利义务告知制度，要求办案人员在讯问犯罪嫌疑人和询问证人时，向相关人员送达《权利义务告诉书》，获取关键信息，及时发现问题；二是与监所科建立了在押人员信息共享机制，及时互通在押犯罪嫌疑人身体健康情况，获取可能涉嫌暴力取证的线索。

从该项开展工作的数量和结果看，效果不明显，目前某区检察院尚未发现和排除非法言词证据，主要的对于公安机关收集实物或书证证据不符法定程序，可能严重影响司法公正的，应要求公安机关或部门补正或作出合理解释；不能补正或作出合理解释的，拒绝该实物证据作为批准逮捕的依据。究其原因，一是检察机关的职责决定其以打击犯罪为主，职责的天性使然使之更倾向于采纳公安机关提供的证据，非法证据更显得难以发现与排除。二是非法证据排除范围不明确。关于非法证据排除的范围仅限于采取暴力、威胁等方式取得的非法言词证据，及"可能严重影响司法公正的"且"不能补正或作出合理解释的"书证、物证。其中"严重"很难界定和掌握，而"不能补正""不能合理解释"在公安机关办案"高压"下几乎没有出现过，对于偶尔的"牵强"，很多情况监督也不得不采取宽容和"接受"的态度。三是非法证据排除在审查逮捕阶段运用较少，很少有真正以判定非法证据作为依据来决定案件结论的案例。

（三）辩护律师意见的听取

某区检察院采取主动提取和依申请听取辩护律师意见两种方式，保障辩护律师的诉讼权利。一是通过要求公安机关和犯罪嫌疑人告知，了解犯罪嫌疑人是否聘请律师。对案件事实和社会危险性有较大争议的案件，侦监部门经请示部分负责人和分管领导批准后，主动联系律师，告知其案件已经处于审查批捕环节，询问其是否需要陈述意见，以及有何意见。二是依申请听取辩护律师意见。对律师提出的意见，认真听取，特别是对犯罪嫌疑人是否涉嫌犯罪、有无社会危险性、是否适宜羁押、侦查取证活动是否违法等方面的意见，要记录在审查逮捕意见书中，对是否采纳律师的意见作出分析阐述，以证明批捕或不批捕决定的合理性。

（四）审查逮捕阶段的讯问

某区检察院存在案多人少、距离看守所路途远的突出矛盾，在审查逮捕阶段仍然坚持严格按照法律规定的六种应当讯问的情形依法开展讯问工作。原则上对拘留的犯罪嫌疑人每案必讯，确实因案件数量大，集中报捕等情况无法做到每案必问的，也必须在案件事实清楚，犯罪嫌疑人不提出讯问请求的情况下才送达听取犯罪嫌疑人意见书。

四、审查逮捕工作机制

（一）三级审批和主办检察官办案责任制

对提请批捕案件，由承办人制作审查逮捕意见书、提出是否逮捕的意见、向部门负责人汇报案件，后交科室集体研究，经分管检察长批准后决定是否逮捕；对重大疑难案件，分管检察长可根据情况，建议提交检察长或委员会讨论决定。由于某区检察院侦查监督部门人员较少，暂时没有设立主办检察官制度。

（二）不捕说理机制

根据不同的不捕案件，建立分类说理机制。对作出不捕决定的案件，严格区分无罪不捕、证据不足不捕、无逮捕必要不捕三种情况进行不捕说理。其中，证据不足不捕是不捕说理的重点，对证据不足不捕的案件着重从证据链的严密上进行分析说理。一方面在作出不捕决定后，主动与公安机关进行沟通联系，就案件证据存在的缺陷、问题向公安机关详细予以说明，听取他们对案件的意见，争取他们的理解和支持；另一方面向公安机关发出《补充侦查提纲》，具体、详细地列明需要补充侦查的事项及理由，使侦查人员心中有数，有的放矢地开展补充侦查工作，有效提高补查重报案件的质量。

（三）逮捕风险化解机制

某区检察院在 2012 年出台了《审查逮捕案件风险预警评估制度》，在以制度规范矛盾化解的基础上，结合调处实践经验进行总结、梳理、分析，进一步完善了风险化解机制。一是补充完善了风险预警评估的案件范围、预警评估内容及相应预警措施；二是补充完善了办案人员要严格案件风险意识，审查逮捕时对案件质量、是否会引发上访、是否会诱发不稳定因素等问题进行提前预测，进行风险预警评估登记等措施；三是补充完善了要结合发案背景、案件性质、办案效果及审查案件时发现的苗头性问题及时作出预测，在作出逮捕或不捕决定的同时进行三级风险预警评估，并提出同步化解预案，力争案结事了；四是要求对每起案件都要按不同预警级别填写《涉检信访评估预警表》，装订入卷，强化办案人的责任意识、风险意识；五是要求每季度对预警案件进行预警效果研判。发现被害人有困难的及时告知控申科，按照"刑事案件被害人救助机制"帮助解决，发现对不捕决定不满或有上访苗头的，则会同院控申科共同做好被害方的思想工作，消除被害人的不满情绪，打消其上访念头，维护社会和谐稳定。

（四）羁押必要性审查听证制度的引入

2013 年以来，某区检察院侦查监督部门积极开展羁押必要性审查工作，启动羁押必要性审查案件 4 件 6 人，共向公安机关发送《释放或变更强制措施建议书》4 件 6 人，采纳率为 100%。相比成都其他兄弟院数量少、采纳率低的情况，某区检察院羁押必要性工作取得了较好的效果。但是对比某区检察院去年批准逮捕 690 件 943 人的情况看，启动羁押必要性审查程序和提出《释放或变更强制措施建议书》的案件仅占批捕案件的 0.63%，远没有达到设立羁押必要性审查制度的立法期许。究其原因：一是羁押必要性审查制度缺乏刚性措施，监督效果无法保证。有的基层院多次建议均不被公安机关采纳；有的公安机关在收到羁押必要性审查建议书的第二天立即将案件移送检察机关公诉部门，规避羁押必要性审查。二是羁押必要性审查的启动方式较为被动。案件批捕后，公安机关一般不会再就案件情况与侦查监督部门联系，侦查监督部门难以掌握案件后期发展和变化动态，缺乏对公安机关案件的整体把握，无法及时全面地掌握羁押必要性证据的变化情况。针对以上问题，2014 年 4 月某区检察院制定了《捕后侦查阶段羁押必要性审查听证制度实施办法（试行）》，探索解决目前羁押必要性审查中面临的案件数量少，采纳率低和行政色彩浓、程序不公开等不足。

听证审查的启动分为依申请和依职权启动两种方式。听证程序由侦监部门办案人员主持，由犯罪嫌疑人的亲属及其辩护律师提出不适合继续羁押的理由和证据，公安机关就提出的证据展开质证，双方可以就继续羁押必要性及相关证据发表意见。听证结束后，检察机关对于公安机关有证据证明有羁押必要性的予以支持，对于无继续羁押必要性的应作出释放或变更强制措的决定。由于现在社会治安形势较为复杂严峻，社会危险性的把握尚待进一步明确和细化，目前听证审查的对象相对较为狭窄，重点集中在未成年人、初犯、偶犯、过失犯或者邻里、同学、同事等发生的轻害案件或侵财案件上，该院在开展听证审查时一般与刑事和解制度相结合，把犯罪嫌疑人是否取得被害人谅解作为建议释放或变更强制措施的一个重要标准。

检察环节未决羁押制度再思考

——以西南某区检察院为例的实证考察

李建超　张福坤　舟　章

在我国刑事诉讼制度中，未决羁押是有关如何保障刑事诉讼顺利进行与公民权利实现的重要问题。"羁押不是一种法定的强制措施，而是由刑事拘留和逮捕的适用所带来的持续限制犯罪嫌疑人、被告人人身自由的当然状态和必然结果。"[①] 实然，现行检察环节的未决羁押，从公安机关提出批准逮捕申请，检察机关审查后作出逮捕决定开始持续到审查起诉结束。在这个环节当中，逮捕决定是羁押状态的开始，必要性审查程序是检察机关对于羁押状态是否应当持续的审查。因此，本文所探讨的未决羁押，以检察环节作为时间节点，选择以在检察机关作出逮捕以后、移送审查起诉之前作为研究阶段，主要从逮捕程序和逮捕后的羁押审查程序来思考未决羁押制度的探索和完善。

一、某区检察院未决羁押运行的基本特点

根据我国现行法律规定，在特殊情况下，犯罪嫌疑人的未决羁押期限可长达一两年之久。在实践操作中，也存在着部分"隐形"超期羁押等问题发生。新刑事诉讼法确立了犯罪嫌疑人、被告人被逮捕后，人民检察院应对羁押必要性进行审查的制度，强化了人民检察院的监督责任。笔者就某区检察院办理逮捕案件和捕后审查工作情况进行了实证考察。总体而言，某区检察院执行逮捕制度情况呈现出以下特点：

（一）不捕率较低且呈下降趋势

根据某区检察院 2012 年和 2013 年的侦监诉讼档案，2013 年某区检察

---

① 陈瑞华：《未决羁押制度的理论反思》，载 http：//www.civillaw.com.cn/article/default.asp？id = 26514。

院侦查监督科共受理某区公安局移送各类审查逮捕案件 440 件 538 人（不含未检数据），均为公安机关提捕案件，相比 2012 年度受案数 376 件 497 人，件数和人数分别增加了 17% 和 8%。

经审查后，全年共批准逮捕 418 件 511 人，不批准逮捕 9 件 16 人，不捕率为 3%，不捕率相比 2012 年的 23% 下降了 20 个百分点。而未成年人刑事犯罪审理科数据同样显示，2012 年刑事诉讼法对未成年人刑事犯罪程序作了更为翔实的规定，从挽救、教育的方针从严把握未成年人逮捕条件，2012 年某区受理未成年人和成年在校学生审查后不捕率 22%，2013 年不捕率为 8.1%，同比下降 13.3%。

表 1   2013 年受案情况

受案情况 年度	2012 年	2013 年
受案人数	497	538
受案件数	376	440

不难看出，案件总量的不断增加，不捕率却逐年下降，对于犯罪嫌疑人采取羁押状态的案件数量实然逐年增加（见表 2）。①

表 2   审查决定情况对比

年度 审查决定情况	批捕数	不捕数
2012 年	358	108
2013 年	511	16

（二）判决实刑人数与逮捕后羁押人数比例不断下降

2013 年某区批捕案件移送审查起诉 405 件 524 人，共提起公诉 389 件 501 人。起诉后法院审结 373 件 473 人，起诉后撤回 0 件 0 人。批捕案件移

---

① 这些数据还不包括公安机关执行拘留的羁押时间，根据已有的部分相关数据显示，实践中存在大量滥用拘留时间的案件数。

送审查起诉同比 2012 年，件数和人数增加了 28% 和 20%。2013 年法院判决有期徒刑以上刑罚为 348 件 436 人，同比 2012 年件数和人数分别增加了 17.9% 和 23%，占全年批捕人数的 85.3%，同比下降 11%。这其中值得注意的是，经某区检察院批捕后移送审查起诉人数与提取公诉、判决实刑人数之间的数据差距。经批捕后提起公诉的 501 人，实际上只有 436 人被法院判决实刑。捕后判处轻刑、微罪不诉情况比例增加。

表 3　判决实刑人数对比

年度	批捕案件移送审查起诉	有期徒刑以上刑罚
2012 年	436	353
2013 年	524	436

（三）　一捕到底常态化，必要性审查推广较慢

逮捕是最严厉的刑事强制措施，所以逮捕措施的适用历来受到法律严格的控制，然而，有一个不争的事实也摆在了我们面前，即逮捕率过高的问题。从掌握数据来看，多数案件未决羁押均是全程羁押，变更强制措施情况非常少。2013 年某区检察院逮捕后申请变更强制措施仅 6 件（人），申请数占到全年批捕人数的 1.1%。6 件均为家属主动提出羁押必要性审查申请，无一件系侦查监督部门主动依职权启动必要性审查程序。经审查后，6 件（人）均变更了原羁押性强制措施，变更率为 100%。此外，最高人民检察院《人民检察院刑事诉讼规则（试行）》中规定对于羁押必要性的审查工作，以侦查监督部门、公诉部门、监所部门共同开展。现某区检察院所开展 6 件（人）变更羁押状态，全部由侦查监督部门承担，监所、公诉等其他部门启动率为 0，可以看出目前未决羁押的相关工作开展是较为缓慢的。

（四）　办案压力较大，羁押审查工作人手紧缺

根据某区现今侦查监督科的配置数据，现部门共有在编干警 7 人，含科室负责人 1 人，副科长 1 人，内勤 1 人，无临时聘用人员；其中，检察员 3 人、助理检察员 2 人、书记员 2 人（实际两名为新进干警，一名被区里抽调

从事其他工作)。轮案采取按顺序轮案,除科室负责人外所有人正常轮案,科室负责人一般无办案任务,只在案件集中、科室办案压力大时适当办案,或办理重大复杂有社会影响力的案件。根据 2012 年和 2013 年的案件数,2012 年 6 名在编干警人均承办案件 63 件 83 人,2013 年人均承办案件 73 件 90 人。

部门干警流动较大,自 2012 年至今两年,共调离 5 名、补充 4 名检察干警,现有 4 名系检察工作资历不满 3 年,干警调换岗位率达到 50% 以上,非新进干警人均承办案件事实上达到 110 件。从侦查监督部门角度出发,侦监部门承担的职能是双重的,是履行追责究诉和监督侦查活动的双重角色;从检察官个体而言,其承担的工作量也是双倍的,既需要严格审查案件的事实和证据,还需要灵活地把握逮捕和追诉的标准。在这种双重的工作任务和压力下,在以案件质量生命线的职业要求下,对于包括捕后羁押性审查等工作的精力投入就必然下降。

二、某区检察院对未决羁押制度的实践探索

从上述数据可以看出,某区检察院对逮捕标准的把握抱着较为谨慎的态度。只是因为捕后羁押审查主体、程序的缺失,造成羁押恣意化、常态化的问题。因此,在实践中,由于高羁押率、因押致罪、取保候审难和羁押刑罚化等带来的巨大办案风险,迫使实务机关不得不关注未决羁押所带来的危险后果,从而形成相应的规范措施,实现案件质量的必须保证,来达到保障诉讼与保障人权之间的平衡。

修改后刑事诉讼法对逮捕条件进行了修改和细化,如社会危险性的判断标准仅限五种,且没有兜底条款,不能随意拓展;逮捕后,仍应对是否继续羁押进行审查等。对于逮捕决定条件的行使受到更严格的限制,这已经给"以捕代侦、以供求证"传统办案模式带来巨大考验。从办案机关立场而言,逮捕率的高低并不能直接决定。如何保障逮捕质量,正确把握宽与严的关系,切实做到宽严并用,提升诉讼效率,往往才是办案机关关注的中心。

从对某区检察机关的调查来看,关于逮捕程序的工作机制主要有以下几种:

一是实行三级审批制。承办人审查案件后提出处理意见，报科室负责人审查，科室负责人审查后科室意见报分管检察长审批，由分管检察长最终决定案件的处理。某区检察院侦查监督部门现暂未实行主办检察官责任制。

二是建立侦捕诉协作工作机制。规范了提前介入侦查活动，对于重大复杂案件，派员参加案件讨论，出席重大刑事案件的现场勘查，提出侦查建议，协助侦查机关确定侦查方向，提高报捕案件质量。

三是实行公开审查制度（即采取听证式的审查方式）。主要适用于四种情形：（1）轻微刑事案件，犯罪嫌疑人具有法定从轻情节，由于违反取保候审规定，或未满足被害人赔偿需求导致被害人及其法定代理人、近亲属要求严惩而提请逮捕的案件；（2）涉访涉诉案件，处理决定可能导致当事人申诉上访的；（3）犯罪嫌疑人及其法定代理人、近亲属、辩护律师向检察机关提出无罪或非法取证、无社会危险性的；（4）被害人及其法定代理人、近亲属要求严惩犯罪嫌疑人，而犯罪嫌疑人及其法定代理人、近亲属、辩护律师请求从轻处理或提出取保候审的。对具有这些情形之一的案件，侦监部门征得犯罪嫌疑人和被害人同意后，可以主动提起公开审查，也可依申请而启动。决定听取意见的，应当通知公安机关侦查人员、犯罪嫌疑人的法定代理人、近亲属、辩护律师、被害人及其法定代理人、近亲属参加。根据案件具体情况，还可以邀请与案件没有利害关系的人大代表其他社会人士参加。公开审查活动应当在人民检察院进行，为了方便当事人及其他参加人，也可以在人民检察院指定的场所进行。

四是允许撤回提请批捕程序。从案件数据上来看，某区检察机关侦查监督部门近两年并没有一件适用附条件逮捕程序，未检部门数据显示也同样如此。对于证据不足的案件的处理主要以批准逮捕或者不批准逮捕决定。因此，为了降低逮捕错误所带来的错案风险，某区检察机关仍然也允许个别救济渠道的存在，与全市其他检察机关的做法一致，即允许公安机关对证据不足的案件予以撤回提捕。

在目前逮捕羁押一体化改革尚未启动的背景下，绝大多数检察机关对于羁押必要性审查的工作都处于摸索阶段，某区检察院以侦查阶段捕后羁押必要性审查为切入点，与公安机关就羁押必要性审查工作达成共识，出台了

《关于开展捕后羁押必要性审查的试行办法》，形成了以侦查监督部门为主、监所部门为辅的审查主体机制。这种捕后羁押必要性审查机制的主要内容是：第一，明确了捕后羁押必要性审查案件的受理启动方式，有主动依职权审查和被动依申请审查两种方式。第二，确定了羁押必要性调查的论证程序。根据犯罪嫌疑人的认罪态度、犯罪情节、社会危险性等因素，由检察机关监所部门收集犯罪嫌疑人在羁押期间的表现，侦监部门认为逮捕的条件已不具备，无继续羁押必要的，报请分管检察长批准后，启动羁押必要性审查程序。第三，规定了变更强制措施的方式，即根据审查情况，检察机关决定是否向公安机关发出变更强制措施或释放的检察建议。发出检察建议后，公安机关要在 10 日内答复。2013 年共办理羁押必要性审查案件 6 件次，2014年至今办理 3 件次，均取得了很好的法律效果和社会效果。

三、某区未决羁押制度实践逻辑下的现实困境

羁押的根本目的是确保整个刑事诉讼程序的顺利进行，防止犯罪嫌疑人逃跑、自杀、毁灭罪证或者继续犯罪，其价值功能是一种临时性的保障手段。在具体的实践活动中，检察环节未决羁押的运作往往从职能部门的现实立场出发，遵循着一定的实践逻辑，成为侦查目的和诉讼目标等多重目的影响的结果。

（一）未决羁押制度构架的实践逻辑

1. 从检察机关立场

针对某区检察机关的重点约谈发现，侦查监督部门的 7 名干警均承认目前"一押到底"的现象比较普遍，应当关注，但也对羁押持续状态对于刑事诉讼活动的保障作用均持肯定态度。71% 的部门干警表示对羁押必要主体的范畴感到困惑，认为目前羁押必要性审查形式大于意义。42% 的部门干警认为羁押必要性审查后变更强制措施影响了逮捕决定的严肃性。而在对公诉部门的 13 名干警访谈中，有 61% 的公诉干警表示不清楚未决羁押理论概念，38% 的公诉干警表示基本不考虑在审查起诉阶段变更强制措施。此外，从监所部门的数据来看，2013 年某区看守所共变更强制措施 350 人，监所在编在岗检察干警 6 名，年龄在 50 周岁以上的干警占到 50%，仅人均审查

变更是否符合条件则已经达到 58 人次。

综合约谈调查内容，我们可以看到：实务部门检察干警客观存在对"未决羁押"理念和主体选择的困惑。这是由于在现今实务环境中，"放人"的决定在某种意义上被认为是"权力"的附属，其行政权属的属性远远超过法律程序的意义，导致一般承办检察官对待这种与行政级别关系紧密的行为持稳重谨慎的态度。而法律所规定的另外相对独立性的审查主体中即监所部门，其并不掌握一手案件情况，加上部门人数紧缺，在这种情况要求其进行程序和实体的双重审查，现实操作的难度较大。

此外，多数实务部门干警认为在修改后刑事诉讼法实施后，检察机关一再提高对于公安机关提请逮捕案件的质量要求，对于批准逮捕决定已经谨小慎微，在批准逮捕后的较短的时间内启动羁押必要性审查程序，有造成"错捕"的嫌疑。

而一旦离批准逮捕时间过久，案件即进入审查起诉阶段。提起公诉，是检察机关职能当中的最重要组成部分之一。追诉刑事犯罪责任，保证起诉案件质量，则是公诉部门的"生命线"。在追求起诉后的"零撤回"为目标的考核标准下，如何尽可能地完善搜集和固定证据，尽可能达到出庭的无懈可击，是展现公诉人能力和水平的主要途径。由此，在公诉实务部门就容易出现这样的情况：延长拘留期限几乎成了必经程序，不办理延长反而成了例外。[①] 犯罪嫌疑人持续羁押状态，实际上给承办人审查案件带来如下好处：一是防止了犯罪嫌疑人毁灭证据、与其他犯罪嫌疑人或者证人串供的可能性，能够及时有效地补充调取证据。二是更容易取得处于羁押状态的犯罪嫌疑人的自然供述，从而完善证据细节，实现内心确认。实践中犯罪嫌疑人在侦查人员和检察人员作出不同供述的情形非常普遍，其中部分原因在于侦查人员具备较为成熟的讯问方法和讯问技巧，能够捕捉犯罪嫌疑人的心理状态，这一能力却是绝大多数公诉人所欠缺的。因此，如果变更已有羁押状态，对于犯罪嫌疑人的心理状态会发生怎样的影响，是否会影响到起诉所需要证据体系的构筑，这都影响了公诉人对羁押必要性审查的认识心态。三是

---

① 廖荣辉：《刑事案件"延长羁押期限"问题研究》，载《河北法学》2008 年第 1 期。

减少了受到选择性执法质疑的风险。如果作出变更羁押措施决定，被害人或者其他利益第三方往往对法律程序认识不全，容易将因犯罪行为的痛苦而转嫁到检察机关，甚至是具体承办人，个别甚至演变为上访事件，这是无论检察机关还是承办人个人都不愿意看到的情形。

同时，由于检察机关的刑事职能定位，普通民众对于检察机关的认识比较单薄，对于羁押必要性审查甚至一般的羁押程序都知之甚少。对于检察机关所做的相关工作，社会公众普遍处于不知情、不了解的状态，这在某种程度上也影响了实务部门推动工作的积极性。

2. 从公安机关立场

公安机关在未决羁押制度上一直广受批评。原因是多方面的，既包括将羁押场所视为自身的职能部门，从而对未决羁押缺乏应有的监督和制约，也包括以追求逮捕人数为目标的内部考核体系。近年来发生的多起看守所事件给公安机关造成了一定的压力，公安机关内部的考核标准也在悄然发生变化，2014 年某区公安机关的考核任务即是以起诉人数作为标准。但作为带有行政和司法双重职能的国家部门，特别在强制劳动教养的废除背景之下，目前尚很难走出对羁押手段的依赖。

从侦查实践上来说，公安机关的侦查思路是简单和直接的：重建犯罪现场。[①] 在侦查技术不足以还原时间和空间的现有技术下，口供成为侦查思路的重要依据。诚然，我国对口供中心主义已经予以了否定，但从侦查技术的角度来说，利用行为人自身的亲身还原是最为直接的侦破指引，而在羁押状态则更容易攻破行为人的心理，从而取得侦查工作的进展。应当指出的是，我们在批评和反思羁押率问题的同时，不能忽略侦查工作的艰辛和危险性，侦查往往需要面对更多的包括本地民情在内的现实困难，而非仅仅是直面冷静的法律条文。

在侦查科学技术有限的现实下，犯罪控制模式所塑造的朴素法律观念又根深蒂固，打击犯罪、维持稳定成为公安机关的首要使命，也成为民众对公安机关最大的期待。公安机关是最基层的一线治安维护组织，其接触的普通

---

① 谢佑平、万毅：《刑事侦查制度原理》，中国人民公安大学出版社 2003 年版。

民众和社会群体远远超过任何国家职能部门，自然包括检察机关和法院。民众的期待与自身刑事职能的需要，加速了公安机关一线办案人员与民众意识的趋同。在这种执法观念、民众意识的环境下，公安机关带着一定的职能偏向，更加注重保障打击犯罪和实体正义的实现，而降低了对犯罪人本身权利的关注度。

同时，采取取保候审等非羁押性措施在侦查活动中往往效果不佳。在人口流动量较大的今天，取保候审所带来的中断诉讼活动后果危险性不言自明，也容易给办案机关招致一些来自民众或者个别权力的压力。原因在于证据标准的把握存在一定的不确定性，加上取保候审所需要采取人保或者财保的保证方式，容易造成司法操作的空间。根据某区公安机关掌握的取保候审财保标准为两万起额，过多采用取保候审措施容易给民众带来"以钱换保""关系换保"的质疑，给公安机关带来一定的上访压力。且在后期侦查过程中，由于没有其他相应社区监控制度，加上大部分犯罪嫌疑人并不能完全理解取保候审的法律规定，自以为已经"重获自由"，公安机关不得不再次动用劳力、财力进行找人工作。因此在保障侦查活动和逃避干扰的双重心理下，公安机关往往放弃"劳民伤财"转而追求羁押的侦查结果。

（二）未决羁押制度运行的实践问题

在如上的思维逻辑下，某区未决羁押制度在实践操作中存在着不少问题。这种问题的导致原因是多方面的，有制度构架方面的原因，也有具体现实司法国情方面的原因。某区检察机关所面临的问题并非只是个别特例，其是在我们现今司法制度下实践活动的缩影。

1. 审查主体独立性不足，缺乏救济渠道

现今中国并不具有现代法治意义上的司法审查机制，无论是检察机关还是审判机关，都未以司法听审方式介入任何未决羁押审查。在申请批准逮捕阶段，由于检察机关严格把握逮捕的条件和适用范围，对于羁押状态的开始尚存在较为严格的审查程序。一旦批准逮捕，对于羁押必要性的审查主体由检察机关案件承办人担任，其承担案件审查和羁押审查的双重职责，缺乏第三方客观的独立性。

2. 未决羁押期限依附于办案期限

在理论界，未决羁押期限剥离可以说是一个长期热议的焦点。这是由于未决羁押期限不存在专门的时间长度，其随着办案期限而自然延长。因此，事实上未决羁押期限的依附性问题是由上文所提到的第一个困境所决定的，法律制度并未给予未决羁押独立的期限设置，办案人员按照办案期限延长羁押是按照诉讼法规定执行的行为。由此，我国未决羁押运行现状并不是一个独立的刑事诉讼机制，而是一个理论界所提倡和导向、实务界却感到棘手无力的综合司法现实。

3. 羁押替代性措施作用缺位

所谓羁押替代性措施，存在于未决羁押制度中，也就是可以代替羁押从而保证刑事诉讼活动顺利进行的其他措施。[1] 由于非羁押措施作用的缺位，导致检察机关在保障侦查取证和羁押必要性的抉择上顾虑重重。刑事诉讼法在设计取保候审等强制措施的本意在于：正因为逮捕关系到人身自由的最高强度限制，因此以非羁押性的限制手段来保障刑事诉讼活动的顺利进行。[2] 然而我们的司法现状是：除了情节轻微实在达不到逮捕条件，其余达到办案期限仍然证据不足的案件，出于继续收集证据的目的，才予以适用非羁押性措施。[3] 而由于缺乏后续的监督和制约，加上公安机关承担刑事案件和治安任务双重工作压力，公安机关的办案资源明显有限，现实中一旦变更强制措施则基本处于"放人"的自由状态，从而造成了"一押到底"的司法常态。

4. 羁押必要性审查主体、类型、时间单一

《人民检察院刑事诉讼规则（试行）》第 617 条明确规定："侦查阶段的羁押必要性审查由侦查监督部门负责；审判阶段的羁押必要性审查由公诉部门负责。监所检察部门在监所检察工作中发现不需要继续羁押的，可以提出释放犯罪嫌疑人、被告人或者变更强制措施的建议。"刑事诉讼法确定的审查主体，实际上包括侦监、公诉、监所。但实际上公诉、监所启动程序的情况少之又少，如某区检察院即是全部由侦查监督部门开展。所开展案件中案

---

① 宋英辉：《取保候审适用中的问题与对策研究》，中国人民公安大学出版社 2007 年版。
② 张传伟：《我国审前羁押制度存在的问题与改进对策》，载《新视野》2009 年第 6 期。
③ 陈光中、张小玲：《中国刑事强制措施制度的改革与完善》，载《政法论坛》2003 年第 5 期。

件类型因疾病或者严重传染病而启动审查的案件数占有非常高的比例。此外，对于何时启动审查程序，刑事诉讼规则并没有予以明确规定，某区的《关于开展捕后羁押必要性审查的试行办法》中也只予以了原则性的要求。因此往往出现相关主体提出申请，但案件已经进入其他诉讼阶段的情形。

四、完善检察环节未决羁押制度的再思考

在分析了现今检察环节的未决羁押制度的问题和现状，从不同机关的职能立场出发，我们可以看到未决羁押制度实际上并不只是单一的工作程序或者机制。国外的未决羁押制度之所以能够独立和完整，与其本地的法律文化、民众意识、司法体系关系紧密。实际上，由于国外刑事诉讼程序的漫长和禁止令等辅助司法程序的完善，给他们提供了建立整套未决羁押审查程序的动力。回到我国检察环节自身，在尚未建立羁押措施独立体系的现实下，唯有通过建立相对独立的羁押必要性审查体制，构架完善的案件分流程序，从而尽可能科学地缩短未决羁押期限，最大限度实现未决羁押在刑事诉讼中的作用。

（一）建立独立的第三方审查体制

逮捕的标准和要求已经受到严格的限制，而羁押必要性审查的规定却较为模糊。羁押必要性审查工作的开展，从发现监督对象、进行监督审查到提出监督意见的整个过程，对外对内设计多个单位和部门。《人民检察院刑事诉讼规则（试行）》第617条只规定了按照诉讼阶段来进行的主体划分，却没有明确具体的主导部门，也没有建立从上至下的审查渠道，在实际适用中审查力度较弱。

因此，在尚未修法的前提下，检察机关可以先从自身建立相对独立的第三方审查工作机制。一是建立由监所部门为主体的基层审查机制，围绕羁押场所即看守所开展审查工作试点。看守所是我国的法定羁押机关，其虽不负责侦查，却处于公安机关的统一管辖下。检察机关对于看守所的监督，是通过设立监所检察部门来实现的。笔者认为，对于羁押必要性的审查，应当是

监所检察部门的工作职能之一。① 监所检察部门一直承担着对监管场所监督和刑罚执行的监督工作，其主要工作职责即包括对办案期限超期和超期羁押情形进行依法监督纠正，依法办理在押人员、监外执行罪犯及其法定代理人、近亲属的控告、举报、申诉并及时回复。其本身即承担着羁押期限检察工作，加上距离羁押场所物理距离较近，能随时掌握在押人员的活动状态，是唯一能够做到在检察环节审查状态不中断的第三方部门。这就要求要对监所检察部门补充一定的人员力量，并且建立与办案部门的信息通报及协作机制，才能发挥其监督优势。二是尝试探索建立上级复议的审查机制。"有权利即有救济。"内设审查部门和办案部门的分离，在一定程度上解决了独立性不足的问题，但依然缺乏相应的救济渠道。可尝试探索建立基层院审查、上级院复议的内部监督机制，在申请人的羁押审查申请没有被批准的情况下，申请人可以向上级院的相关部门申请复议，由上级院对羁押必要性进行评查。

（二） 完善快速办理、案件分流的办案机制

近年来，我国已经开始尝试探索建立快速办理机制，但进展较为缓慢。目前只有检察机关出台了相关文件，即最高人民检察院《关于依法快速办理轻微刑事案件的意见》。现阶段适用轻微刑事案件快速办理机制的范围还很小，限制条件还很多。综合地区实践来看，实际办理程序与犯罪恶性程度较高的刑事案件没有多大区别，不能真正起到简化的目的。

在办案期限和羁押期限重合的现实情况下，实行真正的繁简分流，优化办案结构，是解决羁押恣意化、常态化问题的有效措施。2012 年 7 月，某省级检察机关开始案件集中管理工作，案件管理中心成了案件管理的专门机构。从受案开始，案管中心承担程序监督的工作职能，但对于案件实质证据并不予以审查。因此，实行案管中心分案制度存在一定不合理性。因此，在实行案件分流的同时，必须确定合理分案及办案模式，结合承办人员的专业能力、办案特点进行科学分案，改变现今大多数地方实行的顺序轮流分案的

---

① 实际上，监所检察部门已经开展了相关审查工作。最高人民检察院监所检察厅在全国检察机关监所检察系统开展了"久押未决案件清理"专项活动，取得了良好的阶段性成果。

僵化模式。落实主任检察官责任制，由主任检察官进行进一步案件分流，发现已经按照"简"进行分案的案件不宜进行快速办理的，由主任检察官决定重新分案或者按照普通程序办理。

（三）建立权利告知、跟踪回访、科学考核等配套工作机制

在检察机关考核捕后判轻刑率的情况下，侦查监督部门的利益诉求是逮捕后的案件要判处实刑，而羁押必要性审查机制是在继续羁押必要性丧失时，变更为取保候审等非羁押性强制措施，这与侦查监督部门的利益诉求是相违背的。因此，应从刑事司法实际出发制定符合现实情况的考评标准，在降低高羁押率、保障合法权益与惩治犯罪之间寻求平衡点，以真正实现保证刑事诉讼顺利进行的立法目的。

同时，检察机关应当严格规范对犯罪嫌疑人、辩护人、法定代理人等权利告知工作。承办人在讯问犯罪嫌疑人时，应告知其在每一个阶段均享有申请变更强制措施及释放的权利，并详细告知申请的理由、需要的相关材料及相关的程序，将告知工作列为执法规范化的要求。

此外，侦查监督部门应对办理的批准逮捕案件进行评估预测，对捕后逮捕必要性条件可能发生变化的案件登记备案，并根据"谁办案，谁负责"的原则对该案进行跟踪审查，一旦发现逮捕必要性条件发生变化，无继续羁押必要的，及时向相关部门提出变更强制措施的建议。

试论如何完善我国的未决羁押制度

——以西南某县检察院为视角

夏小燕　雷发钧

西南某县人民检察院（以下简称该院）侦查监督部门现有干警 4 名，其中：部门负责人正职 1 人，含部门负责人正职的检察员 2 人，内勤（书记员）1 人，驾驶员 1 人。2013 年，该院共受理审查批捕案件 161 件 254 人，审结 161 件 254 人。其中批准逮捕 118 件 186 人，件数批捕率为 73.29%，人数批捕率为 73.23%。不批准逮捕案件 43 件 68 人，件数不捕率为 26.71%，人数不捕率为 26.77%。2013 年该院共立案查办贪污贿赂案件 8 件 12 人，取保候审 4 件 8 人，提请上级人民检察院决定逮捕 4 件 4 人，决定 4 件 4 人，不予批准逮捕 0 件 0 人。决定逮捕案件移送审查起诉 4 件 4 人，公诉审结 4 件 4 人，提起诉讼 4 件 4 人，目前所有起诉案件均在审理过程中。

一、主要做法

（一）依法行使逮捕权，确保案件质量

1. 强化证据意识，准确把握逮捕法定条件

该院坚持以事实为依据、法律为准绳、证据为核心，案件质量为生命的基本原则，全面客观地审查鉴别证据，坚决排除非法证据，严把案件证据关，2013 年，该院根据刑事诉讼法、《关于办理刑事案件排除非法证据若干问题的规定》和《关于办理死刑案件审查判断证据若干问题的规定》等相关法律法规，制定了《某县人民检察院非法证据排除规则》，对如何排除非法证据进行了细化。该院在接到报案、控告、举报或者在办案过程中发现侦

查人员以非法方法收集证据的，立即组织工作人员进行调查核实，对于采取刑讯逼供等非法方法收集的犯罪嫌疑人、被告人供述和采用暴力、威胁等非法方法收集的证人证言、被害人陈述，以及对于收集的物证、书证，不符合法定程序，可能严重影响司法公正的，不能补正或者作出合理解释的，对此类证据应当一律予以排除。非法证据是否予以排除一般应当经科室研究讨论，并报分管检察长决定，重大、疑难案件还应报检察长或者提请检察委员会讨论决定。非法证据一经排除，不得作为审查批捕意见、起诉意见、起诉决定的依据。

同时，该院要求公安机关提请批准逮捕时，严格按照《刑事诉讼法》第 79 条之规定，对逮捕条件尤其是社会危险性条件提供相关证据，并作出书面说明。对于有辩护律师的，还应当收集律师的口头意见或者书面意见，该院侦查监督部门也可以直接询问辩护律师意见，律师意见将作为是否批准逮捕的参考。对于未成年人，还应要求侦查部门出具社会调查报告，以切实保障未成年犯罪嫌疑人的合法权益。在作出是否批准逮捕决定前，侦查监督部门还应当讯问犯罪嫌疑人，听取犯罪嫌疑人的供述和辩解，充分尊重和保护犯罪嫌疑人的合法权益。在把握案件事实和证据的基础上，侦查监督部门依照《刑事诉讼法》第 79 条之规定，认真分析犯罪嫌疑人是否符合逮捕条件，对于不符合逮捕条件和可捕可不捕的坚决不捕。2013 年，该院批捕案件移送审查起诉 94 件 142 人，公诉审结 94 件 142 人，提起公诉 84 件 122 人，起诉后撤回的 0 件 0 人，起诉后法院审结 63 件 82 人，法院判决 63 件 82 人，判处有期徒刑以上刑罚的 55 件 74 人（其中判处有期徒刑以上刑罚实刑的有 48 件 66 人），有期徒刑以下判决 8 件 8 人，无罪判决的 0 件 0 人。不捕案件总数 43 件 68 人，无一例复议、复核的不捕案件。通过严把证据关、法律关，充分保障了审查逮捕案件的质量。

2. 落实办案责任制，深化不捕说理机制和风险化解机制

普通刑事案件需要批准逮捕的，一般由主办检察官提请科室讨论研究，并层层上报科长、分管检察长批准决定，对于交通肇事、轻伤害案件的批准逮捕和不批准逮捕案件应当上报检察长批准决定。对于复杂、疑难或者社会影响较大的案件，还应当提交检察委员会研究决定。对于不批准逮捕的，应

当向公安机关出具《不捕说理书》对不批准逮捕的理由进行阐释说明。同时，对于不捕的案件以及社会影响较大的案件还应当制作《案件社会稳定风险评估意见表》，对是否存在影响社会和谐稳定的因素进行分析，并提出针对性的解决措施。如有影响社会和谐稳定的因素发生，则落实专人对该风险进行预防和化解。

3. 强化提前介入机制，积极引导公安机关侦查取证

该院侦查监督科坚持对重大、疑难以及人民群众反映强烈的案件，及时介入侦查，积极引导侦查取证。全年共参与重大案件讨论 6 次，制作《提供法庭审判所需证据材料意见书》12 份，开展引导侦查取证 10 余次，制作《补充侦查提纲》5 份。通过引导侦查取证，把案件的疑点、难点着力解决在侦查环节，有效提高了提捕案件的质量。

4. 扩展监督视角，不断推进侦查活动监督工作

2013 年，该院对侦查机关在侦查活动中存在的一些证据收集不规范、不到位以及法律文书不规范等问题，准确运用《提供法庭审判所需证据材料意见书》《检察建议书》《纠正违法通知书》等监督形式，对 20 余件案件的侦查活动进行了监督，确保了公安机关准确、快速、严厉打击刑事犯罪，保证了刑事司法执法的严肃性。同时突出了立案监督的重点，不仅加强了对应当立案而不立案的监督，还将监督视角扩展到了不应当立案而立案上来，特别是利用刑事手段插手经济纠纷案件，成为了监督工作的重点，全年共成功立案监督 5 件，确保了监督实效。同时，也加大了跟踪监督的力度，防止久侦不结，推动了立案监督工作向纵深发展。

（二）注重捕后羁押必要性审查，实现未决羁押双重人权保障功能

未决羁押不是一种惩罚性措施，它的功能在于保障人权，它不仅授予国家司法机关正当权力以在法院判决前对犯罪嫌疑人、被告人的人身自由予以限制，以保障诉讼的顺利进行，进而维护被犯罪行为侵害的人权，也通过把司法机关未决羁押的权力限制在法律规定范围之内，要求司法机构必须依照法律规定的程序行使权力，防止司法权力滥用损害犯罪嫌疑人、被告人的基本人权。因此，在办案过程中，检察人员在准确把握逮捕的适用条件的同

时，还应对捕后犯罪嫌疑人是否有继续羁押的必要性进行审查，以实现未决羁押制度的双重人权保障功能。

捕后变更强制措施的，按照法律规定，公安机关应当通知人民检察院。对《公安机关变更强制措施通知书》由该院侦查监督部门接收，并对公安机关变更强制措施是否适当进行羁押必要性审查。依照法律规定，在侦查阶段，羁押必要性审查工作主要由侦查监督部门负责。在审判阶段，对于被告人被逮捕的，羁押必要性审查由公诉部门负责。除此之外，监所检察部门也具有捕后羁押必要性审查工作职责。侦查监督、公诉部门经审查认为犯罪嫌疑人、被告人没有继续羁押必要性的，将案件统一归口到监所部门办理。2010年10月该院接受了最高人民检察院、西南某省检察院羁押必要性审查试点，2013年转为常态化。在羁押必要性审查中，该院建立和完善了羁押必要性审查工作机制，对羁押必要性审查工作的机构、职责、启动方式、工作流程及后续监管都进行了细化，具有较强的可操作性。该院审查的方式主要有自行启动和依申请启动两种方式。2013年，该院监所检察部门启动羁押必要性审查共计23件30人，审查后向公安机关和法院发出变更强制措施建议16件23人，均依法予以变更。

二、问题及成因

（一）羁押期限严重依附于诉讼期限，导致羁押期限的随意延长

我国并未设立单独的羁押制度，羁押期限也严重依附于侦查、审查起诉和审判等诉讼期限。而诉讼期限是否延长一般根据各单位办理案件的情况自行决定，这就导致监督缺位，羁押期限被随意延长。

有的办案人员因责任心不强或者工作任务量大，导致案件不能如期结案时，由于担心造成超期羁押，通常寻找各种理由提请延长办案期限。例如，对被拘留的犯罪嫌疑人，经过审查认为需要逮捕的，应当在拘留后的3日以内，提请人民检察院审查批准。经县级以上公安机关负责人批准，最长可延长至30日。虽然检察机关对于公安机关的侦查活动具有监督权，但这种监督权一般属于事后监督，在公安机关提请批准逮捕前，检察机关并不知晓案情，一般也很难提前介入到公安机关案件侦查活动中（除非有重大影响或

疑难复杂的案件，公安机关要求检察机关提前介入的）。对于是否符合延长提请批准逮捕的期限条件不能做到同步监督。在事后，公安机关又以侦查工作需要保密、系统无法统计有关延长拘留期限的数据、工作任务量大等各种理由搪塞检察机关的监督。这种自己决定、自己延长期限、自行批准变更的方式，由于法律没有明确规定，缺乏有效监督，使得羁押期限被随意延长，有些案件并不属于特殊情况，也不属于多次作案、流窜作案、结伙作案，也延长至 30 日。

另外，也有公、检、法三家互借办案期限的现象。例如，公安机关在逮捕后不到两个月就侦查终结移送审查起诉，公诉部门办案人员通过与侦查人员协商后，将受案日期后推，使得审查起诉的时间得到延长。又如公诉部门在法定期限内不能结案的，通过退回公安机关补充侦查的方式来延长办案期限。再如，公安机关在一个月内无法补充侦查完毕，侦查人员与公诉部门办案人员协商，借用审查起诉期限，等等。

这种诉讼期限的随意延长，导致了羁押期限的延长，犯罪嫌疑人的人身自由被限制的时间也相对延长。羁押期限严重依附于诉讼期限的模式，直接导致的结果便是一押到底，直至法院审判终结，直接侵犯了犯罪嫌疑人的合法权益。

（二）公安机关不合理的绩效考核制度，导致逮捕率过高情况的发生

公安机关与检察机关存在相互协作关系，加之受公安机关目标考核任务的影响，检察机关普遍存在逮捕率较高问题。公安机关与检察机关进行沟通协商后，对于一些可捕可不捕的案件，在不违反法律规定的情况下，一般都批准逮捕，来达到公安机关逮捕率的目标考核任务。2013 年该院共受理批捕案件 161 件 254 人，审结 161 件 254 人。其中，批准逮捕 118 件 186 人，件数批捕率为 73.29%，人数批捕率为 73.23%。在西方国家，不羁押是常态，羁押是例外，羁押的比例不超过 10%。羁押作为保全程序的最后手段，一般不可轻易用之，而在我国未决羁押成为一种常态化、普遍化的刑事活动，取保候审、监视居住等非羁押措施反而成了一种例外。这不仅不符合人权保障的要求，也可能对犯罪嫌疑人的合法权益造成一定的损害。

（三） 审查主体不明确，存在争抢审查或者相互推诿现象

《检察机关执法工作基本规范》规定，侦查阶段的羁押必要性审查由侦查监督部门负责，审判阶段的羁押必要性审查由公诉部门负责。虽然《检察机关执法工作基本规范》第 6.39 条规定，对于犯罪嫌疑人、被告人被逮捕后，人民检察院仍应当对羁押的必要性进行审查，但是对于审查起诉阶段的羁押必要性审查主体并未作出明确规定。虽然依据该《检察机关执法工作基本规范》的精神，审查起诉期间的羁押必要性审查原则上应由公诉部门负责，但公诉部门对于审查起诉期间的羁押必要性审查缺乏明确的法律授权，公诉部门不对羁押必要性进行审查并不违法，也无须承担任何责任。虽然该《检察机关执法工作基本规范》规定，对于公安机关、人民法院办理案件的羁押期限的监督，犯罪嫌疑人、被告人被羁押的，由人民检察院监所检察部门负责，这对审查起诉阶段缺乏明确的羁押必要性审查主体具有一定的弥补作用，但也同时导致了侦查阶段和审判阶段存在两个羁押必要性审查主体情况的发生，这虽然在一定程度上起到了加强羁押必要性审查力度的作用，但也直接导致了争相履职和相互推诿的情况发生，具有较大的弊端。

（四） 缺乏必要的责任机制和完善的救济手段，羁押必要性审查工作不能有效开展

首先，法律没有设置明确的责任机制。对于侦查阶段，犯罪嫌疑人被拘留的，正如前文所述，由于缺乏必要的拒绝监督和不当羁押的责任机制，公安机关通常寻找各种借口拒绝检察机关的监督，刑事拘留被蒙上神秘的面纱，检察机关羁押必要性审查工作无法顺利进行。

根据《刑事诉讼法》第 94 条、第 97 条之规定，检察机关如果发现对犯罪嫌疑人、被告人采取强制措施不当的，应当及时予以撤销或者变更，对于被采取强制措施法定期限届满的犯罪嫌疑人、被告人，应当予以释放、解除或者依法变更强制措施。根据《检察机关执法工作基本规范》第 5.138 条之规定，人民检察院向有关办案机关提出对犯罪嫌疑人释放或者变更强制措施的建议的，应当要求有关办案机关在 10 日内将处理情况通知人民检察院。有关办案机关没有采纳人民检察院建议的，应当要求其说明理由和依

据。由于缺乏责任机制，在司法实践中，公安机关对于检察机关提出的释放或者变更强制措施的建议有的要么既不予理睬，也不说明理由，要么变更后，不在规定期限内通知检察机关或者不通知检察机关。2012 年至 2013 年，该院批准逮捕 247 件 375 人，据公安机关提供的数据显示，捕后变更强制措施 75 人，而该院收到变更强制措施通知的仅 56 人。这无疑是责任机制缺乏导致的必然结果。

其次，救济程序存在缺陷。《世界人权宣言》第 8 条指出："任何人当宪法或法律所赋予他的基本权利遭受侵害时，有权由合格的国家法庭对这种侵害行为作有效的补救。"因此，一个完整的未决羁押制度，必须配备一个完善的救济制度。虽然我国刑事诉讼法对于未决羁押制度设置了救济程序，但该程序并不完善。《刑事诉讼法》第 95 条、第 97 条之规定，犯罪嫌疑人、被告人及其法定代理人、近亲属或者辩护人有权申请变更强制措施或者在强制措施法定期限届满时，有权要求解除强制措施。目前，我国对于羁押必要性审查主要还是以书面审查为主的方式进行，难免存在疏漏，而对于检察机关作出的是否变更或者解除强制措施的决定，犯罪嫌疑人、被告人及其法定代理人、近亲属或者辩护人有异议的，法律并未设置救济程序。可见，羁押必要性审查制度的救济程序并不完善。

三、改进的建议

（一）严格批准逮捕审查程序，强化非羁押性强制措施的适用

依附形态的羁押必要性审查有着不可避免的弊端，有人认为，应当引入西方的司法审查机制，设立独立的羁押期限，但是，法律的成功移植必须要有适合其生存的法律文化土壤和体制根基，而我国没有专门针对侦查程序、强制措施的合法性、正当性设立预审法院或者治安法官，在现有的司法体制下，如果让法院承担全部羁押必要性审查权，不仅会使法院本身不堪重负，而且会使法院陷入又捕又判的怪圈。如果单独设立一套预审法院系统，则不仅使改革成本增大，也会破坏公、检、法三机关"分工负责、互相配合、互相制约"和"检察监督"这两项原则。因此，在既不能改变现有的司法体制，又不能设立单独的羁押期限的情况下，就必须健全羁押必要性审查机

制，强化非羁押性强制措施的使用。当前，许多法治国家基本上都确立了非羁押为主、羁押为辅的原则。非羁押性强制措施不像拘留、逮捕那样严重限制当事人的人身自由，有利于犯罪嫌疑人、被告人的人权保障和诉讼权利的实现。

目前，检察机关已经取消逮捕率、不捕率的目标考核任务。这些硬性指标，虽然在一定程度上起到了提高案件质量，打击犯罪的目的，但是由于本身的缺陷，忽视了犯罪嫌疑人合法权益的保障，存在较大的不合理性，建议公安机关进一步完善目标考核制度，取消逮捕数和逮捕率这一硬性指标。检察机关也应进一步转变观念，克服有罪即捕、一押到底的思想，严格把握批准逮捕的条件，尤其是社会危险性条件，在打击犯罪的前提下，注重依法保障犯罪嫌疑人的合法权益。对于可捕可不捕的案件，一般应当不予批准逮捕，为保障诉讼的顺利进行，可建议公安机关采取保候审、监视居住等替代性强制措施。对于需要延长诉讼期限的，在审查是否符合延长诉讼期限条件的同时，还应当同步对羁押必要性进行审查，对于不再适合拘留或者逮捕的犯罪嫌疑人、被告人应当对其变更或解除强制措施，防止一押到底，侵犯犯罪嫌疑人、被告人合法权益情况的发生。

（二）明确审查主体，加强检察机关各部门的衔接配合

《检察机关执法工作基本规范》规定，侦查阶段的羁押必要性审查由侦查监督部门负责，审判阶段的羁押必要性审查由公诉部门负责，对于公安机关、人民法院办理案件的羁押期限和办案期限的监督，犯罪嫌疑人、被告人被羁押的，由人民检察院监所检察部门负责。侦查阶段，对于犯罪嫌疑人、被告人的批准逮捕由侦查监督部门决定，而后又对其是否有羁押的必要性进行审查，这样既当运动员又当裁判员，自己否定自己作出的决定，可能既不能说服自己也不能说服有关机关，不具有科学性。审判阶段，由于公诉部门受自身公诉职能的局限，很难对羁押必要性提出客观中立的审查意见。侦监、公诉都是具体的办案部门，可能存在先入为主的情况，且不具有中立性。笔者认为，羁押必要性审查由监所检察部门承办最为适宜。其一，监所部门主要职责是对看守所的监管秩序和是否存在侵犯人权情况进行监督，犯罪嫌疑人、被告人从刑拘或逮捕入所至法院判决前，都在监所部门的监督之

下，具有全程性；其二，监所部门不具体承办案件，较其他办案部门而言，其更具有中立性；其三，羁押必要性审查工作覆盖刑事诉讼全过程，由监所检察部门负责，更具合理性。

监所检察部门虽不具体承办案件，对犯罪嫌疑人、被告人的具体情况了解不够，但可以通过对监管场所进行巡访、问卷调查、与被羁押人员谈话等方式，及时了解犯罪嫌疑人身体、精神状况，及时听取犯罪嫌疑人的意见，进行羁押必要性审查；也可以通过听取侦查监督部门、公诉部门和办案部门（机关）的意见。同时，监所检察部门应加强与侦查监督、公诉、控告申诉等部门衔接与配合，建立情况通报、信息共享、线索移送、结果反馈等制度，畅通监督渠道，形成监督合力。审查后认为无继续羁押必要的，应当建议予以释放或变更强制措施，同时抄送侦查监督或公诉部门。侦查监督、公诉部门在办案过程中，发现犯罪嫌疑人、被告人不适合继续羁押的，也可将犯罪嫌疑人、被告人的有关情况以及变更或者解除强制措施的建议送至监所检察部门，由监所检察部门负责具体审查，并将处理结果反馈侦查监督或公诉部门。

（三）完善救济手段，创新审查方式

首先，完善畅通检察机关的监督程序。正如前文所述，公安机关找各种理由拒绝检察机关对刑事拘留措施的监督，对于检察机关变更或者解除强制措施的检察建议不予理睬，致使检察机关羁押必要性审查权形同虚设。因此，必须建立严格的责任机制，强化检察监督权，确保羁押必要性审查工作落到实处。一是要明确随意延长刑事拘留时限的责任，在全国开展刑事拘留执法大检查活动，对于存在随意延长刑事拘留时限的应当向同级人大常委会和上级公安机关通报，情节严重的，对相关人员给予必要的纪律处分，从而遏制和杜绝刑事拘留监督缺位情况的发生。二是要落实检察建议反馈责任机制，对于既不执行检察机构关于变更或者解除强制措施的建议，也不说明理由，或者变更、解除强制措施后不通知或者不再规定时限范围内通知检察机关的，检察机关应当建立台账，定期通报上级公安机关，由上级公安机关对办案单位和办案人员进行处理。

其次，完善对犯罪嫌疑人、被告人的救济程序。对于羁押必要性审查，

在我国有两种启动方式：一是公安机关、检察机关、人民法院自行启动。二是依犯罪嫌疑人、被告人及其法定代理人、近亲属或者辩护人申请启动。当司法机关作出不同意变更或者解除强制措施的决定，而犯罪嫌疑人、被告人一方对此有异议时，却没有任何救济措施。因此，笔者建议，引入复议程序，对此予以完善。

最后，在书面审查的基础上，引入听取方式和听证方式。我国传统的羁押必要性审查方式一般以书面审查为主，2012 年新刑事诉讼法实施后，最高人民检察院出台了配套的《检察机关执法工作基本规范》，细化了羁押必要性审查方式，引入了听取审查方式，检察人员在查阅有关案卷，充分了解案情基础上，可以听取有关办案机关、办案人员的意见，犯罪嫌疑人、被告人及其法定代理人、近亲属、辩护人的意见，被害人及其诉讼代理人或者其他有关人员的意见。如果是"申请审查"，还可以采取听证方式，让犯罪嫌疑人、被告人能亲身参与羁押的审查决定过程，充分发表自己的意见，以增强犯罪嫌疑人、被告人和社会公众对审查决定的信服力。

综上，我国的未决羁押体制自身存在无法克服的缺陷，在不改变现有司法体制的情况下，只有不断健全羁押必要性审查体制，强化非羁押强制措施的适用，才能做到既打击犯罪，修复被犯罪侵害的法益，又能保障犯罪嫌疑人、被告人的合法权益不被侵害，实现未决羁押制度的双重人权保障功能。

构建社会危险性条件审查机制

刘　晴　黄鹏玮

　　逮捕有力地保障了刑事诉讼的进行，但逮捕措施如被滥用，必将严重损害犯罪嫌疑人的人权。为此，2012 年修改后的刑事诉讼法将原来关于逮捕必要性的较为原则性的规定明确细化为社会危险性条件。由于具体的社会危险性条件的适用还处于初期，在司法实践中还存在诸多问题，导致其对保障犯罪嫌疑人人权保障的效果还不明显和均衡。有必要建立完备的社会危险性条件审查机制，对社会危险性条件的证明、审查、评估等方面进行规范，从而更好地体现出社会危险性条件对保障人权的价值。

一、社会危险性条件的含义及其重要意义

　　为了更好地保障具体人——犯罪嫌疑人的人权，2012 年修改后的刑事诉讼法在逮捕制度的设置上，将原来较为原则的逮捕必要性明确细化了社会危险性这一条件，即在是否适用逮捕强制措施的审查中，除了有证据证明有犯罪事实和可能判处徒刑以上刑罚两个必要条件外，还加入了具体明确的社会危险性条件。具体而言，刑事诉讼中的社会危险性条件分三个方面：一是犯罪的社会危害性。社会危害性"就是指对社会秩序和社会关系具有破坏作用的行为对社会造成这样或那样损害的事实特征"[1]。具体而言就是犯罪嫌疑人实施的犯罪是重罪还是轻罪，犯罪情节是否严重，宣告刑期是否可能判处 10 年有期徒刑以上刑罚。二是犯罪嫌疑人的人身危险性。人身危险性是指"犯罪可能性，属于未然之罪"[2]。具体而言就是其主观恶性如何，有

---

[1]　青锋：《犯罪的社会危害性新论》，载《法学季刊》1991 年第 3 期。
[2]　陈兴良：《刑法哲学》，中国政法大学出版社 2004 年版，第 147 页。

无前科及继续危害社会或对被害人、举报人、控告人实施打击报复的可能等。三是保证诉讼的可控性。犯罪嫌疑人有无自杀或逃跑的可能，有无串供、毁证、伪造证据、干扰证人作证的可能，有无严重违反取保候审、监视居住规定的情节，是否身份明确等。

社会危险性条件的明确在体现逮捕价值、保障人权方面都起到了巨大的作用，具体而言分为以下几个方面：

（一） 社会危险性条件是追求逮捕价值的反映

丹宁勋爵指出："每一个社会均有保护本身不受犯罪分子危害的手段。社会必须有权逮捕、搜查、监禁那些不法分子。只要这些权力运用适当，这些手段都是自由的保卫者，但是这些权力也可能被滥用，而假如它被人滥用，那么任何暴政都要甘拜下风。"① 鉴于逮捕的严厉性，我国刑事诉讼法在坚持保护社会利益的基础上，把犯罪嫌疑人的人权保障作为设计逮捕制度的价值追求之一。犯罪嫌疑人在法律上应推定为无罪的人，其基本权利应与自由人相同，国家应一视同仁地给予严密的正当程序保护，避免把侦查过程本身当作惩罚的方式。但不能否认的是犯罪嫌疑人人权的保障又具有一定的特殊性，其权利的享有应负有一定的容忍和配合义务。在我国目前侦查权力和犯罪嫌疑人权利失衡的情况下，明确社会危险性审查，给予犯罪嫌疑人人权一些特殊的程序保护，是校正这种失衡，体现逮捕价值的应有之意。

我国赞成《世界人权宣言》，加入或签署了十余项涉及人权保障的国际公约，且我国宪法已明确规定："国家尊重和保障人权。"逮捕事关公民的人身自由的暂时剥夺与限制，当其被滥用或误用时，特别是当它以国家名义被盗用时，它对人权造成的危害是无比惨重的。这方面的历史教训不胜枚举。② 社会危险性是立法者从人权保障出发，不断完善逮捕程序，坚持对无社会危险性的不捕，只对那些确有社会危险的才予以逮捕，防止出现被侵害的人权没有得到恢复，反而由于逮捕权的不当行使给人权带来新的侵害。

---

① ［英］丹宁：《法律的正当程序》，李克强等译，群众出版社 1984 年版，第 86 页。
② 陈兴良：《刑法哲学》，中国政法大学出版社 2004 年版，第 133 页。

（二）社会危险性条件是宽严相济刑事政策的体现

惩办与宽大相结合，是我们在刑事司法活动中必须长期坚持的基本刑事政策，在刑事诉讼中，也是比例性原则的具体体现。比例性原则基本内涵是为了保护国家和社会公益而不得不对公民个人权利加以限制或剥夺时，要尽可能选择对公民个人权利损害最小的手段，并且其行为对公民个人权利造成的损害不得大于该行为所能保护的国家和社会利益。比例性原则源于德国，德国法学思想认为，采取诉讼手段应与犯罪的严重性、嫌疑的程度、案情的紧急情况和必要性程序相适应，否则就违背诉讼公正，侵害了公民利益。社会危险性条件审查就是坚持宽严相济刑事政策的具体体现，按照宽严相济刑事政策的精神，对于一些情节轻微、社会危害不大、人身危险性小的犯罪嫌疑人，以无社会危险性不批准逮捕，向法院直诉，既可以使他们在法庭上感受法律的尊严，接受法律的审判，又可以防止看守所复杂环境对偶犯、初犯，特别是未成年犯罪嫌疑人的交叉感染。同时，在决定慎用逮捕强制措施时，可以通过充分听取和考虑被害人的意愿，提高被害人在刑事诉讼中的地位，有利于化解犯罪嫌疑人和被害人之间的矛盾冲突，化消极因素为积极因素，促进社会和谐稳定，这正契合了恢复性司法之意。

（三）社会危险性条件是维护司法统一的有力手段

目前，司法实践中逮捕措施适用广泛，以无社会危险性不捕的案件数量相对较少，犯罪嫌疑人捕后被处轻缓刑罚的比例较高。如果统计我国的审前羁押率，可以把逮捕人数除以起诉人数，便能得出一个大致的不完全的（不包括刑拘后未逮捕）羁押率。从《最高人民检察院工作报告》公布的数据看，全国2003年至2007年平均羁押率为90.20%，2008年至2012年平均羁押率下降为89.09%，逐年下降到2013年的66.43%，下降明显。有的地区羁押率明显低于全国平均数，如某省级检察院辖区2003年至2007年为81.39%，2008年至2012年平均羁押率下降为66.09%，逐年下降到2013年的61.23%。但有的地区长期保持高羁押率，如沿海某省2003年至2007年为105.38%，2008年至2011年平均羁押率为100.25%，2013年羁押率仍达94.89%。上述表据反映出各地掌握的标准有明显差异，相当一部分不应当逮捕的被逮捕羁押。大多数犯罪嫌疑人在审判前就被逮捕并先行羁押，而这些被逮捕的犯罪嫌疑人中相当大部分最后却被法院判处轻刑、缓刑或单处罚金，给人一种"前捕后放"的执法不统一的感觉，在一定程度上造成了司法的不公正，损害了司法机关的公信力。同时，逮捕之后的轻刑化严重，从侧面反映了我国社会危险性条件审查不严，逮捕措施适用的质量不高。强化社会危险性条件审查，是维护司法统一的有力手段，也是降低畸高的逮捕率和捕后轻刑率的有效手段。

二、社会危险性条件适用的现状及原因

对逮捕社会危险性条件的适用状况，笔者以某检察分院及其辖区基层检察院2008年至2013年适用无社会危险性（2008年至2012年为无逮捕必要）不捕情况为例进行了分析。

2008年至2013年，某检察分院不逮捕人数占受理报请逮捕人数的比例普遍偏低，最高的2011年也仅占13.78%，最低的2009年更是仅占7.44%，同时，适用无社会危险性不捕人数少，仅占受理报请逮捕人数的1.24%~8.21%（见表1）。

表1 2008年至2013年某省级检察院某分院不捕情况统计表

年份	受理报请逮捕人数	不逮捕人数	百分比	无社会危险性不捕人数	百分比
2008	165	19	11.52%	5	3.03%
2009	242	18	7.44%	3	1.24%
2010	344	38	11.05%	14	4.07%
2011	341	47	13.78%	24	7.04%
2012	262	26	9.92%	19	7.25%
2013	207	27	13.04%	17	8.21%

2008年至2013年，某检察分院辖区基层检察院不逮捕人数所占受理报请逮捕人数的比例除2013年大幅下降外，其余均高于某分院，但适用无社会危险性不捕的依然较少，占受理报请逮捕人数的1.73%~9.66%。特别

是 2013 年作为修改后刑事诉讼法实施的第一年，无社会危险性不捕人数仅占受理报捕人数的 1.73%，一方面反映出侦查机关对报请逮捕犯罪嫌疑人的条件把握更严，另一方面也反映出检察机关对适用无社会危险性条件的不适应（见表 2）。

表 2　2008 年至 2013 年某省级检察院某分院辖区基层检察院不捕情况统计表

年份	受理报请逮捕人数	不逮捕人数	百分比	无社会危险性不捕人数	百分比
2008	6257	1041	16.64%	422	6.74%
2009	7596	1526	20.09%	525	6.91%
2010	9000	1736	19.29%	665	7.39%
2011	9524	2209	23.19%	920	9.66%
2012	8478	1491	17.59%	739	8.72%
2013	7384	267	3.62%	128	1.73%

某省级检察院某分院及其辖区基层检察院总体适用无社会危险性不捕人数较少，逮捕率偏高，究其原因，主要存在以下问题：

（一）社会危险性条件未能引起足够的重视

社会危险性条件是判定适用逮捕强制措施的一个重要标准，但司法实践中，社会危险性条件并未真正成为审查逮捕的必要条件，而是沦为一种软条件。分析其原因：一是传统"构罪即捕"的思想根深蒂固。重打击轻保护、重实体轻程序等传统执法观念在相当程度上仍然存在，表现为强制措施的适用侧重于有效追究犯罪，犯罪控制理念居于主导地位，而案件中有无社会危险性的事实和情节往往被弱化甚至是忽略，忽视对犯罪嫌疑人的人权保护。二是过分强调配合而忽视监督。检察机关应当运用决定是否逮捕的权力来监督侦查、保障人权，及时纠正侦查中的违法行为，但其往往未起到应有的法律监督作用，而是过分强调与侦查机关的配合，为保障进一步侦查其他重要罪行所需的时间，"以捕代侦"现象突出，而不论证其他重要罪行的罪行有无、证据有无，使得逮捕的程序制约机制未能发挥应有功能。

（二）缺乏社会危险性条件证明机制

社会危险性条件证明机制，是指侦查机关在提请逮捕犯罪嫌疑人时，不仅要在提请逮捕意见书中有社会危险性条件的情况说明，还要提供证明犯罪嫌疑人有社会危险性条件的证据材料，同时检察机关在审查逮捕犯罪嫌疑人时要对社会危险性条件进行论证。首先，虽然《人民检察院刑事诉讼规则（试行）》（以下简称《刑诉规则》）第139条对社会危险性条件的情形进行了细化规定，但如何把握这些条件，实践中缺乏统一的证明标准，操作还不统一和完善。其次，由于缺乏社会危险性条件的证明机制，导致了对社会危险性条件证据的选择性适用。在适用无社会危险性不捕案件时，举出大量的证据证实无社会危险性。例如证实自首、立功、退赃后获得被害人原谅、怀孕、重大疾病等相关证据。但在逮捕的案件中，一般是一带而过，不列出证据来证明有社会危险性条件。提请逮捕的机关提出有社会危险性条件缺乏客观性，审查机关提出来亦觉得缺乏权威性，使社会危险性条件沦为一种主观臆断。最后，没有将品格考察等内容纳入证明机制中，导致对人身危险性的判断缺乏依据。

（三）缺乏社会危险性条件刚性审查机制

社会危险性条件审查是保证案件质量的重要手段，但是，司法实践中却没有制定刚性的关于社会危险性条件审查、质量标准、考核机制的相关规定，导致社会危险性条件审查存在随意性大和不规范的情况。

1. 缺乏刚性审查机制

社会危险性条件的审查缺乏一个刚性的审查机制，降低了社会危险性条件审查的可操作性。一方面，社会危险性条件的审查在司法实践中往往是包含在传统的逮捕审查程序中，由案件承办人根据具体情况进行分析、判断，由于缺乏一个专门的社会危险性条件审查程序，使得社会危险性条件审查长期处于一个不规范的境地。另一方面，侦查机关和检察机关在证明社会危险性条件的证据收集、报送和审查上没有具体的规定，导致侦查机关随意性大，可收集可不收集，往往会出现报送的案件材料中没有具体证明社会危险性条件的证据材料，而检察机关也缺乏相应规范的制约机制，不能进行有效规范的监督。

2. 考核机制的不合理

侦查机关和检察机关都从自身需要出发，制定了本系统内部绩效考核办法。在侦查机关，长期以来都将"破案率""报捕率""批捕率"作为绩效考核的量化指标，这使得侦查机关对于犯罪嫌疑人能报捕就尽量报捕。而在检察机关，考核标准对捕后轻刑案件认定不属于错案，不影响考核。一方面，对不捕案件要求严格，各类执法检查活动都将其作为重点予以检查，造成在审查逮捕案件时较少考虑有无社会危险性条件；另一方面，适用社会危险性条件不但增加工作量，而且还存在一定的风险。考虑到与侦查机关的配合关系，也考虑到一些案件如果不捕可能发生涉检上访风险，从而否定全年的工作，所以，对侦查机关报捕的案件，即使可捕可不捕，也较易作出逮捕决定。

（四）缺乏社会危险性条件适用的评估机制

虽然修改后刑事诉讼法对社会危险性条件进行了细化和明确，但由于执行中缺乏完备的评估机制，导致司法实践中对社会危险性的理解适用与执行存有偏差，对法律和司法解释中有关从宽或从严处罚的规定理解不透彻、把握不准确，生搬硬套、机械执法，住往会出现条件相同而结论却截然相反的结果。由于缺乏社会危险性条件适用的评估标准，没有具体的评估范围、内容，以及相应的配套评估机制，评估保障机制等来限制司法人员的自由裁量权，使社会危险性条件的审查未能发挥其应有的作用。

三、完善社会危险性条件审查机制的几点构想

（一）完善社会危险性条件的证明机制

刑事诉讼法将保障人权引入法条，同时对逮捕的社会危险性条件进行明确细化，对适用逮捕强制措施中保障人权起到重大作用，但也存在证明标准适用的不统一，机制建设不完善等弊端。应该从以下几个方面完善社会危险性条件证明机制：

1. 统一社会危险性条件的适用标准

首先，刑事诉讼法对社会危险性条件作出了明确细化的规定，相较于此

前较为原则的逮捕必要性规定有了较为详细的适用标准，但还存在一些不足，如证明犯罪的社会危害性方面，规定过于简单，没有具体从犯罪嫌疑人的犯罪性质、犯罪情节、主观恶性等方面进行考虑，未就组织犯罪、黑社会性质组织犯罪、暴力犯罪和严重危害社会治安和社会秩序的多发性犯罪等进行规定，也没有对如犯罪嫌疑人（被告人）不羁押可能发生社会危险性的其他情形留下空间，这些都需要从立法和司法解释的角度进行完善和规范。其次，《刑诉规则》对社会危险性条件进行了进一步的细化，但在司法实践中，由于各地区情况的不同，各地检察机关掌握的适用标准的尺度也存在差别，应当结合本地司法实际，在刑事诉讼法和《刑诉规则》规定的范围内，出台一些具有指导具体办案效果的实施意见，如某市人民检察院与某市公安局联合出台的《关于适用逮捕强制措施有关问题的指导意见》就对社会危险性条件的适用标准进行了进一步的细化，便于全市侦查机关与检察机关对社会危险性条件适用标准的统一。

2. 完善证明的相关机制

侦查机关在侦查阶段只是专注于构罪证据的搜集和固定，对于是否有社会危险性条件的证据往往不会主动收集。检察机关应当做好与侦查机关的联系，达成一个长效的工作机制，一方面，侦查机关不仅要收集与案件事实相关的证据，还要收集犯罪嫌疑人是否有社会危险性条件的证据，如犯罪嫌疑人退赃赔偿情况、被害人的意见等，并将上述证据随卷宗一并移送至检察机关；另一方面，检察机关则应当对侦查机关提供的客观证据材料进行审查并进行论证，审慎作出犯罪嫌疑人是否有社会危险性条件的判断。同时，完善社会危险性条件证明机制还应当遵循公开性的原则，而该原则的落实需要相关机制的支撑，告知机制、律师介入机制、公开审查、释法说理、刑事和解等机制即可实现这一目的。

3. 延伸品格考察时间

将犯罪嫌疑人的品格考察提前至呈捕前侦查阶段，必要时检察机关以提前介入方式介入考察。现有机制下，对于犯罪嫌疑人人身危险性的考察是在侦查机关提请逮捕后才开始进行的，几天时间的考察往往非常有限，难以准确反映犯罪嫌疑人的真实情况，导致"无社会危险性"适用困难。

因此，在立案侦查开始后就开始收集其品格方面的证据十分必要。如对于在校学生和未成年人人身危险性的考察，在立案侦查后就应当与其所在的学校、单位、社区、街道等取得联系，在呈捕前完成对其犯前的品格证据的收集。

（二）完善刚性的社会危险性条件审查机制

完善刚性的社会危险性条件审查机制，可以防止审查的不规范和社会危险性条件适用的随意性，促进社会危险性条件的准确适用。

1. 完善审查机制

由于社会危险性条件的理解和把握是一个极具弹性的问题，为保证其适用的正当性，防止不捕权的随意和滥用，有必要在坚持现有审查逮捕制度的基础上，完善相关的一系列社会危险性条件审查机制。

（1）加强规范的证据审查程序。在坚持现有的对案件审查的基础上，为加强对案件的社会危险性条件证据审查，需要加强以下审查程序：一是完善案件受理程序。改变过去侦查机关提请逮捕时不考虑是否有社会危险性条件的情形，加强对侦查机关报捕案件中是否有社会危险性条件证据和理由说明的审查，把住案件入口关。二是讯问犯罪嫌疑人。拟适用无社会危险性不捕的案件，必须讯问犯罪嫌疑人，考察犯罪嫌疑人的认罪态度、悔罪表现，听取其申辩意见和是否申请取保候审，掌握其家庭状况和社会关系，向其提出保证诉讼要求。三是严格审批程序。案件承办人确定是否符合逮捕的社会危险性条件，在《审查逮捕意见书》中"需要说明的问题"部分进行分析说明，提出有无社会危险性条件的审查意见，经侦查监督部门负责人审核，报检察长决定。对一些复杂或有争议的案件，应提交检察委员会研究决定。四是坚持社会危险性理由说明。检察机关在对案件作出无社会危险性不捕决定的同时，应当以《不捕理由说明书》的形式向侦查机关说明犯罪嫌疑人无社会危险性的理由和相关依据，加深侦查机关对社会危险性条件的理解，降低侦查机关要求案件复议、复核的数量，同时，该《不捕理由说明书》装订入侦查卷宗，为法院的量刑提供参考。

（2）规范审查社会危险性条件的证据材料。检察机关应当认真全面的审查侦查机关收集的证明社会危险性条件的证据材料，根据所掌握的全部资料来对社会危险性条件进行最后论证。检察机关审查后认为侦查机关报送的证据不能证明社会危险性条件的或对社会危险性条件证明不充分的，可以做出证据不足的不捕决定。所以证据不足不捕，既包括证明犯罪事实的证据不足，也包括证明社会危险性条件的证据不足。同时，承办人不能仅局限于审查案卷中的现有证据，要充分发挥主观能动性，全面收集并仔细考量有关犯罪嫌疑人主观恶性等影响宽严相济刑事政策适用的证据，以期全面体现案件事实，在宏观上权衡其具体适用，确保不枉不纵。①

（3）完善风险评估机制。检察机关受理侦查机关移送的审查逮捕案件后，应当对卷宗材料进行全面审查，对犯罪嫌疑人的社会危险性条件进行综合评估，对逮捕与否可能产生的后果，要进行深入分析，预测风险，切实防止因处理不当出现逃跑、涉检上访等情况的发生。被害人及其家属等有关人员因案引发缠访、闹访，矛盾难以调和，事态趋于复杂的案件，检察机关应在审定社会危险性前，与侦查机关加强沟通和协商。

2. 设置科学合理的考核机制

办案质量是审查逮捕工作的生命线，设置科学合理的考核机制，是社会危险性条件审查工作的风向标。为严格把关，可以从以下两个方面完善考核机制：

（1）改变注重逮捕率的考核方式。建议侦查机关改变将逮捕率作为考核主要内容的办法，防止一味追求逮捕率而使一部分可捕可不捕的轻刑案件也进入逮捕程序，从而忽视对犯罪嫌疑人的人权保护；建议检察机关改进通过控制不捕率来反映审查逮捕案件质量的考核机制，优化考核办法，逐步从"量"的控制变为对"质"的评价，重点考察作出不捕决定是否符合法律规定，对案件的事实、证据、情节的审查分析、认定是否清楚、定性是否准确等，综合评价所作出的不捕决定是否正确，更好地实现办案数量、质量和效果的有机统一。

（2）改革工作业绩考核标准。不能因为发生了涉检上访事件而一票否决检察机关的工作。上访是广大群众反映其诉求的一种合法合理的方式，当

---

① 鲁大同：《宽严相济司法政策下新型审查逮捕机制的构架》，载《法制与社会》2007年第9期。

事人对于检察机关依法做出的逮捕或不逮捕决定无法理解上访的，认为存在非法的利益勾当上访的，或是一些其他目的上访的，可能会对检察机关造成一些负面的影响，但应进行深入细致调查，若确实存在徇私枉法、权钱勾结、玩忽职守的情况，处理相关人员无可厚非，若是严格依法办案，仅仅是因为上访者不懂法律而误认为检察机关没有依法办案或者是其无理的要求没有得到满足而上访的，就不应该归责于检察机关。

（三）建立社会危险性条件的评估机制

积极践行宽严相济刑事政策，在法律规定的框架内，建立社会危险性条件评估机制，对每起案件都认真分析，对社会危险性条件准确评估，以谨慎适用逮捕措施。

1. 纳入评估的案件范围

犯罪的事实清楚、证据充分；犯罪嫌疑人认罪悔罪态度良好；不羁押犯罪嫌疑人不会影响本案或其他案件的侦查；犯罪情节较轻、可能判处3年以下有期徒刑以下的案件，在特殊情况下，根据个案的案情可适当扩大。

2. 评估的内容

将评估的内容分为三个部分：（1）犯罪性质和犯罪后果。其程度直接体现着犯罪的社会危害性，如是否属于盗窃近亲属、因亲属邻里纠纷引起的伤害以及盗窃数额、伤害后果等情况。（2）犯罪嫌疑人的人身危险性。主要是指犯罪嫌疑人的主观恶性，体现在罪前、罪中和罪后的具体情节上，如是否具有初犯偶犯、临时起意、从犯、自首、案发后再逃等情节。（3）诉讼保障条件。主要指犯罪嫌疑人是否具备取保候审的保证条件、是否退赃退赔、是否有效赔偿、是否达成和解等情形。

3. 将刑事和解引入评估机制

要求侦查机关将故意伤害、交通肇事等案件的和解工作作为提请逮捕前的必经程序。对确实不能和解的，侦查机关可以提请逮捕，但应在卷宗中显示有关和解工作的情况，以便检察机关在审查逮捕过程中继续进行和解工作。如果没有相关材料，检察机关可不受案。

4. 建立后评估保障机制

因无社会危险性而依法做出不予逮捕决定后，一方面对犯罪嫌疑人及时开展释法说理工作，并让犯罪嫌疑人及其家属或者单位共同签署《义务知晓书》和《保障到案承诺书》，引导其遵守相关义务，保障诉讼进程；另一方面向侦查机关送达不捕理由说明的同时，向被害人等送达《不捕理由说明书》，从法理和情理上消除疑惑达成共识，实现执法办案法律效果与社会效果的双赢。

"捕诉合一"办案机制探析

许世兰　黄自强

"捕诉合一"办案机制是检察机关内部改革的一项探索，目的是在保障案件质量的前提下，解决案多人少和侦诉矛盾的困境。支持者认为这是一项极富远见的尝试，有力整合了检察内部资源，保障了诉讼的连续性和针对性，提高了办案效率。反对者则认为捕诉合一减少了内部监督环节，使案件容易出现质量隐患。本文以某区检察院的实践为例，从多方面分析了捕诉合一办案机制在实务中的可行性和合理性，同时也指出该机制需要改进的不足之处。

一、"捕诉合一"办案机制的运行现状

（一）"捕诉合一"办案机制的提出

侦监部门和公诉部门是检察机关的两个独立职能部门。在现行体制下，侦监部门以审查逮捕为主要职责，同时负责立案监督和侦查活动监督。公诉部门则以审查起诉为主要职责，同时负责侦查活动监督、审判监督等。两个部门分工明确，分处诉讼活动的不同阶段，内容有差异也有交叉，关联十分紧密。

但是随着我国经济社会的不断发展变迁，部分地区案件量出现大幅度增长，办案人员数量则相对固定，造成案多人少的现象十分突出。此外，随着刑事诉讼法的修改以及法治进程下证据意识的普遍提高，捕诉分离的局面常常造成侦查机关搜集的证据达不到起诉标准，造成侦诉脱节，不利于打击犯罪和维护社会秩序。为应对以上局面，部分检察机关在机构改革中进行了"捕诉合一"办案机制的尝试。"捕诉合一"办案机制，就是将侦监部门和

公诉部门合并为一个职能部门，实行"谁批捕，谁起诉"的办案模式，由一个承办人负责一个案件自批捕到公诉的整个诉讼阶段，力图一方面通过减少重复劳动，缓解任务与力量的矛盾；另一方面则通过以起诉标准指导侦查，确保侦查活动的及时性、针对性和全面性，达到对案件顺利公诉的目的。

（二）某区检察院刑事检察工作办案模式

某区检察院于2005年进行了机构改革，将当时的侦监科与公诉科合并，成立了刑事检察局，将该院侦查监督业务与公诉业务合二为一，实行"捕诉合一"办案机制。2011年4月，该院从刑事检察局抽调人员成立了未成年人刑事检察局，专门负责办理犯罪嫌疑人或被害人系未成年人和在校学生的刑事批捕案件和公诉案件。该院刑事检察部门现有正式干警42人，办案量居某省级检察院辖区前三。

该院刑事检察工作实行"捕诉合一"、分类案办理模式，成立了公共安全类、侵犯人身权民主权类、侵财类、危害社会管理秩序类等八个类案组，每组分别配备一名检察官、三至四名助手和一名书记员，由检察官负责该类案件的批捕和起诉审查把关工作，原则上同一个案件的批捕、公诉由一人承办，重大特殊案件可由检察官分别交由不同人员办理。案情简单、事实清楚的案件，由检察官直接作出批捕或者起诉的决定；案情复杂、存在分歧的案件以及拟不捕、不诉案件，由检察官提出处理意见，报部门负责人审核、分管检察长审签。

同时，该院实行检察官办案责任制，其对所办理的批捕、起诉案件负责，上报经部门负责人、分管检察长审核、审签的重大疑难案件，检察官的意见与分管检察长的意见不一致的，以分管检察长的意见处理案件；检察官对其提出的意见负责，部门负责人的意见作为分管检察长审签案件时的参考意见，其不对案件处理承担实质责任。

二、"捕诉合一"办案机制的法律依据与可行性

在我国刑事诉讼程序中，批捕权作为一项重要的权力由检察机关依法行使。但我国宪法和人民检察院组织法并没有规定批捕权必须由独立的检察职

能部门行使，因此捕诉分离或者捕诉合一只是检察机关内部工作协调分配的不同，并没有逾越法律的硬性规定。

"捕诉合一"办案机制具备以下可行性：

（一）批捕权和公诉权在内容上有重合

实务中，基于侦查便利的考虑，侦查机关一般倾向于将案件提请批准逮捕。虽提捕案件占案件总量的比例在不同地区有一定差异，但总体而言较高；① 因此审查逮捕可谓是大多数审查起诉案件的"前置程序"。

提捕案件使检察机关在侦查阶段即接触案件，通过审查逮捕熟悉案情，对前期侦查所得的证据与事实进行评价，作出捕与不捕的决定，并在此基础上为下一步侦查指明方向。审查起诉则是在侦查结束后，对全部案件证据与事实的再一次审查，在此基础上作出起诉或不起诉的决定。二者都需要对案件证据与事实进行审查和认定，在很大程度上具有重合关系，前者是后者的基础，后者则是前者的深化与细化。

（二）批捕权和起诉权在性质上具有相通性

批捕权是一项针对犯罪嫌疑人人身自由的程序性权力，起诉权则是对犯罪行为的追诉权，更具实体指向。故仅从表面分析，似乎批捕权更多的是一种监督权，是侦查机关和犯罪嫌疑人之间的裁决者；而起诉权则更多是一种犯罪追诉权。但就实质探析，批捕权程序性裁决的前提是进行实体判断——即通过审查证据，在确定罪与非罪的基础下作出捕与不捕的程序性决定。而公诉权虽注重追诉犯罪，但其相辅的一面则是保障无罪之人不受刑事追究。特别是 2013 年新刑事诉讼法实施，明确提出非法证据和瑕疵证据排除规则，更是体现出公诉权中的监督性质。因此，虽然批捕权和公诉权存在差异，在所处诉讼阶段、评判标准和权力侧重上有所不同，但均蕴含了程序监督和实体审查的意义。

批捕权与公诉权存在的重合与相通关系，使"捕诉合一"办案机制不会出现工作上的割裂与矛盾，反而可使不同阶段的检察工作相辅相成，具备

---

① 就某区经验，2013 年约 70% 的案件侦查机关均提请逮捕，而直诉的 30% 案件中危险驾驶案件和过失犯罪案件又占了较高比例。

了操作的可行性。

三、"捕诉合一"办案机制的合理性

（一）有利于提高诉讼效率

现行捕诉分离的办案模式下，在审查逮捕阶段，侦监部门要对证据进行审查、整理、分析，对案件事实进行核对和认定，之后制作规范的审查逮捕意见书列明案件所有情况。至审查起诉阶段，公诉部门承办人又需从零熟悉案件，在很大程度上是重复审查逮捕工作，造成不必要的人力浪费。

在捕诉合一模式下，审查起诉时承办人对案件已经比较熟悉，可以着重就存在的疑点、难点和新增、变化的证据进行细致审查，而对于事实、证据清楚无误的部分则大致审查，不再过多地耗费时间和精力。特别就基层检察院实际办案情况分析，侵犯财产权、侵犯人身权和毒品犯罪的案件占据相当大的比例。此类案件一般案情较为简单，侦查机关多在报捕时已将证据收集固定完毕。故采取"捕诉合一"办案机制，将同一案件的审查逮捕和审查起诉交由一人办理，可以有效地节约司法资源，避免重复审查，缩短起诉案件的实质审查时间，从而有效缓解人少案多的矛盾。

（二）有利于建立新型检警模式，保障案件质量

在实务中，侦查机关对案件证据的把握总体是低于法院审判的要求，因而检察机关对侦查机关的侦查引导极为重要。在捕诉分离情况下，侦监部门也能对公安机关证据收集进行指导。但需要看到，由于起诉的证据标准高于逮捕标准，且侦监部门一般是闭门审卷，不与法院、辩护人接触交流，故对证据的理解与把握相对弱于公诉。此外，案件的批准逮捕或不批准逮捕往往意味着侦监环节案件的终结，故侦监部门承办人容易缺乏诉讼全程意识和责任心，造成对侦查的指导不全面、不规范、不到位。

基于以上原因，实行"捕诉合一"办案模式，可以使"侦、捕、诉"形成完整环节，建立起一种起诉统帅侦查，侦查服务于起诉的新型追诉犯罪的机制，从而在侦查初期即按照起诉方向收集证据，在捕后又根据证据状况进一步有针对性地补充证据，有利于对案件的侦破和顺利提起公诉，特别是

重大复杂疑难案件。

（三）有利于保障证据审查，履行监督职责

在捕诉分离模式下，批捕阶段由于期限短，承办人即使发现证据问题也难以要求侦查机关在批捕期间内予以纠正。而批捕阶段之后，侦查机关可能并不对侦监部门指出的违法问题进行纠正，或者仅在形式上弥补甚至掩盖证据缺陷；侦监部门对此往往缺乏监督的手段。而公诉部门承办人由于缺乏对案件证据的原初了解，即便与侦监部门内部有一定协作机制，往往也难以发现上述问题。

在捕诉合一的办案模式下，上述问题能得到较好的解决。一方面，承办人办理批捕案件时要保证已捕案件能够顺利起诉，故对证据把握自然会更加慎重和严格——会在第一时间排除非法证据，核查瑕疵证据，并且不会囿于捕诉分离模式下仅审查"在卷"证据的思维，会通过引导公安取证或自行核实的方式审查"在案"证据，从而有效防止带病批捕，确保案件质量。另一方面，承办人的固定保障了证据审查上的连贯性，可以清楚发现证据自提捕至起诉阶段的变化——之前存在的问题是否得到纠正，欠缺的证据是否得到补侦，因而便于承办人对证据进行总体审查和判断。

此外，"捕诉合一"办案机制还有利于整合检察机关内部资源，形成法律监督合力，使捕诉法律监督职能配合衔接更为紧密，能够及时、一贯地对侦查活动进行监督，避免监督死角的存在，从而增强法律监督的实效，保障证据收集的合法性与真实性，在打击犯罪的同时真正保障人权。

（四）有利于加强捕诉衔接和培养检察人才

"捕诉合一"办案机制使承办人的责任更大，在案件的审查批捕阶段就要考虑案件批捕后能够顺利起诉并得到判决。因此相对于捕诉分离办案模式而言，能有效提高办案人员对案件诉讼全程的责任意识，可以避免侦监、公诉部门因立场不同而对案件证据、事实产生的认识分歧，不至于出现相互推诿的现象。

另外由于岗位职能的不同，侦监工作更着重于书面审查，而公诉工作则面临与公安、法院、律师等多方的沟通协调，对办案人员在讯问犯罪嫌

人、案件分析汇报、出庭公诉和法庭辩论等方面的能力要求更高。因此，"捕诉合一"办案模式使办案人员能够得到多层次、全方面的锻炼，提高办案人员的综合办案能力，从而保障案件质量。

四、"捕诉合一"办案机制的相关问题

（一）对内部监督的影响

有人批评"捕诉合一"办案机制的最大弊端是破坏了检察院的内部监督，容易导致批捕权的滥用。

笔者认为，上述观点过于简单和偏颇。首先应当看到，虽然捕诉分离使两部门有一定制约关系，但毕竟都是同一检察院的内部机构，隶属于同一检察长，协作的关系远大于监督。而且，"捕诉合一"模式并非就是由一名检察人员决定案件的捕与不捕、诉与不诉，而是要严格履行内部逐级审批的办案程序。可以说，与其强调捕诉两部门的相互监督制约，不如探索检察院内部设立案件质量监控小组更为可行。

其次，批捕权被滥用的可能性不大。一方面，2012年新刑事诉讼法对批捕条件作了更明确的规定，并增加了径行逮捕的条款，可以较好防止批捕权当捕不捕的滥用。而且检察实务中不捕大多是由（分管）检察长决定，可以防止不捕权的随意性；即便少数检察院在改革中将不捕权下放，也可以通过检察院内部设置监控小组来加以监督。此外，还有来自公安机关提起复议、复核的外部监督。另一方面，在捕诉合一模式下，承办人决定批捕就必须保证该案的顺利起诉，对批捕标准的把握会更加严格，也不会出现随意批捕的滥用。此外，也不用过于担心承办人为了起诉方便而对批捕案件构罪即捕。因为就司法趋势来看，推行轻微案件的非羁押诉讼已逐渐成为共识。由于捕诉合一模式下批捕承办人也负责公诉，相对捕诉分离模式下的批捕承办人更能准确把握法院量刑的普遍趋势和案件可能判处的刑期，因此反而能提高强制措施适用的准确性，减少不必要的逮捕。①

---

① 应当看到，在推行轻微案件的非羁押诉讼理念下，将逮捕与"判处徒刑以上刑罚"挂钩是司法发展的趋势。在部分地区，检察系统已将此作为内部考核标准。

（二） 对案件质量的影响

如前所述，"捕诉合一"办案模式总体能够有力地保障案件质量。对于重大复杂、存在争议的案件，承办人处理时本就更为谨慎；而由于承办人的连贯，对案件证据的把握往往更为精细和准确，容易发现案件疑点和问题，从而排除案件隐患。而且重大复杂案件的处理往往会经过办案部门的内部讨论和检察系统内部的逐级审批程序，甚至提交检察委员会讨论研究，从而多层把关，避免出现质量问题。

对于简单案件，因为事实清楚、证据明了，一般也不会存在问题。但由于承办人在批捕环节已经对证据作过一次全面审查，故在审查起诉时容易形成惯性思维，可能仍然按照批捕时的思维逻辑及证据观点来审查案件，不易发现针对同一案件的不同意见，导致可能出现批捕若错则一错到底的情况。

（三） 对办案模式的影响

侦查监督和审查起诉是检察机关两项独立且重要的职能，然而"捕诉合一"将侦监、公诉两项职能合并在一起，一定程序上弱化了侦监、公诉职能的独立性，在办案中无从体现侦监、公诉的不同侧重点，不利于司法制度的精密化和检察职能的精细化。

此外，在案多人少的矛盾下实行"捕诉合一"办案模式，由于捕诉办案时限相差悬殊，承办人易于倾向于优先办理期限较紧张的批捕案件。如此一来，承办人的精力重心也会偏重批捕案件，导致一定程度上出现重批捕轻公诉的现象。

五、结论

"捕诉合一"办案模式是检察机关为应对新形势下的司法实际而进行的有益探索，有其明显的积极意义。虽然该办案模式也存在一定不足，但我们不应当简单对其否定，而应当探求进一步健全和完善该机制，力求通过探寻侦监与公诉的合作关系，获取公正与效率的平衡点，从而在保证司法公正的前提下，尽量提高诉讼效率和诉讼效果。

逮捕中的双向说理机制初探

闵丰锦

修改后刑事诉讼法对审查逮捕中的社会危险性条款进行了列举，但对社会危险性条件的证明并不明确，实践中容易产生一定的权责不明问题，直接影响办案效率与办案质量。针对此问题，西南某区检察院与西南某区公安分局于 2013 年 7 月会签了《关于逮捕案件的社会危险性条件证明与双向说理机制实施办法》，[①] 推出双向说理机制，即公安机关提请批准逮捕时应当对犯罪嫌疑人的社会危险性作出说明，检察机关对作出不捕决定的案件应当向公安机关说明不捕理由。本文从逮捕中的双向说理机制理论探讨出发，以双向说理机制实施近一年的实践为基础，分析双向说理中存在的问题，并提出相应的建议。

一、双向说理机制之理论探讨

（一） 单向说理之不足

自 2007 年推行以来，不捕说理已成为检察机关内部一项长效工作机制，并被列为绩效考核指标之一。与此相对，公安机关在提请批准逮捕时，更多注重收集证明案件事实的证据，并未着重对逮捕必要性进行说明、提供证据，反映到《提请批准逮捕书》中，更多是以"某犯罪嫌疑人涉嫌某罪，有逮捕必要"轻描淡写。这种被称为不对等的"单向说理"模式，无论是在执法办案方面，还是在释法说理方面，效果并不明显。司法实践中，由于对逮捕必要性证据收集的轻视，考虑到考核因素，公安机关以各种理由撤回

---

① 该"办法"共 16 条，分别从目的、定义、证据移送、社会危险性条件、证明标准、转捕条件、证据审查、证明责任、文书要求等方面，制定了双向说理机制。

提请批准逮捕的情况屡有发生，这不仅导致了办案人员在执法观念上的混乱，妨碍了侦查监督工作的正常开展，而且对不批准逮捕制度造成了直接的冲击。[①]

检察机关在履行法律监督职能过程中，就案件处理决定的理由和依据，向当事人、其他诉讼参与人以及有关单位和人员进行解释、说明和论证，这一工作被称为释法说理。[②] 随着修改后刑事诉讼法的实施，尤其在保障人权被写入总则的背景下，为了更好贯彻落实修改后《刑事诉讼法》第 79 条"逮捕条件"、第 88 条"不捕说理"之规定，加强对公安机关的监督，进一步推进释法说理工作，逮捕中的双向说理机制不失为一次积极的探索。这一机制的建立，是修改后刑事诉讼法完善逮捕、保障人权的必然要求，弥补了较长阶段内只存在检察机关单向说理的不足，也符合 2013 年 9 月西南某省级检察院《关于适用逮捕强制措施有关问题的指导意见》、[③] 2014 年 1 月最高人民检察院侦查监督厅《侦查监督部门实施刑事诉讼法若干问答》[④] 中"建立双向说理机制"的要求。

（二）双向说理之内涵

逮捕中的双向说理机制，首先，明确了社会危险性条件的证明标准及证据要求，分别围绕《刑事诉讼法》第 79 条规定的各种逮捕情形，对社会危险性条件的证明标准、证据要求进行规定。其次，明确了社会危险性条件证明的证明责任，即社会危险性条件的证明由公安机关负责，公安机关不能提供证明社会危险性证据的，应视为不具有社会危险性，检察机关应当作出不批准逮捕决定。最后，明确了社会危险性证明和双向说理过程中的文书制作要求，即公安机关在提请批准逮捕时，应当围绕逮捕的社会危险性条件制作

---

① 王永法、曹大波：《撤回提请批准逮捕情况的实证分析》，载《中国刑事法杂志》2011 年第 2 期。
② 王伟：《释法说理的七种模式》，载《检察日报》2011 年 3 月 22 日，第 3 版。
③ 该意见第 8 点规定：公安机关根据《中华人民共和国刑事诉讼法》第 79 条第 1 款提请批准逮捕时，应当制作《犯罪嫌疑人具有社会危险性说明书》，并附证明社会危险性的证据材料目录及相关证据材料，随案移送。未随案移送的，人民检察院不予受理。
④ 该问答第一问：各级人民检察院侦查监督部门应加强与公安机关的沟通协调，建立对社会危险性的证明和双向说理机制，要求公安机关提请逮捕时说明犯罪嫌疑人有法定的某种社会危险性的理由并提供相应证明材料。

《提请批准逮捕社会危险性说明书》并随案移送；检察机关应当对《提请批准逮捕社会危险性说明书》进行审查，并在《审查逮捕案件意见书》中予以分析说明，作出不批准逮捕决定的，应当向公安机关发出《不捕理由说明书》。

二、双向说理机制之实证探究

（一）社会危险性证明

有学者认为，在刑事诉讼中，为了发现案件的真实情况，检察官不应站在当事人的立场，而应当站在客观的立场上进行活动，即检察官负有客观义务。[①] 在审查逮捕工作中，除了对案件事实本身进行证据分析，对羁押必要性的证据审查，也是公正司法的应有之义。长期以来，刑事诉讼中的未决羁押率过高，是理论界关注的问题。[②] 对此，有学者提出了赋予法官对强制措施的批准权，用刑事裁判权制约侦查权的制度设计。[③] 然而，修改后刑事诉讼法并未采纳这一制度设想，而是通过对逮捕条件的细化，进一步完善了逮捕制度，明确了逮捕条件中的五种"社会危险性"情形。在实践中，是否存在社会危险性中的"企图""可能""有现实危险"等情况，缺乏相应证明标准，易带来公安机关与检察机关的认识分歧，影响审查逮捕的办案质量。

关于社会危险性证明，从程序上，其一，公安机关移送的证据卷宗，除包括证明案件事实的证据外，还应当包括证明社会危险性的证据；其二，检察机关在办案中认为需要公安机关提供证据证明社会危险性的应当要求公安机关提供，公安机关应当提供；其三，犯罪嫌疑人及其近亲属、辩护人认为不具有社会危险性的，应当提供相应证据或线索材料，检察机关应当审查，需要公安机关调查核实的，公安机关应当调查核实；其四，对于公安机关已

---

① ［日］松本一郎：《检察官的客观义务》，郭布、罗润麒译，载《法学译丛》1980 年第 2 期。
② 孙长永教授对我国 1991 年至 2003 年间的被告人羁押候审率进行了统计。他的结论是，我国被告人羁押候审率达到 90% 以上，这显示出我国的羁押具有普遍化的特征。（参见孙长永：《探索正当程序——比较刑事诉讼法专论》，中国法制出版社 2005 年版，第 163～166 页。）
③ 李昌林：《强行侦查权之司法制约的比较考察》，载《河北法学》2003 年第 1 期。

收集但未移送的证据，犯罪嫌疑人及其近亲属、辩护人提出的，检察机关应当要求公安机关移送。

（二）实践情况

1. 通过受案时的形式审查，进一步督促公安机关提升提捕案件质量

西南某区检察院案件管理部门会同西南某区公安分局法制部门，于2014年2月会签了《关于规范批捕起诉环节刑事案件移送工作的实施办法（试行）》，① 进一步完善审查逮捕程序。对没有《提请批准逮捕社会危险性说明书》的案件，不予受案，从移送案件的制度设计上，倒逼公安机关加强社会危险性说理，提升提捕案件质量。据统计，西南某区检察院2014年第一季度受理提请批准逮捕案件260件307人，件数和人数比实施了双向说理机制的上季度分别上升28.1%和28.5%，比未实施双向说理机制的去年同期分别上升66.7%和57.4%。可以看出，虽然有了逮捕必要性的说理要求，但公安机关提请批捕的案件不仅没有因为增加了工作任务而减少，反而有较大幅度的增长，这一数据直接反映了公安机关对双向说理机制的接受和认可。实践中，《提请批准逮捕社会危险性说明书》作为逮捕必要性证明的书证，已经做到了每案必附。公安机关在程序上履行了社会危险性证明的职责，写明了有逮捕必要的理由。公安机关更加注重证据收集的全面性，不仅要收集证明案件事实的证据，而且要收集逮捕必要性方面的证据。

2. 通过对不捕案件的说理，进一步加强侦查监督的力度

据统计，西南某区检察院2014年第一季度的逮捕率为85.3%，比实施了双向说理机制的上季度减少5.1个百分点，比未实施双向说理机制的去年同期减少10.1个百分点，复议、复核为零。通过横纵两个方向的数据对比，可以看出，随着双向说理机制的深入推进，检察机关对于审查逮捕案件，尤其是对有无社会危险性的判断，进一步科学、成熟，进一步保障了犯罪嫌疑人的人权。针对以证据不足为由不批准逮捕的案件，在《不捕理由说明书》中，除对证据情况进行分析论证外，还会结合具体案情列举补充侦查提纲，

---

① 该办法第4条规定，区公安分局移送审查批准逮捕的案件，应当附《提请批准逮捕社会危险性说明书》一式两份。

引导公安机关侦查取证；针对无逮捕必要的案件，除了在《不捕理由说明书》中列举理由，还要重点与公安机关承办人进行沟通，从更好地保障犯罪嫌疑人合法权益的角度，阐述不批准逮捕的理由，取得公安机关承办人的认可，既为非羁押状态下的犯罪嫌疑人监管做好准备，也为今后类似的案件做好范例。例如，在陈某某涉嫌出售非法制造的发票案中，虽然犯罪嫌疑人陈某某是外省人、近年有三次均因犯出售非法制造的发票罪被判刑的前科、本案构罪证据充分，但因其年纪较大（年近74岁）、属于孤寡老人（五保户）、在本市有居住地（与他人合租）、犯罪情节较为轻微（在本案中处于送发票的从犯地位），最终作出不批准逮捕决定，并在《不捕理由说明书》中明确阐述了"陈某某能否被判处有期徒刑存在疑问，且无逮捕必要"的理由，从逮捕的刑罚条件和必要性条件两方面加以分析；同时，就不批准逮捕的情况，检察机关承办人与公安机关承办人当面进行沟通，得到了公安机关的充分理解。

3. 运用非法证据排除规则，进一步规范侦查取证的行为

修改后刑事诉讼法正式确立了非法证据排除规则，从非法证据、无证明力证据、不能作为定案根据的证据等方面，区分了可补正的排除和强制排除两种情况。对于非法证据排除的诉讼阶段，有学者认为，在审查逮捕阶段，"此时排除非法证据，还因案件处于较早的诉讼阶段，能够给侦查机关以重新收集证据的机会，便于其完成打击犯罪任务"。[①] 在实践中，审查逮捕作为检察机关初步接触案件的环节，有着对证据审查时间上的优先性，通过对犯罪嫌疑人的讯问、查阅案卷、核实被害人陈述及证人证言等证据，对于有瑕疵、无法补正的证据，能够依法排除，从而引导、规范公安机关的侦查取证行为。例如，对于以容留他人吸毒案为代表的案件中，由于被容留吸毒人员的第一份证言，往往出现在刑事立案之前的治安案卷中，如果只是在复印之后沿用到刑事案件中，在形式上缺乏一定的合法性。在检察机关向公安机关提出该问题后，公安机关有时会为了方便省事，将立案时间故意提前、再次出具《立案决定书》。针对该违法现象，检察机关坚决予以纠正，并对立

---

① 李昌林：《刑事证据排除的范围、阶段和机制》，载《广东社会科学》2013年第6期。

案之前的证人证言予以排除，通过对一起容留他人吸毒案的不批准逮捕决定，出具"缺乏被容留吸毒人员的合法证言"的《不捕理由说明书》，建议公安机关在找到行政拘留期满释放后的被容留吸毒人员，收集相应证据后再次提请批准逮捕。由于该案的指导，公安机关形成了认知经验，此后再提请批准逮捕的容留型案件，都会更加注重证言的转化。

4. 通过对犯罪嫌疑人的讯问，进一步核实逮捕必要

虽然修改后刑事诉讼法依旧没有将讯问犯罪嫌疑人作为审查逮捕的必经程序，但在重庆本地的实践中，在审查逮捕环节讯问犯罪嫌疑人，已经成为日常工作的一个环节。通过讯问犯罪嫌疑人，听取其法定代理人及辩护人的意见，既能对案件本身的情况予以核实，也能对公安机关的侦查过程进行另一个角度的了解，还能就犯罪嫌疑人本身有无社会危险性听取本人意见，尤其是针对公安机关在《提请批准逮捕社会危险性说明书》中所提到的若干逮捕必要听取辩解，予以核实，保障犯罪嫌疑人在审查逮捕阶段的参与权。对于未成年人涉嫌犯罪的案件，在监护人等合适成年人在场的情况下进行讯问，更有助于实施"教育、感化、挽救"的方针，慎用逮捕措施。例如，公安机关出于考核的考虑，有时在近亲属、好友之间发生的盗窃等侵财案件，在被害人陈述中往往也会有"要求严惩"等字眼，通过对犯罪嫌疑人及被害人有关情况的核实，厘清二人的实际关系、亲疏远近，对是否赔偿、有无谅解等方面进行梳理，在构罪的基础上综合考虑逮捕必要，促使案件达到法律效果与社会效果的有机统一。

5. 通过对撤回提捕的规范，进一步优化办案流程

西南某省级检察院侦查监督处 2014 年 2 月发布了《关于严格规范撤回提请逮捕的通知》，①针对以往公安机关对检察机关可能不批准逮捕的案件主动撤回的做法，予以规范。从常理上讲，公安机关提交了《提请批准逮捕社会危险性说明书》，对有逮捕必要的原因进行了列举，倘若再在检察机关审查逮捕的期间内提交《撤回提请批准申请》之类的文书，若无新证据，

---

① 该通知规定：不符合逮捕条件案件，以作出不批准逮捕决定为原则，准许侦查机关撤回为例外。凡不构成犯罪、刑拘期限届满的案件一律不允许撤回。

于情于理都有自相矛盾之嫌。同时，由于法律对撤回提捕并无相应规定，对撤回案件的撤回时间、方式、程序、后续处理等并无统一规范，这与公权力"法无明文规定不可为"的法治精神有所不符。在文件出台至今，公安机关已经基本不存在撤回提捕的做法，而是在提请批捕时，严把证据关，对于案件事实证据、社会危险性证据进一步整理、规范。

6. 通过对捕后羁押必要性的审查，进一步拓宽监督内涵

修改后《刑事诉讼法》第 93 条①赋予了检察机关捕后羁押必要性审查的重要职责，《人民检察院刑事诉讼规则（试行）》第 617 条②直接明确了在侦查阶段的羁押必要性审查，由检察机关侦查监督部门负责。对逮捕后的羁押必要性进行审查，既能够对作出批捕决定时的情况再次进行思考、提高批捕质量，更能够针对逮捕之后出现的新情况更好地随机应变，从而切实维护犯罪嫌疑人合法权益，强化检察机关诉讼监督职能。例如，西南某区检察院于 2013 年 10 月启动了修改后刑事诉讼法实施以来的首例捕后羁押必要性审查公开听取意见会，根据涉嫌介绍卖淫罪的犯罪嫌疑人罗某的辩护律师及亲属的申请，在分管检察长的主持下，由侦监部门负责人及案件承办人、公安侦查人员、辩护律师及家属参加，两名人民监督员到场监督。听证会上，侦监部门负责人对该案的案情、批捕理由等情况进行说明。随后，侦查人员、辩护律师及家属围绕有无羁押必要性分别发表意见。辩护人认为罗某涉嫌罪名性质不严重、社会危害后果不严重，而且系 1 岁多子女的唯一抚养人，因此无继续羁押的必要，并提交了相关证据材料。侦查人员认为犯罪嫌疑人罗某到案后，认罪态度较好，经过办案民警法制教育，尚能如实供述犯罪事实，为体现宽严相济刑事政策，在保证不串供、保证诉讼的情况下可以变更强制措施。人民监督员在听取双方意见后，认为罗某无继续羁押的必要，建议变更逮捕强制措施。最终，罗某被依法变更强制措施。

---

① 《刑事诉讼法》第 93 条规定："犯罪嫌疑人、被告人被逮捕后，人民检察院仍应当对羁押的必要性进行审查。对不需要继续羁押的，应当建议予以释放或者变更强制措施。有关机关应当在十日以内将处理情况通知人民检察院。"

② 《人民检察院刑事诉讼规则（试行）》第 617 条规定："侦查阶段的羁押必要性审查由侦查监督部门负责，审判阶段的羁押必要性审查由公诉部门负责。监所检察部门在监所检察工作中发现不需要继续羁押的，可以提出释放犯罪嫌疑人、被告人或者变更强制措施的建议。"

7. 建立未成年人刑检体制，进一步呵护"折翼天使"成长

西南某区检察院于 2013 年 11 月新设了未成年人刑事检察科，将年龄在 18 周岁以下以及高校学生的犯罪嫌疑人、被告人纳入管辖，通过对审查逮捕、审查起诉环节的统筹，严格执行宽严相济刑事政策，尽量降低未成年人犯罪案件的批捕率、起诉率，发挥体制机制优势。在运行近半年后，2014 年 4 月连续发布了《某区人民检察院办理未成年人刑事案件不起诉暂行办法（试行）》① 《某区人民检察院未成年人犯罪案件刑事和解暂行办法（试行）》② 《某区人民检察院未成年人刑事案件社会调查暂行办法（试行）》③ 《某区人民检察院未成年人刑事案件法律援助及听取律师意见暂行办法（试行）》④ 四个规范性文件，探索建立未成年人法律援助制度、心理危机干预制度、犯罪记录封存制度及法定代理人、合适成年人到场制度等多项未检工作机制，把对未成年人的特殊司法保护贯穿于刑事诉讼全过程，极大程度上完善了未成年人刑事检察体制。一方面，通过对《未成年人社会调查报告》的审阅，通过会面、通讯等方式对未成年人及其法定代理人、辩护人是否批捕意见的听取，通过对讯问未成年人时律师在场权的保障，⑤ 贯彻"教育、感化、挽救"方针，进一步慎用逮捕措施；另一方面，通过对附条件不起诉的规范，动员公安、检察、家长、学校等多方力量，将不批准逮捕、附条件不诉的犯罪嫌疑人的后续帮教工作予以明确，继续打响"莎姐"这张重庆特色未检招牌，推动构建多方参与的预防帮教体系；此外，适应修改后刑事诉讼法的要求，加强对学生家长、社区干部等合适成年人有关刑事诉讼法律知识的培训，加强对以在校学生为主的未成年人法制培训，正反结合，以案说法。例如，2014 年 5 月，在校学生刘某因多次盗窃同学财物被附条件不起诉，检察官在刘某就读学校开展了一场"为青春导航——约束自我，

---

① 该不起诉办法共 15 条，就附条件不起诉的目的、程序、审批、宣布、帮教等方面予以规范。
② 该和解办法共 14 条，通过对当事人自行和解与本院主持和解的分类，明确刑事和解程序。
③ 该调查办法共 7 条，通过与本院案管中心的协作，在受案、公安提供、自行调查等方面予以规范。
④ 该听取意见办法共 11 条，对法律援助律师的聘请、意见听取、讯问在场权等方面予以规范。
⑤ 该听取意见办法第 3 条规定："对于未成年犯罪嫌疑人已经聘请律师提供法律援助的，承办人赴羁押场所提讯该未成年人时，应当通知其援助律师到场。援助律师能够到场的，承办人可以不再通知其他合适成年人到场。"

走好青春的每一步"法制专题讲座，介绍了青少年犯罪涉及的常见罪名，讲解了有关刑事责任年龄的规定，取得了良好的法律效果与社会效果。

（三）问题反馈

1. 社会危险性证明的形式化倾向

实践中，《关于适用逮捕强制措施有关问题的指导意见》要求的社会危险性证据目录等程序性材料，并未单独列举，而是分散在卷宗里。内容上，对社会危险性的理由有形式化倾向，更多是摘取《刑事诉讼法》第 79 条内容之一二点，或者指出犯罪嫌疑人的前科劣迹，一笔带过。方式上，公安机关说理的形式是以口头沟通为主、书面说理为辅，或者在检察机关提出相应疑问后，再以"情况说明"等方式出具相应文件，对是否有逮捕必要进行说明。口头交流具有一定的随意性和不确定性。对此情况，检察机关承办人往往只有在审查报告中注明口头交流的时间、地点、方式、内容等情况，缺乏一定的严谨性。

2. 社会危险性证明的实体证据较为欠缺

除了《提请批准逮捕社会危险性说明书》这样的程序性书证，公安机关更加注重收集对案件事实本身是否构成犯罪的证据。在审查逮捕阶段，诸如犯罪嫌疑人的前科劣迹、居住情况、工作情况、近亲属是否愿意监管等材料，较为欠缺。例如，在犯罪嫌疑人供述了自己前科劣迹的情况下，有时通过电话询问户籍地派出所的方式，制作电话查询记录附卷。

经过沟通了解、总结分析，大致有以下原因：其一，传统的"以捕代侦"、"先捕后侦"、"重打击、轻保护"等理念依然存在，认为只要构成犯罪就要报请逮捕，忽视对逮捕必要性的考察，甚至在这种思想的影响下，有时出现"试探性报捕"的情况，即明知犯罪嫌疑人可捕可不捕，也不去收集逮捕必要性证据，而是直接向检察机关报捕，依赖检察机关来决定；其二，由于从刑事拘留到提请批准逮捕的时间较短，其他案件、政治学习等工作任务较为繁重，对于不在本地的证人、书证等进行异地取证，时间上较为紧张；其三，对于公安机关而言，如果采用取保候审、监视居住等非监禁强制措施，无疑增加了公安机关的实际工作量；其四，犯罪嫌疑人若处于羁押状态，办案风险较小，试想若犯罪嫌疑人失去联系，会增加追捕的成本，而一旦犯罪嫌疑人实施新的违法犯罪活动，后果更为严重。

3. 公安机关考核机制的变化产生一定影响

由于公安机关 2014 年考核指标的变化，即在不再考核批捕率，特别是对以无逮捕必要为由不批准逮捕的案件并不视为质量瑕疵的背景下，在提请批准逮捕甚至检察机关审查逮捕期间，公安机关主动提交无逮捕必要证据的情况逐渐增多。例如王某某盗窃案，犯罪嫌疑人逃跑至外省一年半被抓获归案，在审查逮捕期间，公安机关主动提交了被害人因获得赔偿而出具的谅解书，最终由于初犯、金额较大、赔偿、谅解、可能被宣告缓刑等因素的综合考虑，虽然犯罪嫌疑人户籍及居住地均不在本市、曾有逃跑行为，检察机关仍依法作出了无逮捕必要不批准逮捕的决定，并得到了公安机关的充分认可。试想，倘若该赔偿、谅解发生在提请批准逮捕之前或者批准逮捕之后，公安机关可能就不会提请批准逮捕，或者在批准逮捕后依法变更强制措施，依法保障犯罪嫌疑人的刑事诉讼权利；倘若依旧考虑到批捕率的考核因素，公安机关可能更加倾向于在检察机关批准逮捕后，再以新增"被害人谅解"证据为由，变更强制措施。简而言之，在不存在对批捕率考核的情况下，在证据充足、构成犯罪的基础上，对于可捕可不捕的案件，基本上可以做到以无逮捕必要为由不捕。

4. 公诉部门的办案实际产生一定影响

检察机关公诉部门在审查起诉过程中，认为有逮捕必要的，依旧可以对犯罪嫌疑人提请决定逮捕。同为检察机关的内设部门，日常的沟通交流较为便捷，这既对逮捕或者未逮捕的犯罪嫌疑人后续情况追踪提供了便利，也能够根据实际量刑情况对逮捕条件中的刑罚、必要性等因素予以分析研判。据统计，西南某区检察院公诉部门 2013 年共提捕 15 件 17 人，多数犯罪嫌疑人适用了取保候审强制措施，基本上最终都决定逮捕。通过沟通交流，公诉部门主要考虑到在实际的审查起诉过程中，在检讯阶段能够联系到被告人，但在起诉书制作完毕、案件移送到法院案件管理部门时，法院案件管理部门在收案时，对于处于取保候审、监视居住等非监禁状态的被告人，多数会先打电话进行联系，如果联系不到即不在案，则可能将案卷退回检察机关即不受案，从而在一定程度上促使检察机关公诉部门向侦查监督部门提请决定逮捕，以达到保障诉讼顺利进行的目的。笔者认为，在审查起诉阶段能够联系到案进行讯问，直接说明了逮捕必要性并不强，单就"法院不受案"为实际理由提捕，虽然此类案件并不算多，但这会对侦查监督部门在审查逮捕时对逮捕必要性的把握产生不良影响，在如今公安机关对取保候审、监视居住等非监禁措施监管存在一定问题的情况下，简单、直接的逮捕也许是理论上唯一、绝对能够保障诉讼的方式，但这无疑曲解了逮捕应有的价值功能。

5. 不捕理由说明的规范性有待进一步加强

通过长期实践，不捕说理已经成为检察机关一项比较成熟的工作机制，存在的问题主要体现在规范性上。根据检察机关内部办案流程，对于承办人建议不批准逮捕的案件，通过办案组长、科室领导、分管检察长的层层审核，经过科室讨论，最终作出相应决定。在此过程中，检察机关与公安机关一系列沟通交流，即是实践中的双向说理过程、释法说理过程。然而，最终落实在《不捕理由说明书》上的若干意见，往往只是寥寥数语即已带过，这与不捕案件的复杂性并不相称，存在一定的不规范。例如，对于因证据不足不捕的案件，在释法说理时，诸如"主观上非法占有的证据不足"等用词，从犯罪构成的角度来说，可能更加偏重理论，而缺少对实践中如何调查取证的一定指引效果。

6. 捕后变更强制措施的法律监督存在缺位

作为分工负责、互相配合、互相监督的公检机关，在逮捕中的说理工作并不局限于提请、审查批准逮捕的过程中，而是前后拓展到提捕之前、批捕或者不捕之后，贯穿整个侦查过程。虽然理论界与实务界多有声音呼吁完善，但修改后刑事诉讼法规定"公安机关释放被逮捕的人或者变更强制措施的，应当通知原批准逮捕的人民检察院"。检察机关在捕后变更强制措施的监督方面仍处于"被通知"的地位，仅有知情权，这一规定使检察机关的监督滞后、被动，监督效果不佳。在实践中，有时甚至出现公安机关在通知原批准逮捕检察院时，没有说明释放或者变更的理由，或者理由十分牵强、主观随意性较大，使得监督流于形式，失去了逮捕应有的严肃性和威慑力。例如，姚某某、廖某协助组织卖淫案，公安机关在检察机关批准逮捕的次日便将犯罪嫌疑人释放，公安机关仅电话通知，理由均为"取保候审不致发生社会危害性"，没有任何内容的描述，没有相关证据材料印证。同时，对于检察机关在公安机关变更逮捕措施错误后可采取何种措施，法律并无任何具体规定，这使得检察机关的监督无任何保障可言，公安机关的执法处于不受制约和放纵的状态。对于公安机关违规随意变更逮捕措施的问题，在监督过程中也只能采取《纠正违法通知书》或者检察建议等方式，对于监督侦查机关重新收押犯罪嫌疑人也只是"建议"，并无强制执行力，使得监督常常流于形式。

三、双向说理机制之健全完善

（一）以严格执法为抓手，促进思想转变

司法改革需要机制创新，一项新的机制建立之后，要在实践中不断检验、深化、完善。贯彻落实双向说理机制，必须从严格执法入手。一方面，公安机关要意识到社会危险性证明是实现程序正义的应有之义，将说理工作常态化、书面化，在实践中不断探索社会危险性证明的长效机制，转变"重实体、轻程序"的传统观念，重新厘清逮捕的基本功能，在保障人权与保障诉讼之间寻求平衡。另一方面，检察机关要严格执法，案件管理部门在受案时，按照形式审查的材料要求，把好受案关；侦查监督部门在办案时，以强有力的责任感，对逮捕必要性进行严格审查，转变"构罪即捕"的传统观念，引导公安机关从"被动说理"到"自觉说理"转变，把好批捕关。

（二）以软硬结合为途径，提升说理技巧

释法说理是一项硬功夫，需要科学的方法和技巧；释法说理是一项软功夫，需要积极的态度与耐心。通过对《提请批准逮捕社会危险性说明书》《不捕理由说明书》的格式规范，在行文、用语等方面，既以法律语言为主，又辅以通俗语言贯穿，使得专业文书并不晦涩难懂、更易接受；通过对书面说理以外的言语沟通，检察机关在审查逮捕期限内及时将需要补充的证据告知公安机关，便于公安机关及时补充，尤其是全面收集有关社会危险性有无的证据，减少对逮捕结果的复议、复核概率。同时，要加强对双向说理机制的调研工作，加强交流研讨，在实践中不断总结，提升公安机关与检察

机关的说理技巧。

（三）以公开审查为契机，揭开逮捕面纱

长期以来，审查逮捕在人民群众的眼中，有一定的神秘色彩。以公开审查逮捕为契机，加强检务公开，既能有效提高办理审查逮捕案件的透明度和执法公信力，进一步拓展人民群众参与检察工作的途径，更能进一步保障犯罪嫌疑人和其他刑事诉讼参与人的合法权益。在司法公开的背景下，西南某省级检察院于 2014 年 4 月发布了《关于侦查监督案件公开审查的指导意见》，① 其中有关审查逮捕中的公开审查，将双向说理机制摆到台面之上。在人大代表、政协委员、人民监督员等各界群众的参与下，由检察院侦查监督部门承办人汇报案件基本情况，公安机关侦查人员阐述提请批准逮捕情况及社会危险性的理由和证据，犯罪嫌疑人及其法定代理人、近亲属、辩护律师阐述对犯罪嫌疑人不应当被逮捕或建议取保候审的理由，被害人及其法定代理人、近亲属对是否要求逮捕犯罪嫌疑人进行陈述。在全方面参与、多方面说理的机制之下，审查逮捕案件的质量进一步得到提升，批准逮捕能够使得犯罪嫌疑人一方心服口服，不批准逮捕也能使得公安机关充分理解、被害人一方予以认可。

（四）以机制创新为方向，完善双向说理

除了在提捕和不捕时的双向说理，在说理对象、提前介入侦查、捕后变更强制措施阶段，是否也能够引入双向说理机制，进一步加强侦查监督实效，各地检察机关有过一定的探索。例如，在说理对象方面，安徽省检察机关规定，对于有直接被害人的不批捕案件，还要通过适当的方式，向被害人说明不批捕理由。② 这种直接面对人民群众释法说理的方式，有助于真正做到案结事了，有效化解社会矛盾。

又如，在提前介入阶段，河南省检察机关对于犯罪情节轻微的"小案"，经过综合衡量，认为无逮捕必要时，及时建议公安机关变更强制措

---

① 该意见共 16 条，从侦查监督案件公开审查的目的、含义、条件、程序、处理等方面予以规范。
② 吴贻伙：《两类不批捕案件需说明理由》，载《检察日报》2006 年 12 月 21 日第 3 版。

施,不必向检察机关提请审查批准逮捕,而是向公诉部门移送直诉即可。①
在实践中,一方面,提前介入的案件多为大案要案,检察机关侦查监督部门
案多人少的状况,也使得探索中的"事前监督"存在一定的心有余力不足,
可操作性不强;另一方面,若出现一定时期内所谓"小案"提捕较多的情
况,检察机关完全可以通过依法办案,严把批捕关口,通过逮捕中的双向说
理,选取典型案例,作无逮捕必要不批捕,以案释法,促使公安机关进一步
提升报捕案件的质量。

再如,在批准逮捕之后,浙江省检察机关与公安机关建立捕后变更强制
措施说理机制,通过公安机关变更前的电话或者书面说理,跟踪、监督公安
机关捕后变更强制措施的合法性与正当性。② 检察机关侦查监督部门与监所
部门、公诉部门建立信息共享平台,通过监所部门对看守所每周释放人员、
公诉部门对审查起诉人员名单的反馈,与批准逮捕人员的名单核对,监督公
安机关变更强制措施是否有导致犯罪嫌疑人脱逃、再次犯罪或变更后不予处
理等情形;对于不应当变更的,采用口头或者书面纠正违法的形式予以监
督。在实践中,由于法无明文规定和授权,检察机关通过与公安机关会签有
关文件、要求公安机关出具《捕后变更强制措施理由说明书》等方式,强
制力不强,一旦未遵循该程序,往往只能事后沟通,监督效果有一定的
滞后。

---

① 高传伟、吕峰:《河南检察机关探索矛盾化解创新机制效果良好》,载《检察日报》2011 年 2 月
  21 日第 3 版。
② 范跃红、江简轩:《浙江杭州江干区检察院:强化捕后变更强制措施监督》,载《检察日报》
  2013 年 1 月 4 日第 3 版。

调研报告

西南某省级检察院辖区逮捕
制度实施情况调研报告

钟　华　彭劲荣

某省级检察院辖区的侦查监督工作由各级检察院侦查监督部门（处、科）承担，在部分实行检察人员分类管理改革的基层检察院由刑事检察局承担。目前，某省级检察院辖区的侦查监督部门（以下简称侦监部门）人员共计 388 人，占检察干部近 10%，其中部门负责人正职 44 人、副职 54 人；检察员 118 人，助理检察员 45 人，书记员 215 人，内勤 44 人（其中 34 人由书记员兼任）。2013 年三级检察院侦监部门共受理审查逮捕案件 17662 件 22519 人，审结 16563 件 20857 人，检察官人均受案 108 件 138 人，结案 101 件 128 人。

一、逮捕条件的把握

（一）适用逮捕条件总体情况

总体来看，某省级检察院辖区检察机关对逮捕条件的把握是较为严格的（见表 1、表 2）。但是，实务中的逮捕率还比较高。统计表明，公安机关提请案件不捕率 3.39%。逮捕率的高低虽然不直接反映对逮捕条件把握的宽严尺度，但反映出羁押率过高，未能实现刑事诉讼法降低审前羁押率的立法旨意。这个现象的出现，一方面是由于公安机关在提捕前加强了对案件的自我审查，自动过滤了部分不具有逮捕可能性的案件；另一方面也与公安机关在检察机关作出逮捕决定前撤回了部分案件有关。

表 1　公安机关提请批准逮捕案件逮捕条件的适用情况

提请批准逮捕	件数	17192		
	人数	22016		
审结	件数	16100		
	人数	20364		
批准逮捕	件数	15587		
	人数	19673		
	批捕率（按件数）	96.81%		
	批捕率（按人数）	96.61%		
不（予）批准逮捕	总计	件数	513	
		人数	691	
	其中	绝对不捕	件数	13
			人数	20
		存疑不捕	件数	233
			人数	315
		相对不捕	件数	267
			人数	356

表 2　自侦案件逮捕条件适用情况

提请决定逮捕	件数	470		
	人数	503		
审结	件数	463		
	人数	493		
决定逮捕	件数	417		
	人数	446		
决定不（予）逮捕	总计	件数	46	
		人数	47	
	其中	绝对不捕	件数	0
			人数	0
		存疑不捕	件数	17
			人数	17
		相对不捕	件数	29
			人数	30

从逮捕后案件的处理上看,某省级检察院辖区检察机关逮捕的质量较高(见表3～表5)。一方面,公安机关提出复议12件17人,占不捕案件的2.34%和2.46%,且复议后全部维持;另一方面,已逮捕的19673人中已经起诉19136人,占审结人数的97.73%,法院已判决17413人,只有2人被判决无罪。但是,从判决结果看,还存在轻刑率较高的问题。据统计,批捕后法院作出有罪判决但未判处有期徒刑实刑的有2257人,占同期已审结批捕人数的比率为11.47%,虽然有流窜作案、多次作案和有犯罪前科等因素的影响,但也反映出检察机关对"刑罚条件"的把握还需要进一步加强。

表3 公安机关提请批准逮捕案件逮捕质量情况

批捕案件移送审查起诉	件数	15733		
	人数	20762		
公诉审结	件数	14837		
	人数	19579		
提起公诉	件数	14610		
	人数	19136		
起诉后撤回	件数	9		
	人数	16		
起诉后法院审结	件数	13412		
	人数	17413		
法院判决情况	总数		件数	13412
			人数	17413
	有期徒刑以上刑罚(实刑)		人数	15154
	没有判处有期徒刑的有罪判决		人数	2257
	无罪		人数	2

表4 公安机关办理案件不捕质量

不捕总数	件数	513	
	人数	691	
复议	件数	12	
	人数	17	
	复议后逮捕	件数	0
		人数	0
	复议后维持	件数	12
		人数	17
复核	件数	6	
	人数	7	
	复核后逮捕	件数	1
		人数	1
	复核后维持	件数	5
		人数	6

表5 自侦案件决定逮捕案件的质量情况

决定逮捕后移送审查起诉	件数	451
	人数	518
公诉审结	件数	374
	人数	429
提起公诉	件数	368
	人数	422
起诉后撤回	件数	0
	人数	0
起诉后法院审结	件数	364
	人数	418

法院判决情况	总数	件数	364
		人数	418
	有期徒刑以上刑罚（实刑）	件数	—
		人数	406
	没有判处有期徒刑的有罪判决	件数	—
		人数	10
	无罪	件数	—
		人数	2

（二） 逮捕条件的具体理解和适用

1. 一般逮捕的条件的理解和适用

在实务界，《刑事诉讼法》第 79 条第 1 款规定的逮捕情形称之为"一般逮捕"，有"事实证据条件""刑罚条件"和"社会危险性条件"三个方面的条件。对逮捕条件的把握，主要围绕以下几个方面来进行。

第一，严格把握"事实证据条件"和"刑罚条件"这两条硬性约束红线。虽然刑事诉讼法将"社会危险性"细化为五种情形，最高人民检察院《人民检察院刑事诉讼规则（试行）》又作了进一步细化，但相比较而言，"社会危险性条件"仍然是软性约束条件，法律条文中多用"可能"等模糊性、宽泛性词语来表述。借用交通信号灯作比喻，前两个条件是"红灯"，第三个条件是"黄灯"。从检察机关批捕情况来看，危险驾驶案一律不批捕（违规转捕除外），定罪证据有矛盾且无法得到合理解释、不能证明有犯罪事实或犯罪事实是犯罪嫌疑人所为的一律不批捕。可以说，检察机关对事实证据条件和刑罚条件的把握是相当严格的，这两个条件不得因为维稳、舆论关注或上访缠访等因素而突破。

第二，结合实践对"社会危险性条件"再细化，加强执法监督与协作。2013 年 9 月，某省级检察院与公安机关联合制定《关于适用逮捕强制措施有关问题的指导意见》（以下简称《逮捕指导意见》），把刑事诉讼法和最高人民检察院《人民检察院刑事诉讼规则（试行）》规定的五种情形再细化为

20 种情形。其中，"可能实施新的犯罪"包括：（1）多次作案、连续作案、流窜作案的；（2）三年内曾因危害公共安全、侵犯公民人身权利、财产权利、妨害社会管理秩序等同类行为，受到一次以上强制性教育措施或者二次以上行政拘留处罚，本案系故意犯罪的；（3）吸毒成瘾且无稳定收入来源的，或者以违法犯罪作为其主要经济来源的；（4）已经开始策划、预备实施新的犯罪的；（5）其他可能实施新的犯罪的情形。"有危害国家安全、公共安全或者社会秩序的现实危险"包括：（1）涉嫌危害国家安全犯罪或者以报复社会为目的的犯罪；（2）案发前或者案发后正在积极策划、组织或者预备实施危害国家安全、公共安全或者社会秩序的重大违法犯罪行为的；（3）在黑恶势力或者恐怖活动犯罪、有组织犯罪中起组织、领导、策划、指挥或者其他重要作用的；（4）其他有危害国家安全、公共安全或者社会秩序的现实危险可能的情形。"可能毁灭、伪造证据，干扰证人作证或者串供"包括：（1）归案前或者归案后已经着手实施或者企图实施毁灭、伪造、隐匿、转移证据，干扰证人作证或者串供行为的；（2）有同案犯在逃，或者犯罪嫌疑人还涉嫌其他重大犯罪事实待查证，不予羁押有碍全案侦查的；（3）其他可能毁灭、伪造证据，干扰证人作证或者串供的情形。"可能对被害人、举报人、控告人实施打击报复"包括：（1）有实施打击报复的意思表示的；（2）准备、策划、实施打击报复的；（3）其他可能对被害人、举报人、控告人实施打击报复的情形。"企图自杀或者逃跑"包括：（1）归案前或者归案后曾经自杀的；（2）曾经或者企图以自残、自伤的方式逃避打击处理的；（3）实施犯罪行为后潜逃被抓获的；（4）无固定职业且在犯罪地无固定居所，有逃跑可能的；（5）其他企图自杀或逃跑的情形。

2. 径行逮捕条件的理解和适用

《刑事诉讼法》第 79 条第 2 款和最高人民检察院《人民检察院刑事诉讼规则（试行）》第 140 条规定的逮捕情形称之为"径行逮捕"，包括两种情况：一是有证据证明有犯罪事实，可能判处 10 年有期徒刑以上刑罚；二是有证据证明有犯罪事实，可能判处徒刑以上刑罚，曾经故意犯罪或身份不明的。

第一，综合判断犯罪嫌疑人是否"可能判处 10 年有期徒刑以上刑罚"。

检察机关在审查案件时，应当根据犯罪嫌疑人所涉嫌的犯罪事实、性质及情节，综合判断是否可能判处 10 年有期徒刑以上刑罚。不能对刑法有关规定和此款规定作机械理解，认为凡是具体行为所应当适用的法定刑幅度中含有"十年有期徒刑"的都适用此款。根据《刑法》第 99 条的规定，该法所称"以下""以上"包括本数。如《刑法》第 234 条规定，故意伤害他人致人重伤的，处 3 年以上 10 年以下有期徒刑；致人死亡或者以特别残忍手段致人重伤造成严重残疾的，处 10 年以上有期徒刑、无期徒刑或者死刑。根据此条规定，如果致人重伤的，可能顶格判处 10 年，也符合第一种情况，但并不是就可以适用"径行逮捕"，还应当综合考虑犯罪嫌疑人的各个量刑情节，如是否有从犯、自首或立功、未成年人等法定减轻或从轻情节，综合判断是否可能判处 10 年有期徒刑以上刑罚。当然，对于无法定减轻情节、涉嫌严重刑事犯罪且可能判处 10 年有期徒刑以上刑罚的犯罪嫌疑人，原则上径行逮捕。

第二，对"曾经故意犯罪"和"身份不明"既要确保"有据可查"，又要避免教条主义。"曾经故意犯罪"要有书面证据证明，不能仅凭怀疑或者口供。公安机关应当将证明其曾经故意犯罪的生效裁判文书或者反映查找、核实犯罪嫌疑人身份信息过程和结果的材料随案移送。此外，对于有故意犯罪前科的犯罪嫌疑人，也要考虑前罪和本罪的具体情形，综合衡量有无逮捕的必要，对于本罪属于过失犯罪、轻刑犯罪并有悔罪、立功等情节的，如果不羁押不致发生社会危险性的，仍可以不批捕。"身份不明"要有"查无此人"的证明。为此，《逮捕指导意见》规定，"身份不明"是指：（1）犯罪嫌疑人不讲身份信息，公安机关通过指纹比对、网上户籍信息查询等方式无法确定其真实身份的；（2）犯罪嫌疑人虽有供述，但经网上户籍信息查询或向户籍派出所等调查、核实不相符的，或者明显虚假，无法核实的。

3. 违规转捕条件的把握

《刑事诉讼法》第 79 条第 3 款和最高人民检察院《人民检察院刑事诉讼规则（试行）》第 100 条、第 121 条规定的逮捕情形称之为"违规逮捕"，包括违反监视居住、取保候审规定且情节严重两种情况。对于违规转捕的审查，"有证据证明有犯罪事实"和"违反规定情节严重"两个要件缺一不可。"有证据证明有犯罪事实"是指犯罪嫌疑人之所以被取保候审或监视居所指向的事实（前因）已构成犯罪且有证据证明，"违反规定情节严重"是指已有证据证明犯罪嫌疑人违反了取保候审、监视居住的相关规定且已符合《人民检察院刑事诉讼规则（试行）》规定的严重程度（后果）。如果前因、后果有一项不能查实，就不能认为"违规转捕"条件已具备。

二、逮捕的程序

（一）建立社会危险性证明机制，尽量做到少捕、慎捕，减少审前羁押

无论是在法律规定、诉讼法理还是司法实务上，对"社会危险性条件"的理解和执行的弹性都比较大，为此，有必要为这一软性约束加上"防撞栏"，防止其虚无化。《逮捕指导意见》明确规定了社会危险性证明机制，引导公安机关在收集证据时注意收集社会危险性方面的证据，在提捕时自动过滤不具有社会危险性条件的案件。《逮捕指导意见》在实践中运行情况良好，公安机关提请审查批捕案件质量得到很好的保障。2013 年，不批准公安机关提请批捕案件 513 件 691 人，不捕率为 3.39%，同比下降 16 个百分点。

依照《逮捕指导意见》的规定，公安机关根据《刑事诉讼法》第 79 条第 1 款提请批准逮捕时，应当制作《犯罪嫌疑人具有社会危险性说明书》，并附证明社会危险性的证据材料目录及相关证据材料，随案移送。未随案移送的，人民检察院不予受理。人民检察院受理案件后，应当对公安机关提供的《犯罪嫌疑人具有社会危险性说明书》及社会危险性证据材料进行审查，并视情况开展必要的复核。经审查发现公安机关移送的证明社会危险性证据材料不足的，及时通知公安机关补充，公安机关应当在审查逮捕期限届满前补充完整。

自《逮捕指导意见》下发以来，侦、捕加强沟通衔接，社会危险证明机制得以较好的贯彻落实，同时，实践发现，对于职务犯罪案件，也应当建立起社会危险性证明机制，强化职侦部门的证明责任，以进一步规范和加强职务犯罪案件的逮捕工作，准确把握逮捕条件，提高查办职务犯罪案件质

量。目前，相关规范性文件正在起草中。

（二）严格审查核实证据，及时依法排除非法证据

刑事诉讼法规定的"有证据证明有犯罪事实"是指同时具备下列情形：有证据证明发生了犯罪事实，有证据证明犯罪事实是犯罪嫌疑人实施的，证明犯罪嫌疑人实施犯罪行为的证据已经查证属实。从刑事诉讼法对逮捕的事实证据条件的规定可以看出，在审查批捕过程中，关键要审查证据。严格细致的证据审查是准确认定犯罪事实、保证办案质量的基础工作，而非法证据的排除则是审查批捕工作的重中之重。《刑事诉讼法》第 54～55 条赋予了检察机关排除和调查核实非法证据的职权。最高人民检察院《人民检察院刑事诉讼规则（试行）》第五章规定了非法证据不得作为报请逮捕、批准或者决定逮捕、移送审查起诉以及提起公诉的依据，进一步明确了侦查监督部门在审查逮捕时排除和调查核实非法证据的职责。

排除非法证据的首要一步，是非法证据的线索发现。依据刑事诉讼法的规定，发现非法证据线索的渠道包括检察人员依职权发现和依当事人申请发现。实践中，检察人员依职权发现主要通过审阅案卷材料和讯问犯罪嫌疑人或者询问诉讼参与人发现。一般通过重点审查卷宗证据材料中犯罪嫌疑人、证人的历次讯问、询问笔录是否相互矛盾，各类证据收集的程序瑕疵，在卷的各类证据之间存在的矛盾等方法，从中捕捉可能存在的以非法方法收集证据的信息。在言词证据方面则着重审查翻供及改变证言、笔录高度一致、连续讯（询）问时间过长等可能存在非法取证行为的情况。审查同步录音录像时重点审查两个"一致"，讯问笔录时长与同步录音录像时长是否一致，讯问笔录的内容与录音录像所记载的内容是否一致。审查逮捕阶段对犯罪嫌疑人坚持"每案＋每人必问"，讯问中注意对其言行进行仔细观察，从中发现可能的非法取证线索。依当事人申请发现包括辩护律师提出、诉讼参与人及其近亲属的报案、控告、举报等，实践中此类情况较少。

排除非法证据的第二个工作是非法证据的调查核实。实践中，审查逮捕环节非法证据排除的常见调查核实方法主要有复核被非法取证当事人、询问相关办案人员、调取讯问笔录和录音录像资料、调取、查询犯罪嫌疑人出入看守所的身体检查记录及相关材料等。实践中，一般情况下，发现非法取证

线索后开展的第一项工作是复核被非法取证当事人，主要就被非法取证当事人对取证时间、地点、手段、情节、后果以及非法取证人员外貌特征等的详细陈述，审查其陈述的是否合乎逻辑，是否合乎常理，原言词证据形成的时间、地点、环境、背景是否与其关于被非法取证的陈述相吻合，从而进一步核查非法取证行为是否存在。随后，是向涉嫌非法取证的侦查人员了解核实办案情况，由侦查人员对取证当时的情况做出详细说明。对于侦查机关出具的取证说明，在没有其他证据印证的情况下，由侦查机关承担举证不力的后果。在调查核实过程中，根据情况可以要求侦查机关提供全部讯问笔录、原始的全程同步录音录像，并对涉嫌刑讯逼供的相对应的录音、录像进行审查，必要时审查全部录音、录像。发现讯问笔录与讯问犯罪嫌疑人录音、录像内容有重大差异的，或者侦查机关不能补正或者做出合理解释的，该讯问笔录不能作为批准或决定逮捕的依据。对于被羁押的犯罪嫌疑人，可以调阅犯罪嫌疑人进出看守所的健康检查记录、看守所监舍监控录像；未被羁押的犯罪嫌疑人、被害人、证人，调取就医记录、体检报告等相关材料，确认其伤情、病情发生的时间和地点，核查是否与接受讯问、询问有关。

检察人员对涉嫌的非法证据调查核实完毕后，应当制作调查报告，根据查明的情况提出处理意见，报请检察长决定后依法处理。对经调查核实依法排除非法证据的，在调查报告中予以说明。被排除的非法证据应当随案移送。对于确有以非法方法收集证据情形，尚未构成犯罪的，依法向被调查人所在机关提出纠正意见。对于需要补正或者作出合理解释的，提出明确要求。经审查，认为非法取证行为构成犯罪需要追究刑事责任的，依法移送立案侦查。

实践中，主要存在以下问题：一是发现非法证据线索的渠道十分有限。除通过阅卷和讯问犯罪嫌疑人发现外，由于审查逮捕时限短、主动接触辩护律师少等原因，非法证据线索来源单一。二是调查核实非法证据难。由于审查逮捕环节办案时间仅有 7 天，承办人进行阅卷、提讯、制作审查逮捕意见书等工作占用了大部分时间，难以保证充足的时间对非法证据开展调查核实工作，实践中多对非法证据存疑待查，不作为作出逮捕决定的证据，非法证据被流转到下一个诉讼环节待查。三是对于职务犯罪案件，存在内部监督机制不健全的问题，实践中有待研究。

（三）依法听取辩护律师意见

刑事诉讼法规定，检察机关审查批准逮捕，可以听取辩护律师的意见，辩护律师提出要求的，应当听取辩护律师的意见。实践中，听取辩护律师意见的案件主要为审查逮捕案件，立案监督案件、侦查活动监督案件、延长羁押期限案件、羁押必要性审查案件、复议复核案件、申诉控告案件较少有律师介入。在审查逮捕环节听取辩护律师意见，主要采取审查辩护律师提供的书面意见和当面听取辩护律师意见两种方式进行。

当面听取辩护律师意见较之审查辩护律师提供的书面意见，对于保护犯罪嫌疑人的合法权益显然更为充分，尤其是一些疑难案件的处理，当面听取辩护律师的意见尤为重要。实践中由案件管理部门（以下简称案管部门）统一受理辩护律师的申请。在审查逮捕过程中，辩护律师提出要求检察机关当面听取其意见的，向检察机关案管部门提出预约，并提供是否本案的辩护人、诉讼代理人，所在律师事务所、姓名以及联系方式等信息。案管部门受理辩护律师的申请后，应及时与侦监部门衔接，告知侦监部门预约信息，案件承办人获知预约信息后应及时向部门负责人汇报并确定会见时间，并要求辩护律师提供书面意见及相关证据材料。辩护律师提供的相关证据材料，应当注明证据来源、收集方式并提供相关人员的联系方式。当面听取辩护律师意见应在本院专门接待律师场所进行。

对辩护律师意见的审查处理，主要根据其提供的证据材料证明的内容进行。（1）对辩护律师提供的可能证明犯罪嫌疑人无罪或罪轻的新证据材料，侦监部门应当及时转交并将证据来源告知侦查机关（部门），由侦查机关（部门）按照法定程序核实或调取；对辩护律师提出犯罪嫌疑人无社会危险性、无羁押必要性的意见和证据材料，侦监部门可以自行或者通过侦查机关（部门）进行核实，并根据案件具体情况依法决定是否予以采纳。（2）对辩护律师提出侦查活动存在违法犯罪情形的意见并提供相关线索和材料的，侦监部门应要求侦查机关（部门）出具书面说明，必要时，要求侦查机关（部门）提供全部讯问笔录、调取相对应的同步录音录像资料、调取犯罪嫌疑人入看守所健康检查情况等证据材料予以审查，并视具体情况依照侦查活动监督程序办理。

审查逮捕期间，对辩护律师提供的相关情况可以查明的，侦监部门应根据案件事实和查明的情况，作出是否批准（决定）逮捕的决定；尚无法查明的，侦查监督部门在作出是否批准（决定）逮捕决定后，应当将辩护律师提供的相关材料随卷移送侦查机关（部门），要求继续侦查并跟踪侦查取证情况。对辩护律师提出的意见及相关证据材料，案件承办人应当在审查逮捕案件意见书中写明是否采纳的情况和理由，并将辩护律师提供的相关材料、会见辩护律师制作的笔录附检察内卷。案件审结后，案件承办人应当及时将处理结果以口头方式反馈给辩护律师。

实践中，主要存在以下问题：一是存在选择性当面听取辩护律师意见的情况。由于修改后刑事诉讼法对于听取辩护律师意见的案件范围和听取程序没有明确规定，实践中可能导致办案人员为确保案件审结时间而选择性当面听取律师意见的情况，转而以审查书面辩护意见或电话联系的方式进行，一定程度上影响了辩护权的充分行使。二是部分律师责任心不强难以保障未成年犯罪嫌疑人合法权益。对于未成年人犯罪等由法律援助机构指派律师的案件，因经济效益不高等因素，存在辩护律师积极性不高、责任心不强的问题，难以保障未成年犯罪嫌疑人的合法权益。

（四）高度重视审查逮捕阶段对犯罪嫌疑人的讯问

刑事诉讼法明确了审查逮捕阶段可以讯问犯罪嫌疑人。实践中主要把握以下问题：

一是坚持"每案必问"。刑事诉讼法首先对检察机关审查逮捕可以讯问犯罪嫌疑人进行了一般授权性规定，即检察机关审查逮捕时，只要认为有必要，都可以讯问犯罪嫌疑人。其次，明确规定了六种应当讯问的情形：对是否符合逮捕条件有疑问的；犯罪嫌疑人要求向检察人员当面陈述的；侦查活动可能有重大违法行为的；案情重大疑难复杂的；犯罪嫌疑人系未成年人的；犯罪嫌疑人是盲、聋、哑人或者是尚未完全丧失辨认或者控制自己行为能力的精神病人。这六项规定属于刚性的义务规定，即检察机关审查逮捕时，遇有这六种情形之一的，都必须进行讯问，没有自由裁量的余地。除此之外的情形，检察机关享有讯问的主动权。多年来某省级检察院辖区检察机关一直坚持每案必讯,直接听取犯罪嫌疑人的供述和辩解,对于全面、准确把握案件发挥了重要作用。

二是准确把握审查逮捕阶段讯问重点。审查逮捕阶段对犯罪嫌疑人的讯问重在对证据的审查、核实、印证,以增强检察人员对矛盾证据的排除和强化内心确信,同时也可以发现和纠正侦查活动中的违法行为。具体而言,讯问应当紧紧围绕"逮捕三要件"进行,即证据要件、刑罚要件、必要性要件;讯问中要体现侦查监督意识,要注意深挖漏罪、漏犯。此外,还应当注意挖掘犯罪背后的深层次原因,特别是一些利用行政执法机关漏洞实施的犯罪案件,就执法管理过程中存在的问题及时发出检察建议,切实履行起参与社会管理创新的职能。

三是讯问未成年犯罪嫌疑人时要注意把握相关特殊要求。承办人应当熟悉未成年人身心特点;未成年人没有委托辩护人的,检察机关应当书面通知法律援助机构指派律师为其提供辩护;讯问未成年人应当通知其法定代理人到场,无法通知或者法定代理人不能到场或者是共犯的,可以通知未成年犯罪嫌疑人的其他成年亲属,所在学校、单位、居住地基层组织或者未成年人保护组织的代表到场;讯问女性未成年犯罪嫌疑人,应当有女性检察人员参加;应严格审查未成年犯罪嫌疑人的年龄,注意审查和深挖教唆、引诱未成年人犯罪的成年人。

对于未被刑事拘留的犯罪嫌疑人,某省级检察院辖区检察机关原则上也坚持每案必讯的做法。《人民检察院刑事诉讼规则(试行)》第305条规定,对未刑拘的犯罪嫌疑人,讯问前应当征求侦查机关的意见,并做好办案安全风险评估。为将办案安全风险降到最低,《逮捕指导意见》规定,对于未被刑拘的犯罪嫌疑人,不具有应当讯问情形的,可以不再讯问;属于应当讯问情形的,讯问前应当征求公安机关的意见,并做好办案安全风险评估预警工作,必要时商请公安机关派员协助讯问,以确保办案安全。

(五) 推进侦查监督案件公开审查

为进一步推进检务公开,拓宽人民群众有序参与司法的渠道,提高检察执法公信力,2013年以来,某省级检察院辖区检察机关积极探索公开审查办案方式,并于近日出台了《关于侦查监督案件公开审查的指导意见》,指导全市检察机关侦查监督部门开展公开审查工作。截至 2014 年 4 月，部分基层检察院对 18 件案件进行了公开审查，取得了阶段性的成果。

公开审查案件的范围主要集中在审查逮捕案件，在推行该项工作的过程中，扩大到继续羁押必要性、立案监督、侦查活动监督案件，其中对立案监督案件的公开审查实践反映较好。具体而言有如下限定性条件：案件事实清楚、证据收集到位，不涉及国家秘密、商业秘密和个人隐私，公开案情不影响诉讼进行，在是否构成犯罪、是否具有社会危险性上争议较大的审查逮捕案件；犯罪嫌疑人及其法定代理人、近亲属或者辩护人申请或人民检察院自行启动的羁押必要性审查案件；被害人及其法定代理人、近亲属或者行政执法机关，认为公安机关对其控告或移送的案件应当立案侦查而不立案侦查，或者当事人认为公安机关不应当立案而立案，向人民检察院提出控告的，或者人民检察院自行发现的立案监督案件；当事人和辩护人、诉讼代理人、利害关系人提出控告、申诉或者人民检察院自行发现的侦查活动监督案件。

公开审查的启动主要来自三方面，包括：人民检察院在办理侦查监督案件过程中，认为有必要进行公开审查的；当事人及其辩护人和诉讼代理人、利害关系人、侦查机关申请进行公开审查的；人大代表、政协委员、人民监督员、特约检察员建议进行公开审查的。

人民检察院公开审查侦查监督案件，应当在人民检察院进行；在其他场所更为适宜的，也可以在其他场所进行。应当通知侦查机关、当事人、辩护人和诉讼代理人、控告人、申诉人等利害关系人参加；可以邀请人大代表、政协委员、特约检察员、人民监督员、基层组织代表参加；可以根据案件需要或者当事人的请求，邀请有关专家等人员参加。

关于公开审查的模式，目前没有统一要求，各地在实践中做法大致相同。公开审查活动由案件承办人主持进行，书记员对公开审查活动的开展情况制作笔录。在公开审查时，案件承办人应当告知当事人有关权利和义务，询问是否申请回避。案件承办人应当首先宣布案件主要情况，确定公开审查的重点和主要内容。案件承办人应当根据案件的类型和具体情况，确定听取意见的顺序。参加公开审查的侦查人员、犯罪嫌疑人及其法定代理人、辩护人，被害人及其法定代理人、诉讼代理人可以就案件事实、证据及法律适用发表意见。承办人应当听取参加公开审查的人大代表、政协委员、特约检察员、人民监督员、基层组织代表等的意见。在公开审查结束前，案件承办人应当对各方观点和意见进行概括，并对案件所涉及的法律、司法解释和有关政策依据进行简要说明。

公开审查活动结束后，案件承办人应当制作公开审查的情况报告。报告应当重点写明公开审查活动中各方的主要观点和理由，并就具体案件提出处理意见，连同公开审查笔录，呈报检察长或检察委员会，作为处理案件的参考。作出处理决定后，可以采用以下方式将结果答复或告知当事人及有关人员，对于可能提出异议的，应及时做好释法说理工作：按照法定程序可以及时作出决定的，可以当场答复；采用书面形式答复当事人；会同控申部门共同答复控告人、申诉人。同时，人民检察院应当将案件处理结果告知参加公开审查的人大代表、政协委员、特约检察员、人民监督员和基层组织代表等其他参与人员。

侦查监督案件公开审查是一项探索性的工作，尚待实践检验。可以预见，推进公开审查，侦查监督部门面临的释法说理难度更大，安全防范压力加大，风险预测工作将更加艰巨，需要认真研究解读。

三、逮捕工作机制

（一）三级审批和主办检察官办案责任制的落实情况

多年来，某省级检察院辖区检察机关案件审批主要实行案件承办人、部门负责人、分管副检察长三级审批制度，自 2000 年 1 月最高人民检察院制定下发《关于在全国检察机关审查起诉部门全面推行主诉检察官办案责任制的工作方案》，某省级检察院制定下发了《检察机关主诉检察官办案责任制实施办法》，规范指导辖区各级检察院开展该项工作。十余年来，各级检察机关积极探索主诉检察官办案责任制，增强干警工作责任感，为案件质量提供有力的保障。

1. 主诉、主办检察官办案责任制

各地在试行主诉检察官办案责任制的过程中，对该项机制进行了有益的探索和发展，检察官办案责任制试行范围由公诉部门扩大到侦查监督、职务犯罪侦查、民事行政检察、控告申诉等办案部门，试行主办检察官办案责任制。主诉、主办检察官从检察员、助理检察员中选任，根据工作实际，每一名主诉、主办检察官配备一定数量的助理。主诉检察官根据检察长的授权可依法行使包括决定退查、决定延期审查、决定提起公诉、建议审判人员召开庭前会议、追诉漏罪、变更、追加、补充起诉等职权，主办检察官行使与其所在岗位相应的检察职权。明确检察官独立履行检察权，在检察业务工作中不受部门负责人的领导，直接向检察长负责；确立检察官独立的办案主体地位，明确检察官领导检察官助理履行法律监督职责，对案件事实、证据及处理结果负责，检察长或检察委员会对所作决定负责。主诉检察官享有参加业务培训以及晋升职务职级的优先权，发生错案的按照错案责任追究制追究责任，根据履职情况给予相应的奖励或惩罚。

2. 主任检察官办案责任制

党的十八届三中全会提出，建设法治中国，必须深化司法体制改革，加快建设公正高效权威的社会主义司法制度，维护人民权益。《中共中央关于全面深化改革若干重大问题的决定》指出，要建立符合职业特点的司法人员管理制度，完善司法人员分类管理制度，健全法官、检察官、人民警察职业保障制度。

为落实中央关于深化司法体制和工作机制改革的决策部署，进一步完善检察机关执法办案组织、执法办案机制和检察官管理制度，最高人民检察院印发了《检察官办案责任制改革试点方案》，并在全国选取了17个检察院作为改革试点院，某省级检察院辖区有三个基层检察院参与其中。本次改革是在试行多年主诉、主办检察官办案责任制的基础上进行，主要特点是：第一，拟赋予主任检察官更多的权力，如批捕权、不捕权，对职务犯罪案件中副科级以下国家工作人员的初查权、拘留权等。第二，强化监督，即强化对主任检察官执法办案的监督，配套制定《执法办案过错责任追究办法》等相关规定，安排熟悉检察业务工作的资深检察官对主任检察官的办案行为进行事后监督，主任检察官每年向同级人大汇报工作等。目前相关改革方案尚在制定中。

（二）不捕说理机制

2012年1月9日，最高人民检察院侦监厅制定了《关于加强侦查监督说理工作的指导意见（试行）》，规定了不捕说理的对象以及说理重点。某省级检察院辖区检察机关结合本地实际，规范说理文书制作，强化不捕理由说明，不断完善不捕说理机制，有效地提升了执法公信力，及时化解社会矛盾。

1. 说理对象

主要针对侦查机关、被害人一方进行不捕理由说明。人民检察院依法作出不（予）批准逮捕决定的，坚持依法向侦查机关（侦查部门）说明理由；不（予）批准逮捕可能引起当事人及其法定代理人或者近亲属、委托的诉讼代理人、辩护人质疑、上访，影响人民检察院执法公信力的，应当向其说明理由；被害人及其法定代理人或者近亲属不服不（予）批准逮捕决定向人民检察院侦监部门提出的，可以向其说明理由。

2. 说理重点

第一，对不构成犯罪不捕案件的说理，重点围绕不具备犯罪构成要件或者符合《刑事诉讼法》第15条规定的不追究刑事责任情形进行。第二，对证据不足不捕案件的说理，重点围绕证据的三性进行。第三，对侦查机关（部门）说理，应当指出哪些事实不清；对于证据不足的，应当指出欠缺哪些证据，并就补充取证提出建议；因取证不合法而排除非法证据的，应当指出违法的表现，阐明排除的理由。第四，对因无逮捕必要不捕案件的说理，重点围绕涉嫌犯罪的性质、社会危害程度、认罪悔罪表现、法定从轻或者减轻、免除处罚情节以及具备取保候审、监视居住条件，不羁押不至于危害社会、妨碍诉讼或者存在不适宜羁押情形等进行。因侦查机关（部门）不移送证明逮捕必要性的证据而决定不捕的，应当向侦查机关（部门）明确指出。

针对近年来辖区不捕率高位运行的情况，辖区各级检察院侦查监督部门进一步规范和完善不捕说理文书的格式和内容，注重说理的全面性和规范性，增强不批准逮捕决定的权威性和公信力。2013年，公安机关提请复议的仅占不捕案件的2.3%，复议后全部维持。同时，有效地增加被害人对不捕决定的认同感，增强不捕决定的公信力。某省级检察院要求各级检察院侦查监督部门积极探索建立不捕案件向被害人和侦查机关双向说理制度，推行不捕说明书上报备案、归入内卷存档制度，完善说理机制，消除潜在隐患。该项工作机制在辖区各级检察院运行情况良好。

（三）逮捕风险化解机制

某省级检察机关完善逮捕风险化解机制的做法主要有：一是认真贯彻落实最高人民检察院《关于加强检察机关执法办案风险评估预警工作的意见》，不断规范侦查监督环节办案风险评估工作，对群体性事件引发的犯罪，涉众型犯罪以及当事双方严重对抗或网络媒体、社会各界关注的敏感案件，进行审查逮捕风险评估，预测和防范办案中可能发生的问题，及时制定应对预案，防止因执法不当激化矛盾或引发新的矛盾。二是建立敏感案件请示报告制度和善后处理机制，建立严格的保密制度和信息公开制度，对于涉及面广、处置难度大的重大情况和舆情，各级检察院侦监部门及时沟通，共同研究应对方案，健全对重大情况处理和舆情应对的"三级联动"工作机制；切实防止因程序违法、工作不当而形成社会热点，引发媒体舆论炒作，造成工作被动，影响检察机关形象。

四、羁押必要性审查的情况

（一）羁押必要性审查的基本情况

最高人民检察院《人民检察院刑事诉讼规则（试行）》第617条和最高人民检察院监所检察厅《关于人民检察院监所检察部门开展羁押必要性审查工作的参考意见》规定，侦查阶段的羁押必要性审查由侦查监督部门负责，审判阶段的羁押必要性审查由公诉部门负责。监所检察部门可以在侦查、审查起诉、一审、二审和死刑复核阶段全过程开展羁押必要性审查工作。在实践中，某省级检察院辖区检察机关启动羁押必要性审查的部门主要是公诉部门（含未检）和侦查监督部门，监所检察部门可以启动审查，也可以建议公诉和侦监部门启动审查。从启动方式上看，依职权启动为主，依申请启动为辅。在实践探索过程中，某区检察院于2013年底成立了羁押必要性审查专项工作办公室，专职负责羁押必要性审查工作。

据初步统计，某省级检察院辖区 2013 年共对已逮捕的 156 件 161 人启动捕后继续羁押必要性审查，审查后建议释放或者变更强制措施 113 人，侦查机关收到建议后采纳 101 人。其中，有 9 个基层检察院出台了相关工作办法、实施细则、程序规定等规范该项具体工作的实施程序。2013 年 12 月，某省级检察院在总结前期试点的基础上，制定《关于侦查监督部门开展羁押必要性审查工作的指导意见（试行）》，对启动条件、启动方式、审查处理等问题进行了明确，指导辖区检察机关侦查监督部门开展羁押必要性审查工作。

（二）审查工作机制

1. 建立羁押必要性等级评估机制

在设立专门工作机构的某区检察院，对批捕的案件分为一般关注、重点关注和特别关注三个级别，在实现全覆盖的同时突出工作重点。作出批捕、起诉决定后，应当随案填写羁押必要性等级评估表，由专项工作办公室备案。对一般关注案件，以季度为周期进行抽查；对重点关注案件，以案件办理的诉讼节点（如退侦、提起公诉、延期审查等）为介入点；对特别关注案件，随时跟进了解情况。

2. 建立羁押必要性公开审查机制

在推进羁押必要性审查工作的过程中，把公开审查作为一种方式，邀请人民监督员、人大代表、政协委员、基层组织代表等参加，广泛听取意见，增强工作透明度，提高办案质量。2013 年共对 4 件羁押必要性审查案件进行公开审查。

（三）厘清困惑做好羁押必要性审查工作

在实践中，对羁押必要性审查工作还存在一些不正确的认识，如建议释放或变更强制措施等于对逮捕工作的自我否定，建议释放或变更强制措施后发生危险的责任谁担，是工作亮点但考核上无体现导致"干了白干"，等等。在新形势下，应当顺应时代的发展和要求，进一步解放思想，更新观念，扎实做好羁押必要性审查工作。

1. 厘清审查逮捕的准司法属性

刑事诉讼法明确规定检察机关在审查逮捕时可以讯问犯罪嫌疑人，听取辩护律师的意见，询问证人等诉讼参与人，增加了审查逮捕工作的司法审查色彩。厘清审查逮捕的准司法属性，对于开展继续羁押必要性审查工作具有重要的启示。从启动的方式看，应当以依申请启动为主，以依职权启动为辅。作为一项准司法属性的活动，应当坚持"不告不理"的基本原则，对于侦、辩双方都没有提出审查请求的案件，侦查监督部门原则上不主动介入；对于未成年人、老年人等特殊人群及有特殊情况的案件，检察机关可以适度地主动介入。从审查的方式看，应当以公开审查为主，公开听取侦、辩双方的意见，符合公开、直接听取双方的意见和辩论的司法权运行特征，并在此基础上作出准确的判断和公正的结论。

2. 充分认识羁押必要性审查对于防止冤假错案的意义

如果将逮捕审查作为冤假错案的第一道防线，那么继续羁押必要性审查则是第二道防线。侦查工作具有封闭性、动态性特点，随着案件侦查的深入和有关情况的变化，案件证据和案件事实会发生变化，可能导致在案证据不能证明犯罪嫌疑人有犯罪事实，但不能就此反推原先的逮捕决定错误，在此情形下提出建议变更强制措施或者释放犯罪嫌疑人的意见，不是对前期工作的自我否定，而是在尊重诉讼规律的前提下作出的审查决定，侦查监督部门应当从防止冤假错案的角度来认识和对待继续羁押必要性审查，尽快全面启动这一工作。

3. 羁押必要性审查是保障人权的重要利器

继续羁押必要性审查是对被逮捕的犯罪嫌疑人是否具有羁押的必要性进行的再次审查，而且没有次数限制，原则上只要还处于羁押状态，检察机关都可以依申请或依职权启动审查程序，从而改变"一押到底"的状态。如果说逮捕审查在保障人权的同时还需十分注重与控制犯罪的平衡，那么在第二次羁押必要性审查时，更多地则是关心人权保障这个层面，追求低羁押率下的刑事诉讼这一较高层次的人权保障目标，作为追求较高层次人权保障水平的制度安排，与是不是业绩考核项目相比较起来孰轻孰重当是一目了然。

广西检察机关贯彻实施修改后
刑事诉讼法状况调查

全　莉* 　韦盛隆** 　林海萍***

修改后刑事诉讼法（以下简称刑诉法）已于 2013 年 1 月 1 日正式施行。为全面了解掌握全区检察机关的贯彻实施情况，为及时调整工作思路、有效应对新法实施带来的冲击提供实践依据，2013 年下半年，广西壮族自治区检察院法律政策研究室组织调研组，通过实地调查走访、到基层检察院召开座谈会、召开专家论证会等方式，就全区检察机关贯彻实施修改后刑诉法的新情况、新问题进行调查和研究，形成了本调查报告。

一、基本情况

（一）充分履行新增职责，夯实贯彻实施修改后刑诉法的业务基础

刑事诉讼制度的调整、变化在检察环节的体现尤为明显。据不完全统计，修改后刑诉法实施给检察机关新增了约 28 项业务职责。广西检察机关在做好原有业务工作基础上，加强对新增业务职责的实践探索，推进了修改后刑诉法的依法、有效、正确实施。

认真落实修改后刑诉法的新规定，严把案件证据关、程序关和质量关。一是强化审查逮捕职能，依法在审查逮捕阶段讯问犯罪嫌疑人，确保逮捕质

　* 广西壮族自治区人民检察院法律政策研究室副主任。
　** 广西壮族自治区人民检察院法律政策研究室主任科员。
　*** 广西壮族自治区人民检察院法律政策研究室副主任科员。本文系广西壮族自治区人民检察院第五批检察理论研究课题（编号 GJ2013B06）的阶段成果。本文得到广西壮族自治区人民代表大会内务司法委员会办公室梁钊同志的大力支持，在此表示由衷的感谢。

量。2013 年 1 月至 12 月（下同），全区检察机关在审查逮捕阶段共讯问犯罪嫌疑人 10285 人。二是强化证据意识，依法对非法证据进行调查核实和监督纠正。全区检察机关调查核实后共对确有以非法方式收集证据的情况提出纠正 37 人次，在审查起诉阶段要求公安机关对证据收集的合法性作出说明 29 次。同时，对自侦案件讯问过程全程同步录音录像 4721 次，从源头上有效防止自侦案件中非法取证行为的发生。三是规范审查起诉程序，依法落实庭前会议、简易程序、出庭公诉等制度，提高审查起诉的质量和效率。全区检察机关共派公诉人参加庭前会议 1000 件次，派员出席简易程序审理法庭 18201 次。四是加强对强制措施执行和刑罚执行的法律监督，依法开展羁押必要性审查，开展对指定居所监视居住、报请减刑或假释、暂予监外执行等活动的监督，切实保障人权。全区检察机关对阻碍辩护人、诉讼代理人依法行使诉讼权利的控告申诉和对检察机关违法办案行为的控告，调查核实后通知有关机关纠正违法行为 110 件；依法监督纠正不当减刑、假释、暂予监外执行 216 人。五是加强对特别程序案件的办理工作，依法开展未成年人刑事检察和刑事和解以及对强制医疗的决定和执行进行监督等工作，不断提升特别程序中检察工作的专业化水平。全区检察机关共审查逮捕未成年人刑事案件 1843 件 3242 人，审查起诉未成年人刑事案件 1934 件 3465 人，附条件不起诉 134 人，封存未成年人犯罪记录 107 件，办理刑事和解案件 1096 件。向法院提出强制医疗申请 22 人。六是依法落实律师在诉讼活动中的会见权和辩护权，保障犯罪嫌疑人的合法诉讼权利。全区检察机关共受理律师会见当事人 95 件，在审查起诉阶段听取辩护人或被害人诉讼代理人意见 284 次。

（二）落实和完善相关配套制度，形成贯彻实施修改后刑诉法的长效机制

为适应修改后刑诉法的新要求，各级检察机关加强与公安、法院、司法等机关的配合联系，建立健全相关配套制度，加强执法规范化建设，为贯彻实施修改后刑诉法提供制度保障。一是规范办案工作机制。广西自治区检察院在学习贯彻修改后刑诉法的同时，就简易程序案件出庭公诉、讯问职务犯罪嫌疑人全程同步录音录像、羁押必要性审查、减刑假释案件办理等新增职能制定了指导性文件，加大工作指导力度，确保法律的统一正确有效实施。

各市分检察院也分别结合自身实际，对修改后刑诉法的有关规定进行细化和具体化，推动了执法规范化建设的进一步发展。如南宁市检察院制定了《关于加强和改进涉检信访工作若干规定（试行）》《关于业务分管检察长对口接待、处理来信来访的实施办法（试行）》《关于实行三级包案办理涉检信访案件的实施办法（试行）》等文件，对有效处理涉检信访作了有益的探索；钦州市检察院制定了《钦州市人民检察院关于加强捕诉衔接工作的意见》，实现了侦查监督工作与公诉工作的有效衔接，进一步提高了诉讼效率。二是健全沟通协作机制。全区检察机关加强与相关部门的沟通交流，共同研究制定出台一系列工作制度，形成共同推动修改后刑诉法贯彻实施的工作合力。如自治区检察院与自治区高级法院联合制定《关于办理适用简易程序审理公诉案件工作的暂行规定（试行）》，形成"集中提审、集中起诉、集中庭审"的适用简易程序公诉案件办理模式，提高了办案效率和效果；防城港市检察院与市国资委建立了防止国有资产流失检察监督协作机制，进一步深化了两部门之间的监督协调和协作配合；钦州市检察院与市国土资源局共同签订了《市检察院、市国土资源局关于建立信息情况通报制度的试行规定》，建立完善了双方工作衔接机制，为双方协作配合搭建了信息共享平台。三是完善案件管理机制。全区检察机关积极推进案件管理机制改革，对案件实行严格的流程管理和质量监管，努力提升案件质量。如南宁市、柳州市检察院通过落实联络员制度，加强上下之间的指导沟通，坚持每个季度到联络院听取汇报，定期对各基层检察院执行工作制度情况、绩效考核情况、执法规范化建设情况等进行检查，及时有效地防止和纠正执法不规范的问题。四是落实监督制约机制。全区检察机关严格落实检务督察、检务公开等制度，自觉接受各方面的监督，着力树立检察机关的良好形象。如梧州市检察院制定了《梧州市人民检察院关于办理重大复杂疑难案件邀请人民监督员参与、监督化解工作的规定》，进一步发挥人民监督员的监督作用，促进了检察机关廉洁公正执法，有效提升了检察机关执法公信力。

（三）大力推进队伍建设，不断提高贯彻实施修改后刑诉法的能力和水平

检察队伍的执法能力和水平直接关系到新法实施的质量和成效。各级检

察机关以队伍素能建设为抓手，在整合资源、教育培训、引人用人等方面狠下功夫，增强了贯彻实施修改后刑诉法的动力和活力。一是健全机构设置。共有2个市级检察院、4个基层检察院成立了有独立编制的未成年人刑事检察机构，绝大多数检察院在公诉部门下设立了未检工作办公室或专业办案组。钦州市钦北区检察院成立了具有独立编制的刑事被害人工作办公室，加强对被害人的权益保护工作力度。二是加强教育培训。全区检察机关结合自身实际，采取召开会议、聘请专家开展讲座、举办专项培训、进行理论研讨、举办知识竞赛等方式，切实增强检察人员的思想政治意识和专业理论素质。三是完善人才引进机制。全区检察机关积极应对修改后刑诉法实施后检察机关工作量进一步增加、队伍专业化要求进一步提高的新形势，畅通人才引进渠道，把好队伍进口关，通过公开招录公务员、选调工作人员、招聘检务辅助人员等方式，引进一批学历层次高、实干能力强的工作人员，在一定程度上缓解了检察机关人少案多、专业人才欠缺的问题。

（四）强化检务保障，创造有利于贯彻实施修改后刑诉法的执法环境

修改后刑诉法实施对办案条件和技术装备条件的要求更高、更严格，办案成本明显增加。对此，各级检察机关结合实际，加大了检务保障工作力度，为确保修改后刑诉法的顺利实施创造有利条件。一是提高经费保障水平。全区检察机关针对办案成本增加问题，特别是随着办案程序的变化，人员开支、办公开支、交通开支、差费开支等大幅增加的问题，积极向同级财政部门反映和沟通，争取财政部门的支持，努力提高检察机关业务办案经费的保障水平。经过争取，不少地方财政部门批复给当地检察机关的2013年预算经费均比上年有所增加。二是推进基础设施建设。修改后刑诉法的实施，特别是部分新增的监督职责对检察机关基础设施建设也提出了新的要求，如建立听证室、律师会见室等。根据这一要求，全区检察机关积极筹集资金、落实项目，推进各项基础设施建设，重点推进"两房"建设和来信来访接待中心建设。此外，各级检察院还积极开展"两房"建设债务清理工作，切实维护检察机关的良好形象。三是改善技术装备条件。全区检察机关为进一步提高执法办案的科技含量和技术水平，不断加大投入，推进信息化建设，为修改后刑诉法的实施提供技术保障。如崇左市检察院建立了反贪侦查指挥中心，安装了高清侦查一体化系统和审讯系统，进一步规范了侦查指挥中心机构设置和运作方式，为更加正确的使用技术侦查手段、规范讯问犯罪嫌疑人程序、增强收集固定审查证据的手段和措施等提供了技术支持。

二、当前贯彻实施刑诉法面临的困难和问题

（一）执法理念及方式有待更新

调研中发现，不少检察人员的执法理念及方式仍未跟上新形势的要求，传统的执法观念根深蒂固。一是对保障人权的一些规定存在抵触情绪。如一些办案人员认为，律师介入案件的提前会给侦查办案工作带来干扰；不得强迫自证其罪的充分运用，会加大犯罪嫌疑人与侦查人员的对抗，增加调查取证工作难度，从而产生抵触心理，等等。二是存在畏难情绪。修改后刑诉法给检察机关增加了不少新的职责，如附条件不起诉、羁押必要性审查、公诉案件当事人和解、精神病人强制医疗、调查核实等，在具体运用时，不少检察人员嫌麻烦。三是存在机械执法的现象。执法的过程不是简单的流水作业，而是法律知识及经验运用的复杂过程，需要对立法内容及精神的全面准确把握。但调研中发现，一些检察人员对修改后刑诉法的内容没有全面了解，对立法精神不能准确把握。对新增职责，一些单位不是考虑如何完善相关工作机制予以落实，而是寄希望于上级机关或立法机关再做出明确细致的规定。已履行的部分新增职责，存在实施不彻底的情况，这有修改后刑诉法实行时间不长，未碰到相关案件的原因；也存在客观的问题，如收治依法不负刑事责任的精神病人的场所缺乏等。部分检察院不作为的理由归结于立法不明确、无实践经验可寻，不敢轻易适用，或适用麻烦，无相应的人力、物力，这集中在附条件不诉、羁押必要性审查的适用等方面。

（二）队伍专业化水平与现实要求仍有差距

经过多年的努力，检察队伍整体素质已取得巨大的提升，但与修改后刑诉法所要求的专业化程度相比，仍存在一定差距。首先，学历偏低。检察人员的学历代表其受教育的程度，在一定程度上也是其系统掌握相关专业知识

层次的体现。自修改后检察官法施行以来，我区检察机关加大对在职人员的学历教育，而每年公务员录入时基本上均要求学历为大学本科及以上，但至今仍有不少检察院在编检察人员中大学本科以上学历的人员占总数的比例偏低。在调研中，我们发现某基层检察院此类比例仅为66%。其次，未能全面准确把握刑诉法修改后相关内容及立法精神。要想达到专业化的水平，对相关法律的全面准确把握是关键一环。随着刑诉法的修改，相关司法解释或司法解释性质文件相继出台。从调研情况来看，不少检察人员对此并不掌握，甚至对刑诉法的法条均未理解清楚。如对羁押必要性审查的主体、方式，有的检察人员仍提意见说未明确；有的检察院对指定居所监视居住的适用条件把握过宽。最后，队伍专业结构单一。调研中，绝大多数检察院普遍反映队伍专业结构单一，缺乏计算机、财会、犯罪心理学、法医等方面的专业人才。过于单一的专业人才结构，不利于检察工作的全面开展。

（三）人少事多的矛盾更为突出

广西壮族自治区检察人员编制比例远远低于全国水平，人少案多的矛盾十分突出。而修改后刑诉法，又新增不少职责，每项职责的认真履行，均需投入相当多的人力、物力。如二审案件的开庭范围扩大，某市级检察院2013年前两个季度的二审案件开庭量，已超过2012年全年的二审案件开庭数量。同时，就全区检察机关而言，仍普遍存在缺编现象。如某市级检察院政法专项编制为67个，缺编达26个；某基层检察院政法专项编制总数为62个，而缺编达12个。另一方面，在法治建设要求不断强化的今天，检察机关原职能行使的方式亦需相应调整、强化，如增加法律文书制作、息诉罢访时的释法说理性等。此外，随着国际国内形势日趋复杂，维稳工作压力增大，党委政府中心工作不断增多，检察机关作为其中的重要成员，投入一定的力量是在所难免的。如此种种，在检察人员总量不增加的情况下，必然会导致人少事多的矛盾更为突出。

（四）内部管理机构机制亟待完善

在人员编制不可能大量增加的情况下，要实施好修改后刑诉法，利用好内部机构的管理及工作机制的健全，调整好司法资源配置，是必不可少的一环。但调研中发现，广西检察机关内部机构设置及工作机制健全完善方面，存在一些问题。内部机构设置方面，目前全区检察机关市级单位的内设机构一般为16~22个（宁铁分院为12个），基层单位为9~20个（茅桥地区检察院为6个）。这样的设置导致许多检察院，特别是基层检察院相当多的部门仅有一两个人，在一定程度上造成内部资源配置的失衡。内部相关机构的配合协调方面，以控申案件办理为例。随着息诉罢访工作压力增大，需要检察机关内部形成化解合力，特别是办案部门与控申部门之间，但目前相关工作机制中对承办部门、承办人不按时、按质办理信访案件的追究责任程序规定不明确，导致内部协调不顺畅，更多的是依靠控申部门负责人甚至主管检察长向承办部门负责人、主管检察长协调才能形成化解合力。内部机构工作管理方面，目前，绩效考评机制是全区检察机关开展工作的有力"指挥棒"，其设置的科学化对促进全区检察工作全面推进的重要性不言而喻，但在调研中也发现一些问题：修改后刑诉法规定的一些新制度新程序，没有纳入绩效考评的内容，造成实践中实施的消极。修改后刑诉法关于羁押必要性审查、刑事和解程序等新规定，实质上以减少羁押必要性、鼓励刑事和解为导向，执行这些规定必然导致司法实践中不捕率、不诉率的上升。但是，目前的绩效考评机制中，过高的不捕率、不诉率消极影响着检察机关的绩效工作，客观上也束缚了检察机关开展羁押必要性审查、促成刑事和解的积极性。现有规定中，仍有待改进的地方，如按刑诉法的规定，审查逮捕与审查起诉的条件是不一样的，但按现行绩效考核标准，捕后不诉要扣分，这无形中导致实践操作时将审查逮捕与审查起诉的条件等同。此外，刑诉法修改后规定的未成年人犯罪记录封存、社会调查报告的撰写、羁押必要性的审查等新制度该如何落实，均需要建立健全相关工作机制。

（五）检务保障工作有待加强

修改后刑诉法新增的制度与程序，直接增加了检察机关的工作量，其对人权保障的要求，间接地加大了检察机关的办案成本，如检察人员的培训费、新增或聘用人员的费用、证人出庭作证补助、技术装备费、基础设施建设、外国人犯罪案件集中办理等费用。在办案成本增加的情况下，检察机关要想不折不扣地执行修改后刑诉法，检务保障是最为关键的一环。调研中发现，广西壮族自治区检务保障工作方面不容乐观。不少检察院存在两房建设不达标，政府统一采购的技术装备落后，办案用车不足，多数检察人员无法得到培训，辅助人员、证人出庭作证补助等经费未列入财政预算，公用经费标准达不到最低标准或多年未增，中央转移支付到地方财政后，审批时间过长，甚至出现以中央、省级政法转移支付经费充抵公用经费、地方财政应支数额等现象。此外，部分基层院检察人员职级偏低，影响工作积极性。如某地基层检察院人员，担任十多年中层领导职务甚至已近退休，仍为科员职级。

（六）与其他相关机关单位的沟通联系机制有待建立

修改后刑诉法检察机关新增职责的完成，涉及相当多的机关单位。如未成年人刑事案件的办理，就需要与学校、社区、法律援助机构及其他政法机关的沟通联系配合；技术侦查措施的使用，需要公安机关的配合；对证据的采信，需要公检法三机关的认识一致。如果相关单位没有配合、沟通意识，甚至不予配合，现实中必将导致耗时耗力且达不到初期效果的局面。如何理顺相互之间的关系，明确工作职责，化消极被动为积极主动，形成办案合力，实现立法本意，需要建立健全相关工作机制。但目前这方面的工作就本区整体状况而言，推进缓慢，开展得很不理想。到目前为止，仅见《关于办理适用简易程序审理公诉案件工作的暂行规定（试行）》《关于合适成年人参与刑事诉讼的规定（试行）》。

三、关于下一步贯彻实施修改后刑诉法的思考

（一）以深化认识为引领，推进"政治立检"工程

正确引导、凝聚共识才能顺利推进贯彻实施工作。建议从强化思想政治建设入手，通过战略引导和深化认识，把检察人员的思想行动统一到中央和高检院的部署上来。坚持正确的政治方向和价值取向，大力推进"政治立检"工程，形成上下联动、步调一致、整体推进的实施氛围。把贯彻实施工作与开展党的群众路线教育实践活动紧密结合起来，着力纠正选择性、随意性执法和变通执法问题。更加注重培养检察人员的法治思维、法治理念，

不断强化人权意识、程序意识、证据意识、监督意识和效率意识，努力实现执法办案的法律效果和政治效果、社会效果的有机统一。

（二）以转变方式为关键，推进"公信树检"工程

顺应修改后刑诉法对检察工作的新规定、新要求，需要转变滞后的传统执法方式，"不断提升执法品质，提高执法公信力"①。一是将职务犯罪侦查方式从"由供到证"向"由证到供"转变。积极推动侦查重心前移，更加注重做好前期侦查工作。"切实转变重口供轻其他证据的倾向"，② 发挥好侦查谋略、技术手段在突破案件中的作用。二是将刑检工作从突出指控犯罪职能向突出证明犯罪职能转变。在批捕环节要从"构罪即捕"转向"确有必要逮捕"，将"捕后一押到底"转向"必要性羁押"。在公诉环节要从单纯指控犯罪向多重角色转变。三是将诉讼监督工作从"被动监督型"向"综合监督型"转变。将事后监督向事前监督、过程监督延伸，拓展监督途径和渠道，不断增强监督实效。加强对新增监督措施、手段的实践探索，尤其是加强对违法行为调查核实权的正确运用，更加重视对检察建议落实情况的跟踪督促，弥补检察建议约束力不足的问题。

（三）以改革创新为动力，推进"机制建检"工程

为解决各地反映新法有些规定过于原则、各政法机关执法尺度不一致、考核评价体系不科学等突出问题，需要深化改革创新，建立健全相关工作机制。一是健全与修改后刑诉法相衔接、相配套的执法办案机制。重点加强和规范技术侦查的使用工作，严格审批权限和程序；完善办理未成年人刑事案件、附条件不起诉等工作机制；探索检察机关参与查处违法所得没收、强制医疗等适用特殊程序案件的途径、方法以及诉讼监督机制。二是健全完善执法办案内部监督制约机制。完善案件管理机制，将案件管理工作从"进出口"把关和简单化的预警监控向全程动态监控和质量管理过渡；完善执法督察机制，促进形成严格规范公正文明执法的长效机制；完善执法过错责任

---

① 孙谦：《走中国特色社会主义法治道路》，载《求是》2013 年第 6 期。
② 王少峰：《切实为修改后刑诉法顺利实施提供强有力的思想和组织保证》，载《检察日报》2012 年 9 月 17 日第 3 版。

追究制度，明确和细化错案认定标准与责任追究程序。三是修订完善检察业务绩效考评机制。科学设置考核指标与评估方式，加强对办案过程的全程跟踪与动态管理，发挥好绩效考评的"指挥棒"导向作用。四是加强与各有关部门的协调联系机制建设。完善与纪检监察机关职务犯罪案件线索移送、协作配合等机制。加强与法院、公安、司法局等部门的配合联系，适时召开联席会议，达成共识后，形成相关协作机制、措施。

（四）以能力建设为中心，推进"人才兴检"工程

贯彻实施好修改后刑诉法需要有一支忠诚可靠、业务过硬、执法为民、公正廉洁的人才队伍。为此，一是在加强学习培训中提升能力。继续加大学习培训力度，加强对修改后刑诉法实施过程中有关重大理论和实践问题的研究，提升检察人员的理论素养和专业水平。二是在转变工作作风中提升能力。把落实修改后刑诉法关于保障人权、增强司法透明度等要求与贯彻中央的"八项规定"和自治区党委的实施意见工作结合起来，把执法办案的过程变成密切联系群众、维护群众合法权益、化解社会矛盾的过程。三是在参与创新社会治理方式中提升能力。更加自觉、更加主动地把执法办案向化解社会矛盾延伸，[①] 通过严格依法办案和主动周到的服务，达到促进社会治理创新的目的。特别是落实好修改后刑诉法涉法涉诉信访问题的要求，引导涉法涉诉信访问题在法治轨道内妥善解决，并协同有关部门认真做好息诉罢访工作。四是在加强制度建设中提升能力。按照队伍专业化、职业化要求，完善检察人员职业准入、执法资格、分类管理等制度，健全新进人员统一招录制度，探索面向律师等专业法律人才公开选拔检察官机制，健全落实检察官逐级遴选制度等。

（五）以信息化建设为重点，推进"科技强检"工程

贯彻实施修改后刑诉法，必然要求充分运用现代科技手段，努力向科技化、信息化要检力、要规范、要效率。一是着力推进检察信息化建设。认真贯彻最高人民检察院的部署要求，全面推进检察机关统一业务应用软件工

---

① 童建明：《新刑诉法的挑战与检察执法方式转变》，载《人民检察》2012年第11期。

作，着力推进软硬件基础环境建设，将检察业务在网上全流程运行，以规范化引领信息化，以信息化助推规范化。加大侦查信息化建设力度，逐步与公安、工商、税务、金融、房产管理等部门建立高效的侦查信息查询系统。二是着力推进装备现代化建设。重点是加大侦查技术装备投入，抓好远程视频接访、远程视频提讯、远程教育平台和多媒体示证等项目实施和应用，提升办案工作的科技含量。三是着力提升科技信息化应用能力。坚持"深度建设"与"深度应用"的有机结合，加强科技信息化应用能力的培训，做到人人会用、善用和用好。

（六）以优化配置为抓手，推进"保障护检"工程

针对一些地方检察机关案多人少、经费保障不到位等问题，一是优化检察机关内设机构。根据各地工作特点和实际，探索开展内设机构整合试点工作。通过内设机构内涵集约管理探索，避免职能交叉、人事分离，从而实现提高工作效率、降低行政成本。进一步科学配置诉讼职能和诉讼监督职能，理顺好案件管理部门与业务部门之间、各业务部门相互之间的配合、制约职能关系。二是进一步整合检力资源。通过积极呼吁和积极汇报，争取各级党委、政府的支持，确保政法专项编制得到充分使用。合理调剂办案力量，增加办案一线力量。采取争取地方事业编制、招录部分检察辅助人员等方式，缓解办案工作压力。三是加大业务经费投入。加大争取中央和自治区财政转移支付资金力度。建立健全公用经费正常增长机制，加强统筹规划，实现实施修改后刑诉法检察业务工作与经费投入同步增长。四是加强后勤服务管理。针对办案用车不足、业务工作条件落后等现实问题，加强与财政、发改等部门的沟通联系，做好国有资产管理、政府采购、招投标等工作，进一步改善办公办案条件，为修改后刑诉法的全面实施提供强有力的物质保障。

未成年人刑事案件诉讼程序
执行情况调研报告

——以重庆市渝中区人民检察院为视角

周星星*　　王祁为**　　吴　筠***

修改后的刑事诉讼法增设了"未成年人刑事案件诉讼程序"，这既是我国针对未成年人犯罪采取"教育为主、惩罚为辅"刑事政策的落实，也是贯彻国际人权法中对未成年人犯罪进行特殊处遇、加强对未成年人权益保障的需要。该项程序中规定的若干制度，如未成年人附条件不起诉制度、犯罪记录封存制度、社会调查制度等无疑具有开拓性意义。但是由于立法总体上仍然较为粗疏，该程序在实践中已经逐渐暴露出一些问题，亟待理论界与实务界进行深入研析。

重庆市渝中区人民检察院在执行未成年人刑事案件诉讼程序所确定的强制辩护、社会调查、严格适用逮捕措施、分案处理、合适成年人到场、附条件不起诉、犯罪记录封存等制度中，通过制定规则、细化程序，积极进行司法实践探索，既全面推进，又突出亮点，取得了一定的成效和经验。本文以渝中区人民检察院一年来积极探索所积累的经验作为样本进行分析和研究，以期通过经验交流，问题探讨，更好地推动实务工作及立法完善。

一、未成年人法律援助制度执行情况

修改后的刑事诉讼法将法律援助制度延伸至侦查阶段，是我国加强对社

---

*　重庆市渝中区人民检察院未成年人案件刑事检察科科长。

**　重庆市渝中区人民检察院未成年人案件刑事检察科检察员。

***　重庆市渝中区人民检察院未成年人案件刑事检察科助理检察员。

会弱势群体权利保障的一项非常重要的举措，其中明确规定了对未成年犯罪嫌疑人、被告人的强制辩护制度，这对于维护未成年人的合法权益具有重要意义。

在修改后的刑事诉讼法尚未生效实施的 2012 年 6 月，渝中区人民检察院即已根据新法的精神，率先牵头，联系区公安分局、区法院、区司法局等公安司法机关共同商讨制定了《渝中区办理未成年人刑事案件法律援助实施办法（试行）》，并于同年 7 月正式施行，在加强对未成年人法律援助方面迈出了扎实的一步。

（一）运行情况

1. 100% 的未成年犯罪嫌疑人获得了律师帮助

2012 年渝中区人民检察院批捕阶段申请法律援助 10 人次，占 22.2%；审查起诉阶段申请法律援助 21 人次，占 38.9%。2013 年修改后的刑事诉讼法实施后，渝中区人民检察院在批捕阶段及审查起诉阶段为没有委托律师的未成年犯罪嫌疑人均申请了法律援助，让 100% 的未成年犯罪嫌疑人获得了律师的帮助，同比分别上升了 77.8%、61.1%。与此同时，还依法履行法律监督职责，在 2013 年 1 月针对在侦查阶段未为未成年犯罪嫌疑人申请法律援助的现象，依法向公安机关发出纠正违法通知书 3 份。确保未成年犯罪嫌疑人依法自侦查阶段起就获得律师的帮助。（见图 1）

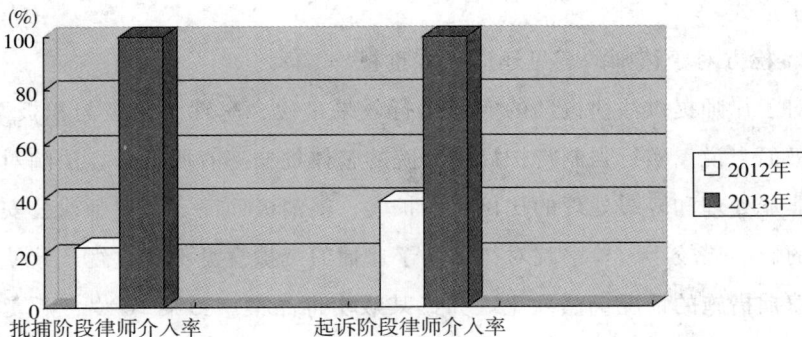

图 1　2012 和 2013 年度未成年人案件律师介入率

2. 全面、充分地听取律师意见

自 2012 年 7 月起，渝中区人民检察院对每个未成年人犯罪案件的律师均要全面、充分地听取其意见，并做好记录，充分保障律师及未成年犯罪嫌疑人的权利。律师的意见也得到充分尊重与采纳。2013 年，在批捕阶段共听取律师意见 21 人次，律师建议适用逮捕措施意见的共 8 人，未检科批捕8 人；建议以无逮捕必要不适用逮捕措施意见的共 13 人，未检科不捕 3 人。在审查起诉阶段共听取律师意见 32 人次，律师建议起诉的共 25 人，未检科起诉 23 人；建议微罪不诉的共 7 人，未检科微罪不诉 2 人，另外量刑情节及量刑建议的采纳率为 87.5%。

（二）存在的问题

1. 律师介入案件的质量还有待提高

律师参与审查批捕要发挥实质效果，必须保证律师能够充分享有阅卷权、会见权、调查取证权和充分的参与时间。由于人民检察院审查批准逮捕的时间只有 7 日，除去双休日及联系司法局和通知律师的时间，律师在审查批捕阶段介入后用于社会调查、会见未成年人的时间非常有限，根本无法做到深入细致调查和会见，因此难以形成具有实质作用的调查报告和提出具有参考价值的律师意见。[①] 实证调研也表明，部分援助律师存在由于批捕阶段时间较短不能在办案期限之内及时介入案件，与办案机关交换意见的情况。部分律师在审查起诉阶段提出取保候审的意见后，却不提交羁押必要性审查申请以及在押未成年人可以变更强制措施的证据等，使得某些案件的法律援助流于形式。

2. 检方对于律师的意见还应更加重视

对于律师提供法律援助的实际运行效果来说，呈现出消极与积极两面。就积极面来说，实行强制辩护后检察院的整体批捕率有所下降，法院对未成年人非罪处理和轻缓处理的比例有所扩大；就消极面而言，律师对公安机关办案的影响比较小，检察院对律师不予逮捕的辩护意见不够重视，致使不当采取逮捕措施的情况仍然发生。如彭某贩卖毒品案。彭某 16 岁，贩卖毒品0.1 克。援助律师以情节轻微、认罪态度好、母亲配合管教建议以无逮捕必

---

① 姚建龙、宋志军、何挺、吴燕、龙宗智、陈光中、万毅、宋英辉：《中国未成年人刑事司法制度的完善》，载《国家检察官学院学报》2011 年第 4 期。

要不批准逮捕。检察院以涉毒案件历来系严打重点，彭某案发前一直处于离家出走，与家人失联的状态，不具备有效管教条件，为保证诉讼顺利进行，批准逮捕彭某。最终法院以彭某犯贩卖毒品罪，判处拘役 4 个月的轻刑。据统计，2013 年渝中区人民检察院在审查批捕过程中，律师共就 13 名未成年犯罪嫌疑人提出不予逮捕的意见，渝中区人民检察院共对其中的 10 人批准逮捕。但是，该 10 人中有 3 人被判处拘役，有 1 人通过羁押必要性审查后被变更为取保候审，最后被决定微罪不诉。未采纳律师不捕意见的案件，判处轻刑与微罪不诉的比例达到了 25%。

二、社会调查制度执行情况

学界很早就倡导对未成年犯罪嫌疑人、被告人确立"全面调查原则"，意即要求公安机关、检察机关、人民法院在办理未成年人刑事案件的过程中，既要对未成年人的案件事实进行调查，也要查清导致未成年人犯罪的主客观因素的形成、发展、演变以及有关未成年人特殊性格的详细情况，[①] 促使在办理未成年人案件的过程中，在调查案件所涉的犯罪事实的同时，由专门机构对被告人的个人情况、家庭环境、犯罪背景等进行专门调查分析，并对其人身危险性进行系统评估，其后形成比较系统的社会调查报告并将其提交法院，供法官在量刑时予以参考。[②] 我国《刑事诉讼法》第 268 条系对未成年人建立社会调查制度的法律依据。在此基础上，《人民检察院刑事诉讼规则（试行）》第 486 条具体规定了人民检察院可以委托有关组织和机构进行社会调查以及人民检察院对公安机关移送的社会调查报告进行审查、必要时可以进行补充调查的权力。

2012 年 10 月，渝中区人民检察院制定了《重庆市渝中区人民检察院关于办理未成年人刑事案件开展社会调查工作的若干规定（试行）》，规定拟作不诉处理的案件，渝中区人民检察院应自行进行社会调查。修改后的刑诉法正式实施后，渝中区人民检察院对公安机关移送的未成年人犯罪案件加强

---

① 陈光中等主编：《联合国刑事司法准则与中国刑事法制》，法律出版社 1998 年版，第 89 页。
② 陈卫东：《量刑程序改革理论研究》，法制出版社 2011 年版，第 33 页。

了监督，要求在侦查时均应进行社会调查。

（一）运行情况

1. 未成年人案件社会调查率达到 100%

社会调查在办案机关依法处理涉罪未成年人时，有重要的参考意义。因此，渝中区人民检察院在修改后的刑诉法实施后，严格监督公安机关在侦查阶段起就对涉罪未成年人的生活、成长背景、犯罪原因等进行社会调查。对于未进行此项工作的，进行口头纠正违法。由于公安机关的立场始终处于打击犯罪的角度，在可能被作出不起诉处理的案件，渝中区人民检察院还要在公安机关调查的基础上，再自行进行社会调查，掌握第一手资料。（见表1）

表1　社会调查报告的调查主体分布情况

年度	案件受理总数（逮捕加直诉）	调查总人数	公安调查人数	检察院调查人数
2013	36	36	36	12

2. 检察机关社会调查更突出亲历性

相较于公安机关社会调查通常采用的办案讯、询问中一并获取所需信息的方式，渝中区人民检察院在社会调查时要求深入未成年人学习生活的实地进行直接的调查了解，以求掌握最真实的材料，为检察机关的处理提供可信的参考。2013 年共自行社会调查 12 件，其中 7 件进行入学校调查，3 件进行社区调查，2 件学校、社区均进入。（见图2）

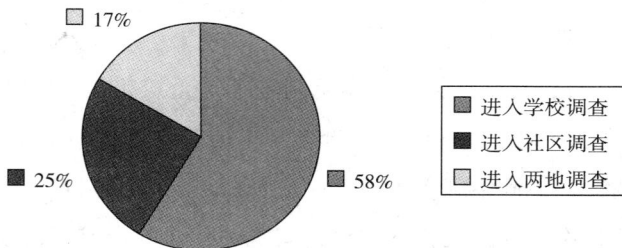

图2　渝中区人民检察院社会调查报告的调查方式情况

通过对未成年犯罪嫌疑人的社会调查，在案件处理中也取得了较好的效果，如付某、明某、胡某抢劫案。付某等三人均为在校未成年人，案件办理中，承办检察官通过走访学校、社区，询问家长、老师和同学等方式，进行多方面的调查，制作了9份调查笔录，形成了较完整的社会调查报告提交检察长讨论，为作出诉讼决定起到了重要的参考价值，最终对3名嫌疑人作出了微罪不起诉决定。

（二）存在的问题

1. 现行调查主体因身份所限，难守中立立场

为了防止公安机关、检察机关以及审判机关先入为主，尤其是防止公安机关、检察机关在调查过程中出现控诉化倾向，有学者在刑诉法修改之前就建议，对于未成年人案件事实以外的调查应当委托一个中立的社会团体或社区进行。① 现在渝中区进行社会调查的主体是公安机关，必要的时候由检察机关进行调查。但公安机关历来偏重打击犯罪，在制定社会调查报告时难免具有一定的倾向性，有时为达到批捕或者起诉犯罪嫌疑人的目的，而刻意隐去对未成年人有利的情况，甚至不负责的编造对未成年人不利的情况。例如曾经发生过这样一起批捕案例：阿某抢夺案。阿某16岁，彝族。公安机关移送案卷里的社会调查报告反映，承办民警通过与阿某老家的户籍民警通话了解到其在老家多次流窜作案，劣迹斑斑。而检察机关承办人发现办案中了解的情况与该份社会调查报告有较大出入，亲自与该户籍民警联系后得知，其只是向承办案件的民警说明了阿某的出生日期与家庭情况，从未掌握也从未说过其多次流窜作案、劣迹斑斑。虽然本案最终作出批准逮捕的决定，但针对该份社会调查报告存在的问题，检察院对公安机关进行了口头纠违。

2. 调查主体多未接受专门训练，报告质量不高

现阶段的社会调查报告，由于调查主体缺乏专业训练，导致社会调查工作缺乏规范性和专业性。大部分只是对犯罪嫌疑人家庭条件的简单陈述，如

---

① 陈光中、汪海燕：《〈刑事诉讼法〉再修改与未成年人诉讼权利的保障》，载《中国司法》2007年第1期。

父母是否在世、有何工作等，对其家庭背景及对其的影响分析较少。在对未成年人的日常表现上，也只是其是否读书等情况进行表述，但是读书的情况如何以及平时的表现如何，针对为何犯罪这样的分析也较少。诸如此类的调查报告实际上占有调查报告的绝大部分，这样的内容对犯罪嫌疑人作出最后的决定没有大的意义和参考价值。

此外，调查报告的属性及其质证、采证规则、援助律师的角色及介入限度等问题，在立法上尚属空白。另外，律师在介入审查批捕程序中所做的社会调查报告属于控方证据还是辩方证据的属性含糊，如果检察机关对律师的调查报告进行过复核，其性质是否发生了变化，认识也不一。

三、严格限制逮捕措施执行情况

对未成年人慎用羁押性措施已成为大多数国家立法和司法的共识。《联合国少年司法最低限度标准规则（北京规则）》《非拘禁措施最低限度标准规则（东京规则）》《儿童权利公约》等国际条约就规定，"主管当局可以采用各种各样的处理措施，使其具有灵活性，从而最大限度地避免监禁"；"把少年投入监禁机关始终是万不得已的处理办法，其期限应是尽可能最短的必要时间"；"对儿童的逮捕、拘留或监禁应符合法律规定并仅应作为最后手段"。① 故而，我国刑事司法中对未成年人严格限制适用逮捕措施可以说是大势所趋。

我国《刑事诉讼法》第 269 条明确了对未成年人进行逮捕必须严格限制，并且在决定逮捕时，除了必须讯问未成年犯罪嫌疑人、被告人外，还应听取辩护律师的意见，谨慎决定是否进行逮捕。在此基础上，《人民检察院刑事诉讼规则（试行）》第 487 ~ 489 条还分别对审查逮捕的标准、不批准逮捕的情形、年龄模糊时是否决定逮捕等作出进一步规定，总体上对未成年人的逮捕作出了严格的限制。

渝中区人民检察院严格执行最高人民检察院《关于进一步加强未成年

---

① 高铭暄、张杰：《中国刑法中未成年人犯罪处罚措施的完善——基于国际人权法视角的考察》，载《法学论坛》2008 年第 1 期。

人刑事检察工作的决定》以及《人民检察院刑事诉讼规则（试行）》的有关规定，对未成年犯罪嫌疑人严格适用逮捕措施，并制定《渝中区人民检察院未成年人案件羁押必要性审查工作实施细则（试行）》，对在押未成年人进行羁押必要性量化评估审查制度。2013 年 7 月重庆市人民检察院将该项制度在全市未检系统进行推广。

（一）运行状况

1. 公安机关提捕人数下降

渝中区人民检察院严格收紧批准逮捕未成年犯罪嫌疑人的口子，引导公安机关树立"少捕、慎诉、少监禁"的少年司法理念，效果明显。公安机关向渝中区人民检察院提请批准逮捕的未成年人数呈逐年下降的趋势。其中 2012 年同比下降 31.9%，2013 年同比下降 51.1%。（见图 3）

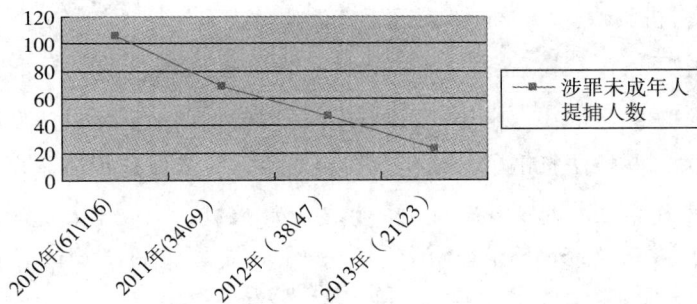

图 3　2010～2013 年公安机关提请逮捕未成年人人数趋势图

2. 公安机关提捕准确率上升

在提捕人数明显下降的前提下，公安机关办理案件的质量得到提升。对比执行前后两年的合计数量，不构成犯罪不捕下降 52.9%，无逮捕必要不捕下降 54.5%，证据不足不捕下降 84%。而执行后的 2012 年与 2013 年比较，各项数据也呈现出下降的趋势。其中不构成犯罪不捕下降 100%，无逮捕必要不捕下降 88.9%，证据不足不捕下降 100%。（见表 2）

表 2　2010 年至 2013 年渝中区人民检察院未成年人提捕案件处理决定

时　　间		审查决定					
		逮捕		不捕			撤回
		批捕	批捕率	不构成犯罪不捕	无逮捕必要不捕	证据不足不捕	
执行前合计		101	61.7%	17	22	25	2
其中	2010	74	69.8%	13	7	12	2
	2011	37	53.6%	4	15	13	0
执行后合计		46	75.3%	8	10	4	2
其中	2012	26	55.3%	8	9	4	0
	2013	20	95.2%	0	1	0	2

3. 公安机关对涉罪未成年人适用直诉比例上升

在渝中区人民检察院"少捕、慎诉、少监禁"理念的引导下，公安机关增加了对涉罪未成年人采用非羁押强制措施的比例，以直诉案件的形式移送检察机关，既依法打击了未成年人的犯罪活动，又保证了涉罪未成年人的正常学习工作生活。对比执行前后两年的合计数量，未成年人直诉案件上升 7.8%。而执行后的 2012 年与 2013 年比较，2013 年也同比上升 5.4%。（见图 4）

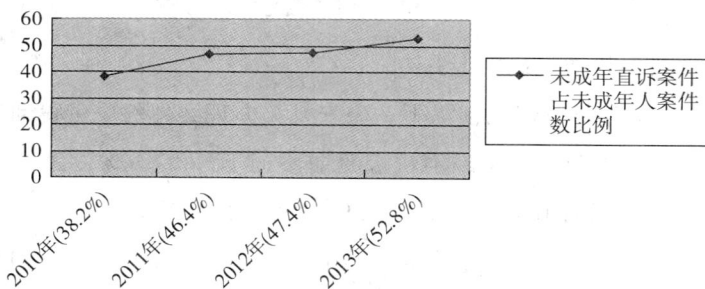

图 4　2010 年至 2013 年未成年人直诉案件趋势图

4. 捕后适用缓刑降为"0"

逮捕措施适用的准确性，可从罪犯被判处的刑罚进行判断。捕后缓刑率高，往往被视为逮捕适用不当。渝中区人民检察院执行修改后的刑事诉讼法后，在执行该法第 78 条、第 79 条的基础上，秉持"可捕可不捕的，不捕"的原则，2012 年捕后缓刑率同比下降 15.3%，在 2013 年涉罪未成年人捕后均被判执行刑，无缓刑、免予刑事处罚。

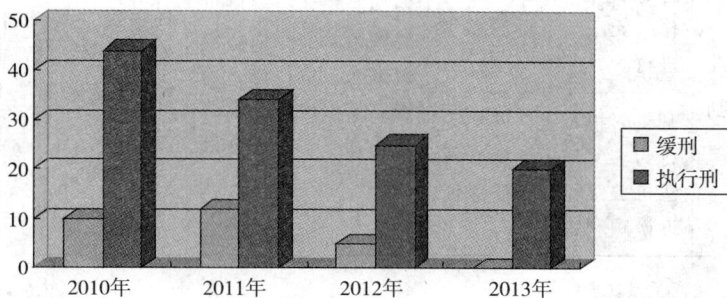

图 5　2010～2013 年涉罪未成年人捕后获刑

5. 捕后羁押必要性审查覆盖面达到 100%

渝中区人民检察院对于已逮捕的未成年犯罪嫌疑人，全面进行羁押必要性审查，确保不再具备应当逮捕条件的在押未成年人，被及时变更强制措施。2013 年共对 20 名在押未成年人进行了羁押必要性审查，其中依法建议公安机关改变强制措施 1 人，依法决定改变强制措施 2 人，改变羁押措施后，刑事诉讼进行顺利。（见表 3）

表 3　2013 年羁押必要性审查变更强制措施案件情况一览表

序号	性别	案由	逮捕原因	变更原因	处理情况
1	男	贩卖毒品	居无定所，无监护人，无法保证诉讼顺利进行。	离异再婚的母亲得知前夫劳教、孩子贩卖毒品被捕后，从上海返渝，表示愿意承担保证人的义务，保证诉讼顺利进行。	2013 年 1 月 24 日建议变更强制措施，1 月 30 日被取保候审，4 月 10 日移送审查起诉，4 月 27 日提起公诉。被判处缓刑。

序号	性别	案由	逮捕原因	变更原因	处理情况
2	男	抢劫	翻供，拒不认罪。父母拒绝配合司法机关工作，无法保证诉讼顺利进行。	均如实供认，串供可能性消除。积极赔偿被害人，取得被人谅解。父母出具详细的管教方案，保证诉讼顺利进行。	均于 2013 年 4 月 4 日决定变更强制措施，5 月 6 日决定附条件不起诉。11 月 6 日决定微罪不诉。
3	男		翻供，拒不供认同案犯行为。父母拒绝配合司法机关工作，无法保证诉讼顺利进行		

（二）存在的问题

1. 配套制度不健全，导致适用逮捕措施的不公平

针对很多未成年犯罪嫌疑人属于外来人员，在当地没居所、没工作、没监护人，本来不该逮捕的，但是又"不得不捕"的现象，有学者曾建言，"要建立平等保护外来未成年犯罪嫌疑人合法权益的制度"。① 从修改后的刑诉法的执行情况来看，渝中区人民检察院对未成年人的逮捕适用较准确，实现了公安机关提捕人数下降、提捕准确率上升，对涉罪未成年人适用直诉形式数量上升，无捕后被判处缓刑等目标。但由于配套工作制度不完善，在办案中仍然存在对本地涉罪未成年人与外来未成年人适用逮捕措施不平衡的问题。对外来未成年犯罪嫌疑人的逮捕适用上远远高于渝中区的未成年犯罪嫌疑人。如李某盗窃案。李某 17 岁，贵州省普定县人。来渝打工期间，先后盗窃了所在的三家打工的发廊同事的手机，价值 4000 余元。审查逮捕阶段，考虑到李某认罪态度较好，在老家的法定代理人亦表示配合公安司法机关的工作，管教子女并保证随传随到，检察院以无逮捕必要不予逮捕李某。李某释放后，回老家等候诉讼程序的进行，并由其户籍所在地公安机关实际执行取保候审。但案件至审查起诉阶段，李某经本院传唤不到案，重庆公安机关

---

① 潘金贵等：《未成年人刑事案件审查逮捕程序改革与逮捕程序正当化》，载《人民检察》2010 年第 12 期。

与当地公安机关联系后，李某依然不到案。检察院只有作出不予受理决定。此案后，检察院在综合考量跨地域公安司法机关配合联动的实际效果、诉讼成本以及刑事诉讼顺利进行问题，与未成年犯罪嫌疑人逮捕必要性之间的利益权衡时，不得不让后者做出让步。

2.20%的案件在捕后被判轻刑

2013年逮捕的20人中，有4人被判处拘役，捕后轻刑率20%。其中3人系毒品零包犯罪，1人系入户盗窃犯罪。因为毒品犯罪系历来的严打对象，故而在办案中往往忽略了原本应当充分考虑的未成年犯罪嫌疑人的逮捕必要性问题。如夏某某贩卖毒品案。夏某某17岁，渝中区籍未成年人。父亲因吸毒被强制隔离戒毒，母亲在境外打工养家。夏某某与其同胞弟弟共同生活。夏某某因贩卖冰毒0.6克、麻古0.3克被抓获。在审查逮捕阶段，承办检察官考虑本案系贩卖毒品案，属严打对象即批准逮捕，最终本案仅被判拘役5个月的轻刑。此外，从保证诉讼顺利进行的角度出发，对于可预见被判处轻刑可能性大的外来未成年犯罪嫌疑人，有时也不得不适用逮捕措施。

四、分案制度执行情况

程序分离制度是国际社会普遍认可的少年刑事司法的基本制度之一，该制度在多个联合国刑事司法文件中均有明确规定与具体要求。① 许多国家也在国内法中规定了分案制度，如《意大利刑事诉讼法典》第14条第1款规定："针对在行为时尚未成年的被告人的诉讼与针对成年被告人的诉讼不发生牵连关系。"日本《少年法》第49条规定："少年被告案件即使同成年被告案件有牵连，只要不妨碍审理，就必须将其程序分开。"根据我国《刑事

---

① 《公民权利和政治权利国际公约》第10条第2款9（乙）项规定："被控告的少年应与成年人分隔开，并应尽速予以解决。"该条第3款规定："少年罪犯应与成年人隔离开，并应给予适合其年龄及法律地位的待遇。"《联合国儿童权利公约》第37条（d）项规定："所有被剥夺自由的儿童应同成人隔开，除非认为反之最有利于儿童。"《联合国保护被剥夺自由少年规则》第29条规定："在各种拘留所内，少年应与成人隔离，除非他们是同一家庭的成员。作为确经证明有益于所涉少年的特别管教方案内容的一部分，可在控制情况下，让少年与经过慎重挑选的成人在一起。"《联合国少年司法最低限度标准规则》（北京规则）第13条第4款规定："审前拘留的少年应与成年人分开看管，应拘留在一个单独的监所或一个也拘留成年人的监所的单独部分。"《联合国囚犯待遇最低限度标准规则》第8条（d）项规定："青少年囚犯应同成年囚犯隔离。"

诉讼法》第 269 条第 2 款的规定，对被拘留、逮捕和执行刑罚的未成年人与成年人应当进行分别关押、分别管理、分别教育。此种"分类处遇"制度旨在对心理、身体发展尚不成熟的未成年人予以区别对待、特殊保护，以防止未成年人被交叉感染。渝中区人民检察院自 2008 年起就严格执行分案制度，并且监督公安机关从移送审查逮捕时就将成年人与未成年人的共同犯罪案件分案移送，为分案起诉，分案审判奠定基础。

（一）运行状况

1. 公安机关分案提捕、移诉率 100%

2008 年起，渝中区公安机关就执行成年人与未成年人共同犯罪的分案移送提捕、公诉的制度。达到了 100% 分案。

2. 分案起诉率 87.5%

2013 年渝中区检察院共受理审查起诉的未成年人共同犯罪 14 件 18 人，其中属未成年人与成年人共同犯罪的 8 件，该 8 件案件有 7 件适用分案起诉，仅 1 件未适用分案起诉，分案起诉率为 87.5%。

表 4   2013 年未成年人与成年人共同犯罪合并起诉案件情况一览表

序号	性别	年龄	案由	合并起诉原因	判决结果
1	男	16 岁	抢劫	公安机关分案移诉。公诉在审查后认为虽户籍材料证实其已成年人，但嫌疑人及其母亲等利害关系人的言词证据证实其可能未年满 18 周岁。故经协调案件移送未检部门审查起诉。后未检部门讨论决定以户籍材料记载的出生日期为准，认定其已成年，但未再将案件移送公诉部门，决定合并起诉至法院。	法院根据户籍材料认定嫌疑人已满 18 周岁。
	男	19 岁			

（二）存在的问题

1. 分案移送时证据收集意识不强，导致诉讼环节梗阻

公安机关在办理未成年人犯罪分案处理案件时，存在证据收集意识不强的问题，常常出现仅将未成年犯罪嫌疑人的供述作为证据移送人民检察院，

无其他证据如同案犯供述、物证、书证、鉴定意见等的情况。造成案件在受理环节受阻，或是因需补充收集证据而延长审查期限。

2. 未能实现分别关押，交叉感染、人身威胁的情况不时出现

2013 年渝中区看守所根据公安部《公安机关关于办理未成年人违法犯罪案件的规定》和《看守所条例》的要求，设立未成年监室 1 间。在生活上给予适当照顾。但由于渝中区看守监室紧张，未成年被关押人员数量下降等原因，未成年人与成年人仍处于混合关押的状态，仅在同案犯中进行了分别关押。一年来，在案件批捕办理过程承办人共接到两起问题反映，涉及在混合关押时成年人向未成年人传授犯罪知识、或要求建立人身依附关系等内容。

五、合适成年人制度执行情况

合适成年人参与是指在未成年人刑事诉讼程序中，应当由法定代理人或其他合适的成年人参与以维护未成年人的权益。[①] 合适成年人参与制度，是对并不负有完全刑事责任能力的未成年人一种保护性制度，同时也是一项权利性制度，对于实现程序正当性具有重要意义。根据我国《刑事诉讼法》第 270 条的规定，在法定代理人不能履行义务时，可以在未成年犯罪嫌疑人、被告人的其他成年亲属、有关组织代表作为"合适成年人"暂行法定代理人的角色，以辅助未成年人行使相关的诉讼权利。

2012 年 5 月，渝中区人民检察院制定了《重庆市渝中区人民检察院关于落实讯问涉罪未成年人通知合适成年人到场的若干规定（试行）》，建立了渝中区人民检察院合适成年人人员库。2013 年 9 月此项工作纳入渝中区未成年人保护工作重点内容，在区未成年人保护委员会的要求下，渝中区人民检察院牵头组建渝中区合适成年人库。9 月底，渝中区合适成年人库正式

---

① "合适成年人"（Appropriate Adult）一词源于英国。根据英国《1984 年警察与刑事证据法》（The Police & Criminal Evidence Act 1984）及执行守则（《警察拘留、对待及询问当事人执行守则》）的要求，警察讯问未成年犯罪嫌疑人，必须有合适的成年人到场，在没有合适成年人参与的情况下，不能对未成年人进行逮捕、讯问、拘留和告诉。讯问时如果没有合适成年人到场，未成年犯罪嫌疑人的供述不得作为定案的根据。参见何挺：《"合适成年人"参与未成年人刑事诉讼程序实证研究》，载《中国法学》2012 年第 6 期。

成立。目前全区共有心里咨询专家、教育专家、热心未成年人工作的志愿者在内的合适成年人共计 100 余人。

（一）运行情况

1. 合适成年人制度为保障涉罪未成年人合法权益提供了重要保障

合适成年人参与诉讼的核心目的或者说首要目的，在于保护儿童或少年被告人的利益。同时，参与刑事诉讼程序的合适成年人对未成年犯罪嫌疑人、被告人利益的保护，应当主要是为少年被告人提供心理与情感上的支持，而并非提供法律上的援助。[①]

渝中区人民检察院自 2012 年 7 月落实此项制度，当年讯问未成年人时成年人到场比例为 78.9%，合适成年人到场比例为 13.3%，尚有 21.1% 的未成年人在讯问时无成年人到场维护其合法权益。2013 年成年人到场比例上升为 100%。同时合适成年人到场的案件比例达到了 46.7%，为近一半的未成年人合法权益维护提供了重要保障。

表 5　2012～2013 年合适成年人参与情况对比表

年度	案件总数		到场人员			
	件数	人数	法定代理人	成年亲属	组织代表	无
2012	81	90	59	10	2	19
2013	55	60	32	4	24	0

2. 参与方式多样化，全方位发掘合适成年人参与刑事诉讼的潜能

根据最高人民检察院《关于进一步加强未成年人刑事检察工作的决定》等文件的精神，渝中区人民检察院对合适成年人的运用，不限于讯问时到场。结合案情以及合适成年人的专长，还在不捕不诉帮教、心理咨询、亲情会见等方面邀请其参与。据统计，2012 年、2013 年，渝中区人民检察院共

[①] 这一基本共识见诸于联合国《少年司法最低限度标准规则》（北京规则）。其第 15 条第 2 款规定："父母或监护人应有权参加诉讼，主管当局可以要求他们为了少年的利益参加诉讼。但是如果有理由认为，为了保护少年的利益必须排除他们参加诉讼，则主管当局可以拒绝他们参加。"另外，第 15 条的"说明"对合适成年人的"义务"有明确的阐释："父母或监护人参加的权利则应被视为是对少年一般的心理和情感上的援助。"对少年被告人给予法律援助的任务，在国际社会上，一般认为应当由法律援助律师或公设律师承担。

通过合适成年人参与刑事诉讼 29 人次，其中讯问到场 20 人次，不捕不诉帮教 6 人次，心理咨询 2 人次，亲情会见 1 人次。（见图 6）

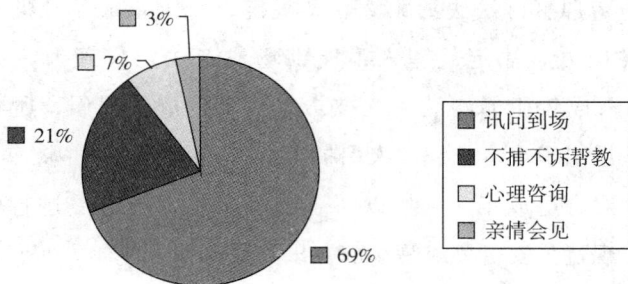

图 6　2012～2013 年合适成年人参与刑事诉讼活动内容分布图

（二）存在的问题

1. 社会对该制度知晓度不高，影响参与积极性

渝中区人民检察院成立合适成年人库后，库内名单虽有 16 人，但实际在办案工作中能实际使用的只有 9 位。渝中区合适成年人库成立后，类似情况更为突出。虽然库内有人员 100 名，然而能够参与的仅 3 名。其余大多是属于公务繁忙或根本不知道自己的合适成年人角色。

2. 合适成年人专业知识缺乏，影响参与效果

"合适成年人"制度在执行过程中，存在着某些法定代理人到场后，通过语言、动作等方式对未成年人进行暗示，导致未成年人不认罪、悔罪，严重的甚至妨碍侦查活动进行的问题。① 龙宗智教授指出，这种情况与法律法规对"合适成年人"在场的言行无明确规范有关。② 现阶段渝中区招募到的合适成年人多为热心公益，关注未成年人工作的国家工作人员，他们对这项工作具有热情，但由于在法律知识、心理辅导等方面专业知识的缺乏，使他们在参与中，对自身的定位出现偏差。实践中，就出现了合适成年人认为自己在讯问时仅仅到场，未能参与共同讯问，而认为到场形同虚设，参与意义

① 郝秀兰：《未成年人检察运行机制》，载山西省检察官培训学院编：《刑事诉讼法、民事诉讼法贯彻实施研讨会论文集》，2013 年 6 月印行。
② 龙宗智：《新刑事诉讼法实施：半年初判》，载《清华法学》2013 年第 5 期。

不大，拒绝再次参与的情况。

3. 法条规定的"可以"，让司法机关在执行的过程中尺度不统一

修改后的《刑事诉讼法》第 270 条规定，对于未成年人刑事案件，在讯问和审判的时候，法定代理人不能到场或者法定代理人是共犯的，也"可以"通知未成年犯罪嫌疑人、被告人的其他成年亲属，所在学校、单位、居住地基层组织或者未成年人保护组织的代表到场，并将有关情况记录在案。正因为对合适成年人到场以"可以"而非"应当"进行修饰，所以在办案中就出现过公安机关或是法院在讯问或审判未成年人时，既无法定代理人，又无合适成年人到场以维护未成年人权益的情况。如张某盗窃案。张某 16 岁，系重庆合川籍流浪少年。母亲去世，父亲在外省打工，无任何成年亲属监护管教。开庭审判时，法庭仅为其委托辩护人，在无法通知其法定代理人时，亦未通知其成年亲属、居住地基层组织代表或是未保组织代表等合适成年人到场。庭后检察机关向法院提出检察建议，希望能从充分保护未成年人权益的角度出发，为类似未成年被告人聘请合适成年人。而法院以由于法条规定的是"可以"为由，进行了抗辩。

4. 适度拓宽合适成年人功能，仍然处于于法无据的尴尬境地

严格依照《刑事诉讼法》第 270 条的规定，合适成年人只是在讯问或审判未成年人，其法定代理人无法到场时，到场监督，维护未成年人合法权益。而由于我国许多配套机制不完备以及专业人才的缺乏，所以总是"人尽其用"，在心理咨询、帮教活动、亲情会见时也会邀请到合适成年人参与。一方面，这些人士具有一定的专业背景，也有参与的热情，能够较好地完成任务；另一方面，由于其参与的内容有的已突破了法律的规定，是否仍属于合适成年人身份，如果不是，那么其参加上述活动的身份又应当如何界定，仍然是亟待明确的问题。

六、附条件不起诉执行情况

出于对检察机关行使自由裁量权的正当性的担心，我国法律赋予人民检察院的起诉裁量权过小，由于这个原因，影响了起诉便宜主义功效的发挥。为拓展不起诉的适用范围，改善检察机关起诉裁量权的格局，在现有的不起

诉种类外增设"附条件不起诉"是必要的。① 当前，修改后的刑事诉讼法已然建立起针对未成年犯罪嫌疑人的附条件不起诉制度，并通过赋予公安机关、被害人、犯罪嫌疑人及其法定代理人异议权，初步建构起附条件不起诉的配套制度。

我国《刑事诉讼法》第 271 条第 1 款确立的附条件不起诉，必须同时满足以下三个要求：第一，仅适用于未成年人涉嫌可能判处一年有期徒刑以下刑罚的人身犯罪、财产犯罪以及危害公共秩序犯罪；第二，未成年犯罪嫌疑人有悔罪表现；第三，人民检察院可以起诉，也可以附条件不起诉。此外，修改后的刑事诉讼法还赋予公安机关申请复议权、赋予被害人申诉权，并在第三款中作出对于未成年犯罪嫌疑人及其法定代理人有异议时径行起诉的规定。这项规定进一步限制了附条件不起诉的适用。

2012 年 5 月渝中区人民检察院制定了《关于未成年犯罪嫌疑人附条件不起诉的实施办法（试行）》（以下简称《附条件不起诉办法》）。该办法规定了附条件不起诉适用的案件范围、考察期限、考察方式、负责考察的主体等内容，附条件不起诉制度的适用日趋规范。

（一）运行情况

1. 适用附条件不起诉案件占比 5.6%

渝中区人民检察院自 2012 年试行附条件不起诉制度以来，2012 年 3 件 3 人，2013 年为 1 件 2 人适用该制度，均分别占当年审结案件比例的 5.6%。

---

① 陈光中、张建伟：《附条件不起诉：检察裁量权的新发展》，载《人民检察》2006 年第 4 期。

表6　附条件不起诉案件执行一览表

年度	性别	身份	罪名	法定刑期	考察期限	考察主体	考察方式	考察期满处理结果
2012	男	打工人员	贩卖毒品	3年以下有期徒刑	6个月	检察院、街道社区	定期汇报、社区随访	不起诉
	男	在校学生	抢劫	3年以上10年以下有期徒刑	6个月（3个月终止）	检察院、学校	定期汇报、学校随访	起诉
	男	在校学生	故意伤害	3年以下有期徒刑	6个月	检察院、学校	定期汇报、学校随访	不起诉
2013	男	打工人员	抢劫	3年以上10年以下有期徒刑	6个月	检察院、公司	定期汇报、公司随访	不起诉
	男	打工人员		3年以上10年以下有期徒刑	6个月	检察院、公司	定期汇报、公司随访	不起诉

2. 被附条件不起诉人通过考察比例为80%

在被附条件不起诉的5人中，有1人因在考察期间违反所附条件，情节严重，而被撤销附条件不起诉决定，依法提起公诉，通过考察的比例为80%。未通过考察的1例案情概要如下：张某系某职高一年级学生，未成年人。2012年3月张某在渝中区肖家湾电玩城的厕所内采用言语威胁和殴打的方式抢劫同校学生向某某手机一部。渝中区人民检察院进行社会调查时了解到张某平日在校表现较好、成绩合格、性格活泼、无犯罪记录，具有管教条件。在听取张某本人及其父亲、公安机关、被害人及其法定代理人的意见时，均表示对检察院的附条件不起诉决定没有异议。2012年8月，经院检委会决定，正式对张某作出了附条件不起诉的决定，考验期为6个月。在考察期内，渝中区人民检察院要求张某每个月定期到检察院汇报学习生活情况，并递交思想汇报，同时渝中区人民检察院也不定期到张某所在学校进行调查了解。2012年10月张某在考察期内，因琐事与同学发生纠纷，主动向同学约架，并用刀将同学刺伤，严重违反了校纪校规。因此，2012年11月渝中区人民检察院终止了对张某的考察，以抢劫罪将张某起诉至法院，法院判处有期徒刑3年，缓刑4年。

（二）存在的问题

1. 考察方式简单，个性化不足

目前考察工作主要还是依附于说教为主的思想教育，以谈话式或书写心得体会等方式对被考察的未成年人进行教育。据统计，本院对每个被附条件不起诉的未成年人通常设置 7 个条件。其中，如不得违反法律、法规，每月定期向本院进行书面思想汇报等共性的条件有 4 个，根据未成年人与案件特点设置个性化的条件为 3 个。此外，在要求未成年人进行公益劳动、接受心理干预等方面还是空白。

2. 考察期间检察机关对执行部门或个人的监督以及对未成年人隐私保护还需要配套制度加以完善

《刑事诉讼法》第 272 条规定检察机关是对被附条件不起诉的未成年犯罪嫌疑人进行监督考察的机关，但实际上，完全由检察机关来开展监督考察是不现实的，需要引入社会化帮教。重庆市检察院出台的《重庆市检察机关附条件不起诉监督考察办法（试行）》，虽构建了"2 + 1、三方参与"的监督考察机制，但三方中的未保组织人士、基层自治组织人员，在监督工作中的情况检察机关无从监督，因此，检察机关对未成年人的考察期间的真实表现仍不能完全掌握。此外，多方参与监督考察与对未成年人的隐私保护，二者之间如何平衡，还须更进一步完善相关制度。

3. 除了法律依据，在作出附条件不起诉决定的同时不得不考虑诸多社会因素

千差万别的社会因素也是作出附条件不起诉时必须充分考虑的。如案情几乎相同的类案，在学校积极配合检察机关教育挽救学生的情况下，可能作出附条件不起诉的决定，学校也自然成为考察监督的一方；而对于被学校开除，已进入新学校进行学习的涉罪未成年人，出于保护其隐私，不过分影响其新生活的考虑，检察机关往往会直接做出相对不起诉的决定。基本相同的案情，却不同的处理决定，最终还可能导致不同的终局结果。如徐某、喻某等抢劫案。徐某 16 岁，喻某 15 岁。案发时分别系两所不同中学的初三、初二年级学生。该二人经朋友介绍认识，并受邀约参加了共同抢劫犯罪。其中徐某参加共同抢劫两次，喻某参加一次。二人在共同犯罪中的地位、作用、行为基本一致，而喻某在抢劫中还动手对被害人进行过殴打，徐某则无类似行为。案发后，徐某所在学校了解到其行为，但未对其处以开除或劝退的处罚，而是表示配合公安司法机关作好对徐某的教育挽救工作。喻某所在学校则在得知喻某的行为后，劝其退学。喻某被父母安排到一所培训学校继续学习，该学校对喻某的犯罪行为一无所知。经渝中区人民检察院的社会调查喻某在该学校的表现较好，老师同学对喻某持肯定的正面的态度。针对二未成年人所在学校对学生涉罪的态度及了解学生行为的程度不同，充分尊重并考虑未成年犯罪嫌疑人及其法定代理人的诉求，最大限度地保护未成年人隐私，渝中区人民检察院对徐某作出附条件不起诉决定，而对喻某则作出了微罪不起诉的决定。

七、犯罪记录封存制度执行情况

犯罪记录的内容泛指因犯罪被处罚的全部信息，这既包括被实际判处刑罚也应当包括免予刑事处罚的有罪判决。我国司法实践中还将所受社会治安管理处罚、劳动教养等非刑罚的处罚措施也包括在内，一并记录在公民的个人档案内，直接影响该公民的求学、就业、参军等。① 对于许多未成年人来说，已存在的前科记录往往成了犯罪的标签，附随在其人身档案中，致使其在求学、就业等方面处处受到歧视和排斥，终生负累。为了帮助这些主观恶性不大的未成年犯罪人有效融入社会，修改后的刑事诉讼法建立了犯罪记录封存制度。

2013 年 12 月渝中区人民检察院制定了《重庆市渝中区人民检察院未成年人犯罪记录封存实施细则（试行）》，对渝中区人民检察院关于未成年人案件的封存程序进行了相关规定，尤其是规定了在外来单位依法查询时，向其送达保密提示卡等内容。

（一）运行情况

2013 年，渝中区人民检察院共对 32 件符合条件的未成年人刑事案件进行了封存。归档后保管在档案室的未成年人案件档案区域，并加盖有 "已

---

① 王玫：《初探如何建立未成年人犯罪记录封存制度》，载《法制与社会》2012 年第 11 期。

封存"的印章以示提醒。当外来单位进行查询时，需与未检部门接洽、审批，报分管检察长决定是否许可查询。2013 年全年尚未受理一件司法机关或有关单位申请查询的申请。

（二）存在的问题

封存制度是一项系统工程，只有刑事诉讼中各个环节的单位都贯彻落实，才能真正发挥作用，否则未成年人犯罪的信息同样有被泄露的危险。但在实际工作中，除了检、法两家落实之外，其他相关部门尚无专门的工作规范。特别是公安系统中网上办案系统以及综合查询系统等，相关信息很难做到完全保密，泄露以后也难以查证。此外，实践中，社区矫正机构信息系统的内容也涵盖未成年犯罪人的基本资料，这些资料在系统中是随时可以查询的，难以真正封存。因此，未成年犯罪记录的封存需要法院、公安机关、检察院、司法局、综合治理部门以及人力资源、教育、民政等各部门的共同联动配合。现阶段缺乏相应的配套制度，各部门对该制度的实施措施上就无法实现有效的结合，没有形成完整统一的联动机制。检察机关法律监督的职能发挥也因此受到限制。

八、解决存在问题的一些设想

（一）加强法律援助工作

1. 加强公检法与司法局的沟通和协调

对于未成年犯罪嫌疑人、被告人的法律援助工作，公、检、法三机关负有"通知义务"，而司法局负有"指派义务"，两方的沟通与协作是强制辩护运行的两大前提条件。尤其在案件侦查阶段，应当建立起公安机关、人民检察院快速、及时的交接程序，防止未成年犯罪嫌疑人在侦查阶段辩护权的缺失。

2. 强化对援助律师的管理与考核

作为律师队伍的主管部门，司法局应当建立或完善对法律援助律师的考核制度，增强其责任心，规范其对援助案件的办理。同时应当建立与公、检、法机关的沟通反馈机制，及时了解、真实掌握援助律师的案件办理情况与质量，避免个别律师办理援助案件拿钱走过场的消极办理方法，真正切实保护未成年犯罪嫌疑人的合法权益。

3. 更加重视听取和采纳律师的意见

控辩双方应当在捕前和诉前进行充分沟通，让援助律师能够充分阐述辩护意见。对于援助律师提出的罪轻、无罪以及不捕不诉等意见，应当更加重视，在"兼听则明"的基础上对案件作出正确处理。

（二）加强社会调查工作

1. 设立专门的社会调查机构和人员

公安机关、检察机关或者是法院亦或律师都与案件有千丝万缕的关系，身份决定了无法独立、公正地作出社会调查报告。因此，社会调查的主体由共青团青少年保护委员会、司法所的工作人员以及招募的志愿者或者社会工作者等将更加能够保证社会调查的公正性。调查人员的选择应具有相应的心理学、教育学、社会学等学历背景，同时必须具备一定的刑事法律素养，而且人格、工作无不良记录。同时应对人员进行系统的培训，加强对人员调查技能的培养，良好的培训能够帮助调查人员极快的进入角色，完成对刑事案件犯罪嫌疑人的调查报告。当然在对调查人员经费的保证上必须到位，才能保证调查工作持续有效地开展下去。

2. 确定社会调查的内容

社会调查内容必须广泛，这样才能准确地剖析其所处的家庭、学校和周围环境对其成长经历以及走上犯罪道路的影响，才能因人施教，对症下药。社会调查应当包括以下内容：（1）个人概况；（2）家庭情况；（3）教育状况；（4）身心情况；（5）社会环境；（6）本案情况。在调查方式上可以采取多样化的方式，如制定表格、谈话、书信、委托等，同时不定期的会见当事人，走访学校，深入家庭，针对不同的案件开展社会调查应有不同的侧重点，调查内容全面、充分才能对案件最终的处理结果有实质上的作用。

3. 制定统一的社会调查规范和程序

由于侦、诉、审阶段均可进行社会调查，因此应当制定统一规范的委托第三方的社会调查的程序。如司法机关如何委托调查人员，调查人员如何介入，如何开展调查都必须有明确的规定，同时必须明确调查主体的诉讼地位，调查主体必要时可出庭对报告进行说明，并就其可信度、完整性，接受控辩审三方的询问，从而确定该报告是否作为证据来使用。在调查人员的权责利的规定上也必须明确，调查人员必须对调查报告的真实性和客观性、公正性承担相应的责任，同时对于调查人员在工作中存在的失职、违规等行为都应有相应的制裁措施。对于做出不实报告的行为，根据情形给予相应的惩罚。

4. 规范社会调查报告的内容

一份完整的社会调查报告的内容通常应当包括两大部分：一是调查员根据调查情况对调查事项的描述、说明以及基于调查情况作出调查结论或对被告人的处置提出建议。二是形成社会调查报告的材料，包括访谈记录、观察记录、专家意见、有关单位或人员出具的书面材料等。这一部分可视为调查报告的附件。

（三）严格适用逮捕措施

1. 积极创新工作机制，避免逮捕措施适用不平衡

针对本地未成年犯罪嫌疑人与外来未成年犯罪嫌疑人适用逮捕措施不平衡的现状，切实减少为保证刑事诉讼而对外来未成年犯罪嫌疑人所采用的并不必要的逮捕措施。对此，可加强与区未保委成员单位的联系，争取社会支持，建立如"第三方担保"的配套制度，在外来未成年犯罪嫌疑人法定代理人因身在外地，无法前来办理取保候审或监督居住等非监禁措施手续时，可由辖区内的责任企业或个人进行第三方的担保，进行临时监护或建立辖区内的"未成年人观护基地"，为外来未成年犯罪嫌疑人在取保候审或监视居住期间，让其以劳动换食宿，确保刑事诉讼顺利进行。

2. 树立正确的逮捕案件质量观，减少捕后轻刑现象

根据《刑事诉讼法》第79条的规定，只有可能判处徒刑以上的刑罚的犯罪嫌疑人在符合一定条件下，才可以采用逮捕措施。而此处的可能判处徒刑，不应理解为罪名中规定可适用徒刑的，则均可适用逮捕。应当根据案情，进行量刑预判。对于会被判处拘役、管制或是缓刑的，应当不适用逮捕措施。

3. 切实落实逮捕的必要性审查

对于修改后的刑事诉讼法增设的逮捕必要性审查，应当切实地运用到适

用逮捕的案件中，尤其是未成年人被批捕的案件中。对于不适用逮捕的未成年人，应当及时变更强制措施。

（四）规范分案制度

1. 把好收案关，减少不必要的环节浪费

严格审查公安机关在移送审查逮捕或是起诉时与成年人共同犯罪的未成年嫌疑人案卷是否完备，证据卷中是否除该人供述外还有其他成年同案犯的供述及物证、书证等必需的证据，符合要求的，才予收案，以确保审查工作的顺利进行。

2. 做好驻所监督工作，减少羁押期间的交叉感染

鉴于渝中区看所守的客观条件所限，无法实现未成年犯罪嫌疑人与成年犯罪嫌疑人的完全分离羁押。检察机关要督促看守所方面将未成年犯罪嫌疑人尽量集中羁押（同案犯除外），同时对与未成年犯罪嫌疑人共同羁押一室的成年犯罪嫌疑人要选择真诚认罪、悔罪，遵守监规的，杜绝未成年犯罪嫌疑人在羁押期间交叉感染。

（五）强化合适成年人参与刑事诉讼

1. 进一步规范合适成年人制度

针对合适成年人身份认知感不强，从而导致的参与不积极，甚至拒绝到场的问题，可以面向社会公开招募、自愿报名的方式代替组织安排、部门摊派的做法，真正吸收到一部分热心公益、致力于未成年人保护工作的人士参与，并通过颁发聘书、任期制、工作考核、末位淘汰等方式加强其对身份的认知与责任感。

2. 强化业务培训，提高合适成年人的履职能力

定期对入库的合适成年人进行业务培训，使其明确这项工作的意义、工作的职责范围，提高其履职能力，避免因对制度不了解发生误会。

3. 建立适当成年人参与讯问和审判的保障机制

当前对未成年犯罪嫌疑人、被告人的讯问、审判中，一方面由于法律设计挑选合适成年人的目标人群系"可以"而非"应当"，造成了推诿与缺席；另一方面也由于对合适成年人参与讯问和审判的保障机制不足，导致讯问或审判时无合适成年人参与，这种情况尤其在案件侦破的急迫需要下更为明显。因而，应当建立起担当合适成年人的序列排位，并在有限的序列排位穷尽时立即公派合适成年人，以维护未成年犯罪嫌疑人、被告人的合法权益。保障机制可以分为两部分，一是参照证人出庭作证而设立补偿；二是设立惩罚制度，对拒不履行义务的公派合适成年人予以惩罚。

4. 建立适当成年人的资格丧失与恢复制度

适当成年人资格的丧失可针对不同情形，采取自然丧失、申请丧失、法院依职权认定等方式。在适当成年人代行法定代理人义务时，出现下列情形的，应当确认参与讯问和审判的适当成年人丧失资格：（1）死亡；（2）失踪且下落不明的；（3）丧失行为能力的；（4）有其他正当事由不能参与讯问的；（5）不履行适当成年人义务，损害未成年被告人权益的；（6）原任适当成年人恢复资格的。适当成年人资格恢复是与资格丧失对应的一种制度设计。正式讯问或审判前，若导致适当成年人资格丧失的事由消失，可以恢复有关人员的适当成年人资格。资格恢复应以申请为前提。

（六）正确适用附条件不起诉

1. 改变执法理念，准确适用附条件不起诉

附条件不起诉决定后，因适用对象在考察期中的表现而将导致最终不同的处理结果，因此并非实质的处理，具有不确定性。所以，对于需要通过长时间考察来决定诉或不诉的案件原则上都应适用附条件不起诉。如果说微罪不诉考虑的要点兼顾行为人的主观的悔罪与客观行为的轻缓，那么附条件不起诉的重点却应在行为人的主观方面，社会危害性并非是首要考虑的因素，只要有悔罪表现，即可适用附条件不起诉。检察人员应在明确附条件不起诉的适用条件基础上，将有利于未成年嫌疑人教育、感化、挽救作为第一出发点，不应为减少环节而仅在诉与微罪不诉之间作选择。

2. 附加的条件应体现出针对性与合理性

针对性规则，即所附条件不能千篇一律，而是应根据具体案情和主体有针对性地附加条件。如对财产型犯罪，应注意引导其树立自力更生的价值观和人生观；对暴力型犯罪，应注意疏导其心理上的郁结；对管教条件较好的未成年人，应充分发挥家庭的管教作用，所附条件应相对宽松，对家庭管束

力不强的未成年，应注重发挥社区在矫正中的作用。合理性规则，即所附条件应与未成年人的罪、责相适应。不仅要求条件设置的科学合理，符合未成年人的心理，同时要易于被大众接受。可行性规则，即所附条件必须是可期待的，未成年人通过自己的努力便可实现，且具备可考察性。如亲自向被害人道歉、责令在一定期限内不能进入特定场所、向指定的公益团体提供公益劳动、参加特定的帮教活动、改掉某些恶习等。

3. 找到跟踪考察与隐私保护的平衡点

依据市院的相关文件，"2＋1，三方参与"的监督考察机制，检察机关是考察工作的主导者，并非直接执行者。具体直接执行考察工作由未保组织人士、基层自治组织人员承担。检察机关除了通过考察对象定期汇报来了解其表现情况后，还应与两方考察者确立情况沟通、工作监督等一系列联合工作机制，尽可能地掌握考察对象在考察期间的真实表现。此外，由于考察对象被置于社会环境中，且有除检察人员之外的社会人员参与考察监督，其之前的污点被暴露的风险加大。为此，确定考察成员后，检察机关应向参与考察成员进行保密提示，签定保密协助书，对考察对象被要求参与的活动，如义务劳动等也不应以附条件不起诉考察的名义进行。

（七）建立犯罪记录联合封存制度，扩大封存范围

1. 联手封存，重点在公安机关及基层行政组织

现阶段各机关就封存制度基本各自为阵，有的机关严格遵守，有的机关却没有规范的制度。因此，一方面检察机关无从监督，另一方面也给封存对象的犯罪记录泄露埋下隐患。尤其公安机关和户籍地村委会、居委会作为未成年人就业、入学、参军政审的主要渠道，其能否对侦查、帮教、矫正材料封存是真正封存犯罪记录的关键。应建立辖区内各相关部门的联合封存制度，统一规范操作，以实现此制度的真正作用。

2. 封存的材料应作扩大规定

封存的材料不应仅限于刑事诉讼卷宗，还应当包括跟踪帮教材料和司法局援助律师辩护材料等所有与未成年人犯罪记录有关的材料。

稿　约

《刑事司法论丛》是由西南政法大学诉讼法与司法改革研究中心主办的面向国内外公开发行的刑事司法专业刊物，由中国检察出版社出版，每年出版一卷或者两卷，每卷约 40 万字。欢迎各位同行投稿。稿约如下：

1.《刑事司法论丛》重点关注刑事司法的实证研究和比较研究，主要栏目包括专题研究、前沿聚焦、司法实践、调研报告、域外法制、案例分析等。每期依据来稿酌设专栏。

2.《刑事司法论丛》发表刑事诉讼法、刑事证据法、刑事司法制度、刑法适用方面确有创见的高水平论文和研究报告，来稿篇幅不限，采纳与否以学术价值或应用价值为基本标准。

3.《刑事司法论丛》注释一律采用脚注，每页分别编号。对所引文献请依次注明著（译）者、著作名称、出版社或者期刊名称、出版时间及版次或者期刊刊次、页码；引用外文文献，请按照该外文通用注释体例加注；引用网络文献，请注明最后访问时间。

4.《刑事司法论丛》采用具有原创性的首发稿。来稿请勿一稿多投，经刊载后，未经编辑委员会同意，请勿在他处发表。

5. 电子版来稿请发送 xssflc@126.com，并注明"《刑事司法论丛》投稿"。来稿一律不退，请自留底稿。文章发表时署名自便，但来稿时务请写明作者的真实姓名、工作单位、职务或职称、学衔及联系方式。3 个月后如未收到采稿通知，可另行处理。翻译稿件涉及的版权事宜，请译者自行处理并负责，投稿时须提交原文。

6. 编者保留对来稿进行技术性加工处理的权利。文章如发表，文责自负。

《刑事司法论丛》编辑部

2014 年 10 月

图书在版编目（CIP）数据

刑事司法论丛．第 2 卷／孙长永主编．—北京：中国检察出版社，2014.12
ISBN 978 - 7 - 5102 - 1351 - 9

Ⅰ．①刑…　Ⅱ．①孙…　Ⅲ．①刑事诉讼法 - 中国 - 文集　Ⅳ．①D925.204 - 53

中国版本图书馆 CIP 数据核字（2014）第 306972 号

刑事司法论丛（第 2 卷）

孙长永　主编

出版发行：中国检察出版社
社　　址：北京市石景山区香山南路 111 号（100144）
网　　址：中国检察出版社（www.zgjccbs.com）
编辑电话：(010)68682164
发行电话：(010)68650015　68650016　68650029
经　　销：新华书店
印　　刷：河北省三河市燕山印刷有限公司
开　　本：720 mm×960 mm　16 开
印　　张：21.5 印张
字　　数：323 千字
版　　次：2014 年 12 月第一版　　2014 年 12 月第一次印刷
书　　号：ISBN 978 - 7 - 5102 - 1351 - 9
定　　价：52.00 元